Charles Boyd

Was für Eltern braucht mein Kind?

Wege zu einer typgemäßen Erziehung

W0067077

Deutsch von Friedbert Gay

R. BROCKHAUS VERLAG WUPPERTAL

DISG-TRAINING, REMCHINGEN

Titel der amerikanischen Originalausgabe: Different children, different needs.
Originalverlag: Multnomah Books, a part of Questar publishing family
© 1994 by Charles F. Boyd

4. Auflage 2003
© 1997 der deutschen Ausgabe: R. Brockhaus Verlag Wuppertal

Karikaturen: Werner *Tiki* Küstenmacher, Gröbenzell
Umschlaggestaltung: Buttgereit & Heidenreich, Haltern am See
Gesamtherstellung: Breklumer Druckerei Manfred Siegel KG

ISBN 3-417-24140-5

INHALT

Zwei Szenen aus unserem Familienalltag:

„Tirza, wenn du willst, kannst du ein Zimmer bei den Großen beziehen." „Ach, Mama, nee, vielleicht in ein paar Jahren, wenn ich älter bin ...", antwortet sie zögernd.

Ich bin sprachlos, denn normalerweise jubeln meine Kinder, wenn sie sich endlich auf der Etage für die Teenies einrichten können. Ein paar Tage später bemerkt sie: „So schlecht ist es doch nicht, runter zu ziehen. Vielleicht Weihnachten ..." (Es ist gerade Sommer.)

Noch ein paar Tage später beginnt sie ihre Sachen zu packen und Stück für Stück umzuräumen. Aber ab und zu muß sie doch noch in dem vertrauten Zimmer neben dem Elternschlafzimmer residieren ...

„Ines, du lebst zu hektisch. Du kommst ja gar nicht mehr zur Ruhe. Kannst du nicht einfach mal zu Hause bleiben und entspannen?"

Meine Achtzehnjährige guckt mich groß an. „Aber, Mama, ich kann am besten entspannen, wenn ich mit anderen zusammen bin ..."

Ohne groß zu reflektieren, gehen die meisten Eltern im Umgang mit ihren Kindern von ihrem eigenen Typ und Verhaltensstil aus. Ich selbst bin flink in meinen Entscheidungen und entspanne am besten, wenn ich im Sessel schmökern darf und mir dabei keiner in die Quere kommt. Ganz anders meine Töchter Tirza und Ines.

Nach welchem Muster sind Sie „gestrickt"? Schnell oder eher langsam? Aufgabenorientiert oder mehr beziehungsorientiert?

Und wie sieht es bei jedem einzelnen Ihrer Kinder aus? Sie ahnen schon, worauf ich hinaus will ... In vielen Familien versteht man sich nicht, und es kommt zu Konflikten, weil Eltern und Kinder so unterschiedlich sind und es einfach nicht wahrhaben wollen.

Dieses Buch hat mich fasziniert. Ich habe nicht nur meinen Persönlichkeitstyp besser kennengelernt, sondern auch den jedes meiner Kinder.

Jetzt kann ich sowohl mich als auch Eberhard, meinen Mann, besser verstehen.

Vor einigen Jahren lernte ich auf einer Managementkonferenz im sonnigen Florida einen agilen, dynamischen jungen Mann aus Little Rock in Arkansas kennen, Charles Boyd.

Er war einer der Redner auf dieser Konferenz. Nachdem ich wußte, daß er Baptistenpastor war und das DISG-Persönlichkeits-Profil in seiner Gemeindearbeit einsetzte, machte ich mich mit ihm bekannt. In diesem Gespräch teilte er mir seine guten Erfahrungen im Bereich Partner- und Eheberatung, Konfliktreduzierung, Verbesserung der Kommunikation, Mitarbeiterbetreuung und Mitarbeiterförderung mit, die er selbst gemacht hatte.

Ich sammelte gerade meine ersten Sporen in diesem Bereich, und er hatte schon die tollsten Erfahrungen damit gemacht. Als ich das vorliegende Buch bereits im Manuskript gelesen hatte, war meine Entscheidung klar. Dieses Buch sollten wir für den deutschsprachigen Raum ebenfalls haben.

Alle, denen ich das Manuskript zum Lesen gegeben hatte, waren schlichtweg begeistert. Der Inhalt der folgenden Seiten wird Ihr Denken über Ihre Aufgabe als Eltern auf unerwartete Weise verändern. Ich bete dafür, daß Sie, wenn Sie die letzte Seite dieses Buches gelesen haben, nicht mehr derselbe sind oder zumindest nicht mehr auf dieselbe Weise denken – über Ihren Partner, Ihre Kinder, Ihre Eltern oder einen anderen Menschen.

Vielleicht ist es nicht das letzte Buch über Kindererziehung, das Sie lesen werden, und vieles wird in diesem Buch auch nicht behandelt. Es kann jedoch ein wichtiges Fundament schaffen und – ausgehend von der biblischen Botschaft in Sprüche 22,6 – zu einer Stütze werden für all das, was Sie als Eltern tun. Wenn Sie Sprüche 22,6 ernst nehmen und versuchen, das in diesem Buch Erfahrene anzuwenden, lernen Ihre Kinder zu verstehen, daß sie von Gott in ihrer Einmaligkeit gewollt und er ihnen unverwechselbare Fähigkeiten mitgegeben hat. Ihnen wünsche ich, Hilfestellung zu bekommen und den eigenen oder den Kindern in Ihrem Umfeld oder in Ihrer Gemeinde mehr gerecht zu werden.

Remchingen, im April 1997   Friedbert Gay

Teil 1

Ein Kind erziehen

1. Elternverschmutzung

„Warum kann meine Mutter mich nicht so akzeptieren, wie ich bin? Jedesmal, wenn wir zusammen sind, erinnert sie mich daran, daß ich nicht so gut nähen und kochen kann wie sie und daß es bei mir zu Hause nie so sauber und aufgeräumt ist wie bei ihr. Sie kritisiert meinen Lebensstil und wirft mir vor, eingebildet zu sein.

Sie hat immer versucht, aus mir jemanden zu machen, der ich gar nicht bin. Und immer, wenn wir zusammen sind, nörgelt sie an mir herum."

Wie oft habe ich solche Worte gehört! Und wie oft kam ein aufgelöster Sohn oder eine aufgelöste Tochter in mein Büro und suchte Rat und Hilfe, weil ihr Vater oder ihre Mutter einfach nicht verstand, was sie so einzigartig und besonders machte. Was mich am meisten wundert, ist, daß diese „Kinder" meistens in den Dreißigern oder Vierzigern sind und immer noch diese grundlegenden Probleme mit sich tragen, die eigentlich schon in ihrer Jugend hätten gelöst werden sollen.

Unzufriedene Mütter ...

... und ihre unglücklichen Kinder.

*Rebeccas Aus-
zeichnung ...*

Rebecca saß mir gegenüber. Ihre Augen füllten sich mit Tränen, während sich ihr Ärger langsam auflöste. Nur wenige Stunden vor unserem Treffen hatte sie wieder einen Streit mit ihrer Mutter gehabt.

*... und die
Reaktion ihrer
Mutter.*

Rebecca hatte für ihre ehrenamtliche Sozialarbeit eine Auszeichnung erhalten. Sie rief ihre Mutter an, um ihr die gute Neuigkeit mitzuteilen. Als sie ihr von der Auszeichnung erzählte, wurde sie von ihrer Mutter abrupt unterbrochen: „Ich habe mich für solche sozialen Clubs nie interessiert. Du solltest in deiner Freizeit produktivere Dinge tun, als im Rampenlicht herumzustehen. Solche Sachen sind schuld daran, daß die Leute denken, sie seien besser als andere."

Rebecca hatte gar nicht die Gelegenheit gehabt zu erklären, daß sie für ihre Arbeit mit Stadtkindern geehrt worden war. Das einzige, was sie zu hören bekam, war Kritik. Sie sagte: „Dies war einer der wichtigsten Tage meines Lebens, und meine Mutter war nicht einmal dazu fähig, mir zu gratulieren, geschweige denn zu sagen: Ich bin stolz auf dich."

*Rebeccas
Vorlieben ...*

Rebecca ist ein sehr offener Mensch, der leicht Freundschaft mit anderen schließt und gerne mit anderen Menschen zusammen ist. Sie kann sich für jede Aufgabe begeistern und andere dazu überreden, mitzumachen. Ihr fällt es schwer, ihre Gefühle für sich zu behalten – eine Tatsache, die sie selbst oft nicht mag, die ihre Freunde aber schätzen, weil sie ihnen so das Gefühl gibt, daß sie in ihrer Nähe sie selbst sein können.

*... und die Vor-
lieben ihrer
Mutter.*

Ihre Mutter ist ganz anders. Sie ist eine ruhige, vorsichtige Frau, die sich in großen Gruppen nicht wohlfühlt. Sie liebt ruhige Gespräche, Näharbeiten und gute Bücher. Sie hält ihr Haus peinlich sauber und wird unruhig, wenn sich nicht alles an seinem Platz befindet.

Rebecca hatte, als sie noch jünger war, ständig Probleme damit, daß sie das Haus nicht nach den Vorstellungen ihrer Mutter sauberhielt. „Ich kann Ihnen gar nicht sagen, wie viele Stunden ich samstags damit zubrachte, die Möbel immer wieder abzustauben, bis das letzte Staubkörnchen weggewischt war. Ich konnte sie nie zufriedenstellen." In der Kleinstadt, in der Rebecca

*Streitpunkt:
„Öffentliche
Anerkennung"*

wohnt, fand sie immer wieder eine Gelegenheit, im Rampenlicht zu stehen, und jedes Mal wurde sie von ihrer Mutter ermahnt, daß ihr dieser Erfolg nicht zu Kopf steigen solle. Als sie in ihrer Schule bei einem Theaterstück mitgespielt hatte, sagte ihre Mutter zu ihr, sie solle ja nicht eingebildet werden und immer nach Applaus suchen. Als Rebecca es dann geschafft hatte, in die Cheerleaders aufgenommen zu werden, sagte ihre Mutter: „Ich kann dich nicht verstehen, wieso ein vernünftiges Mädchen auf *so etwas* stolz sein kann."

Rebecca fühlte sich wie gefangen von den Ratschlägen ihrer Mutter, was sie tun sollte und was nicht. Rebecca ist jetzt fünfunddreißig Jahre alt, verheiratet und Mutter von zwei Kindern, und trotzdem ist sie immer noch nicht frei. Es war ihr nie möglich, ihre Erfolge zu genießen, weil sie tief in ihrem Herzen nach der Anerkennung dieser einen Frau suchte, die anscheinend nicht fähig war, ihr diese Anerkennung zu geben. Besonders erstaunt war Rebecca über die Tatsache, daß sich ihre achtjährige Tochter Laurie so gut mit ihrer Großmutter verstand. "Meine Mutter und Laurie verstehen sich sehr gut. Sie ist damit zufrieden, in ihrem Zimmer zu sitzen, Bücher zu lesen oder mit ihren Puppen zu spielen. Aber ich bin fest entschlossen, sie unter Menschen zu schicken, Freunde finden und das Leben genießen zu lassen."

Sehen Sie die Ironie? Rebecca merkte es zwar nicht, aber sie wiederholte das Muster, das ihr selbst so viele Qualen bereitet hatte. Das Problem war an die nächste Generation weitergegeben worden.

Rebeccas Tochter Laurie versteht sich gut mit ihrer Großmutter.

Das Problem "vererbt" sich.

Wenn Kinder "umgebogen" werden

Rebecca hatte hier mit einem jahrhundertelangen Problem zu kämpfen. Ich nenne es "Elternverschmutzung". Auch wir haben sie geerbt und werden sie an unsere Kinder weitervererben.

Was ist Elternverschmutzung? Wenn wir unsere Kinder so erziehen, wie wir denken, daß sie sein sollten . . . oder wie wir wollen, daß sie sind.

Das klingt doch ziemlich harmlos, oder? Welche Eltern wollen nicht das Beste für ihre Kinder? Wir wollen, daß sie sich selbstsicher, kompetent und leistungsfähig fühlen. Sie sollen spüren, daß sie wertvoll sind und geliebt werden. Wir haben nicht das Ziel, sie absichtlich zu entmutigen oder sie "umzubiegen". Viel zu oft denken wir jedoch, daß es für unsere Kinder am besten ist, nach dem "Plan" zu leben, der auch für uns der richtige war. Ohne daß wir es bemerken, versuchen wir Kopien von uns selbst zu schaffen. Oder vielleicht wollen wir verhindern, daß unsere Kinder dieselben Fehler begehen, die wir gemacht haben. Wenn wir dann bemerken, daß die Kinder dieselben falschen Verhaltensweisen zeigen wie wir selbst, versuchen wir, dieses Verhalten im Keim zu ersticken.

Ein häufig zitiertes Bibelwort kann uns als Grundlage für unser Elternsein dienen: "Gewöhne einen Knaben an seinen Weg, so läßt er auch nicht davon, wenn er alt wird." (Sprüche 22,6)

Viele Christen glauben, daß uns dieses Wort lehrt, unsere Kinder einfach mit in die Kirche zu nehmen, sie in die Schule zu schicken und sie von Drogen und Rangeleien fernzuhalten. Selbst, wenn sie dann eine Zeit lang nicht auf dem "schmalen und geraden Weg" gehen, werden sie trotzdem im Alter

Elternverschmutzung: Wenn Eltern ihre Kinder nach ihren Vorstellungen formen wollen.

Ist Ihr Lebensplan auch für Ihr Kind der richtige?

Ein oft mißverstandenes Bibelwort

zu den Moralvorstellungen und dem Lebensstil zurückkehren, mit denen sie aufgewachsen sind.

-christliche Erziehungsziele

Mein Problem bei dieser beliebten Interpretation des Bibelverses ist, daß sie keine Rücksicht nimmt auf den individuellen Willen des Kindes und darauf, daß jedes Kind die Fähigkeit besitzt, seine eigenen Entscheidungen zu treffen. Ich habe zu viele Kinder gesehen, die in christlichen Elternhäusern aufgewachsen sind und trotzdem vom guten Weg abkamen. Einige von ihnen sind nie mehr zu Gott oder ihren geistlichen Wurzeln zurückgekehrt.

Wo bleibt die Individualität?

Die richtige Interpretation von Sprüche 22,6

Die richtige Interpretation von Sprüche 22,6 ist eine grundlegend andere. Der Ausdruck „an seinen Weg" steht nicht für einen vorherbestimmten Pfad, dem jeder Mensch folgen sollte. Im Hebräischen wird die Bedeutung dieses Satzes sehr viel deutlicher: „seinem Weg entsprechend". Das hebräische Wort für „Weg" ist *derek*, was wörtlich „gebogen" bedeutet. Es beschreibt unsere einzigartige innere Gestaltung oder Ausrichtung. Eine genauere Wiedergabe dieses Verses wäre also:

„Passe deine Erziehung an dein Kind an, so daß sie mit seinen natürlichen Veranlagungen übereinstimmt; wenn es dann erwachsen wird, wird es dieses Lebensmuster nicht verlassen."

Ein Metall mit Gedächtnis

Zurück in die ursprüngliche Form

Vor kurzem wurde in einer Fernsehsendung eine ganz neue Legierung aus Metallen vorgestellt. Diese Legierung besitzt die Eigenschaft, sich ihre Form zu „merken". Wurde die ursprüngliche Form auf irgendeine Weise verändert (z.B. indem man dieses Stück mit den Händen verformte), konnte man es ganz einfach in seine ursprüngliche Form zurückverwandeln, indem man es einfach durch heißes Wasser zog. Stellen Sie sich einmal vor, Autokarosserien würden aus diesem Metall hergestellt – wäre Ihr Kotflügel zerdrückt, so würden Sie einfach zur nächsten Autowaschanlage fahren, und Ihr Auto wäre wie neu!

Gott teilt verschiedene Veranlagungen aus.

Wir als Eltern müssen den natürlichen Verhaltensstil unserer Kinder entdecken und es ihnen ermöglichen, gemäß ihrer einzigartigen, von Gott gegebenen Veranlagung aufzuwachsen. Wenn sie dann mit den Problemen des Lebens konfrontiert werden, ist es wahrscheinlicher, daß sie zu ihrer eigenen Persönlichkeit zurückkehren, als daß sich ihre natürliche Veranlagung auf Dauer verändert. Ihr Selbstwertgefühl wird ihnen so erhalten bleiben. Ein Kind gemäß seiner natürlichen Veranlagung zu erziehen, ist gar nicht so einfach, wie es klingen mag. Wir fühlen uns normalerweise in der Umgebung derjenigen Menschen am wohlsten, die so sind wie wir selbst. Denken Sie einmal an Ihre Freunde! Sie kennen wahrscheinlich viele Menschen der unterschiedlichsten Charaktere, aber es gibt eine bestimmte Art von Menschen, in deren Nähe Sie sich am wohlsten fühlen. Wir neigen dazu, diejenigen Menschen am meisten zu schätzen, die uns ähnlich sind.

Viele der Unternehmen, die ich kennengelernt habe, spiegeln die Persönlichkeit ihres Chefs wider. Ist er entschlußfreudig und forsch, so ist es für ihn natürlich, diese Verhaltensweisen als notwendige Führungsqualitäten zu betrachten. Es ist deshalb sehr gut möglich, daß er vorsichtige oder beziehungsorientierte Mitarbeiter als langsam oder ineffektiv betrachtet. Dann hätten irgendwann alle führenden Mitarbeiter eines Unternehmens den gleichen Verhaltensstil wie ihr Vorgesetzter. Das führt meist zu Problemen, weil der Vorgesetzte übersieht, daß in unterschiedlichen Situationen unterschiedliche Verhaltensstile notwendig sind.

Was passiert, wenn jeder nur seine eigenen Stärken anerkennt!

Bei Kindern ist es dasselbe. Gott schenkt vielen Menschen Kinder, deren Veranlagung sich mit dem natürlichen Verhalten der Eltern unaufhörlich reibt. Dann versuchen diese oft, das von ihrem eigenen Verhalten abweichende Verhalten der Kinder zu unterdrücken und durch andere Verhaltensweisen zu ersetzen, die ihnen wertvoller scheinen. Sie versuchen, ihre Kinder in ein Spiegelbild ihrer selbst zu verwandeln.

Erkennen Sie Gottes Plan mit Ihren Kindern!

Wenn Sie eine wertvolle Beziehung zu Ihren Kindern aufbauen wollen, müssen Sie erkennen, wie Gott sie erdacht hat. Sie müssen alle Vorstellungen darüber, wie Sie Ihre Kinder gerne hätten, ablegen und Ihre Zeit darauf verwenden herauszufinden, wie Ihre Kinder schon sind.

Lassen Sie die natürlichen Veranlagungen sich entwickeln!

Bitte mißverstehen Sie mich nicht. Ich sage nicht, daß Sie Ihren Kindern die Verantwortung für ihr Leben alleine überlassen sollen. Sie brauchen Ihre Kontrolle und Führung. Sie müssen lernen, wie sie leben sollen und wie nicht. Sie als Eltern müssen ihnen dabei helfen, ihre eigenen Überzeugungen und ihre Persönlichkeit zu entwickeln.

Während Sie diese Ziele verfolgen, ist es für Sie jedoch sehr wichtig zu verstehen, wie Sie Ihren Erziehungsstil an die individuellen Bedürfnisse Ihrer Kinder anpassen können. Einerseits ist es Ihre Aufgabe, Ihre Kinder positiv zu prägen, und andererseits müssen Sie ihnen ein Zuhause und die nötige Unterstützung geben, die es ihnen ermöglichen, sich ihren natürlichen Veranlagungen gemäß zu entwickeln.

Das Gleichnis von den Pflanzen

Stellen Sie sich vor, Sie haben zwei Kinder. Betrachten Sie sie als zwei verschiedene Samen, die Gott in Ihre Hand gelegt hat. Er sagt Ihnen nicht, wel-

Verschiedene Samen ...

che Pflanzen aus diesen Samen werden. Er gibt Ihnen einfach die Aufgabe, sie auszusäen und zu pflegen, so daß sie gesund aufwachsen und Früchte tragen.

... werden zu verschiedenen Pflanzen ...

Sie wissen, daß es bestimmte Dinge gibt, die jede Pflanze braucht: Wasser, Sonne, Nährstoffe und Kohlendioxid. Wenn sie das bekommen, beginnen die Samen zu sprießen. Bald haben Sie zwei gesunde grüne Pflänzchen.

Doch mit jeder Woche, die vergeht, sehen die beiden Pflänzchen unterschiedlicher aus. Sie blühen, und bald zeigen sie ihre ersten Früchte. Und

... mit verschiedenen Früchten.

dann können Sie erkennen, daß Gott ihnen einen Apfelbaum und einen Orangenbaum gegeben hat, die jeweils unterschiedliche Pflege brauchen.

Dies ist eine Parabel über Kindererziehung. Wenn Gott Ihnen Kinder schenkt, so schenkt er Ihnen oft Äpfel und Orangen – und vielleicht noch ein paar Birnen und Pfirsiche. Sie geben all Ihren Kindern dieselben grundlegenden Dinge wie Liebe, Anerkennung, Zuneigung, ein Gefühl der Zu-

Passen Sie Ihren Erziehungsstil der Veranlagung des Kindes an!

gehörigkeit und der Bedeutsamkeit. Und wenn Ihre Kinder älter werden, werden Sie erkennen, was jedes einzelne von ihnen so einzigartig und besonders macht – und dann müssen Sie Ihren Erziehungsstil an die natürliche Veranlagung eines jeden Kindes anpassen. Den Verhaltensstil unserer Kinder zu erkennen, ist erst die halbe Strecke bei der Überwindung der Elternverschmutzung. Sie müssen auch erkennen, wie Gott Sie selbst geschaffen hat. Zu wissen, wer Sie sind und wie Sie über sich selbst denken, ist wichtig dafür, wie Sie mit Ihren Kindern umgehen. Sie müssen sich bewußt machen, wie Ihr Verhalten das Ihrer Kinder ergänzen kann oder wo Konflikte entstehen können.

Wozu unser Persönlichkeitsmodell (DISG) hilft.

In den folgenden Kapiteln wollen wir die „Kunst einer anpassungsfähigen Erziehung" betrachten, die berücksichtigt, wie Gott Sie und Ihre Kinder geschaffen hat. Ich werde Ihnen ein einfaches und praktisches Modell zeigen, das Ihnen hilft,

- Ihre natürlichen Veranlagungen zu erkennen, und wie diese Ihren Erziehungsstil beeinflussen;
- die natürlichen Veranlagungen Ihrer Kinder zu erkennen;
- Ihren Verhaltensstil und Ihre Bedürfnisse mit denen Ihrer Kinder zu vergleichen;
- Ihren Erziehungsstil an die Bedürfnisse Ihrer Kinder anzupassen;
- die Kommunikation zwischen Ihnen und Ihren Kindern zu verbessern;
- Konfliktursachen zu verringern;
- in Ihrem Zuhause eine Atmosphäre der Ermutigung und der Zusammenarbeit zu schaffen.

Dieser Ansatz soll zeigen, wie Sie Ihren Erziehungsstil an den jeweiligen Verhaltensstil Ihrer Kinder anpassen können – ohne daß Sie dafür ein Diplom in Psychologie bräuchten. Er soll Ihnen eine Sprache geben, die es Ihnen ermöglicht, die Unterschiede, die Sie an Ihren Kindern beobachten, zu beschreiben und zu schätzen. Sie werden die nötigen Fähigkeiten erlernen, um mit unterschiedlichen Kindern auf unterschiedliche Weise umzugehen, gemäß Ihrer individuellen Veranlagung. Dann können Ihre Kinder ein gesundes Selbstwertgefühl entwickeln, weil sie wissen, daß sie verstanden, geliebt und respektiert werden, und zwar so, wie sie sind, und nicht so, wie ihre Eltern sie gerne hätten. So entwickeln sie auch eine größere Toleranz gegenüber den verschiedenartigen Menschen, denen sie im Laufe ihres Lebens begegnen werden.

Erlernen Sie die „Sprache der Anerkennung", die Ihr Kind versteht!

Sie werden in diesem Buch nicht alle Antworten auf Ihre Erziehungsfragen erhalten. Es gibt noch sehr viele andere Erziehungsgrundlagen, die Sie ebenfalls kennenlernen sollten.

Ich glaube jedoch, daß Sprüche 22,6 der Punkt ist, an dem wir beginnen müssen. Wenn Sie Ihr Kind nicht kennen, können Sie es nicht verstehen. Wenn Sie Ihr Kind nicht verstehen, können Sie ihm Ihre Wertschätzung nicht so vermitteln, daß Ihr Kind es versteht.

Sie sind wahrscheinlich schon vielen Erwachsenen wie Rebecca begegnet. Vielleicht spiegelt ihre Geschichte die Erfahrungen wider, die Sie mit Ihren eigenen Eltern gemacht haben. Und die gute Nachricht hier ist, daß Sie diesen Kreislauf der Elternverschmutzung unterbrechen können, indem Sie Ihre Kinder so akzeptieren, wie sie sind. Und wenn Sie dies tun, geben Sie ihnen die nötige Freiheit, so zu werden, wie Gott sie geplant hat.

Sie können den Kreislauf der Elternverschmutzung unterbrechen!

2. Grabinschrift eines nie Akzeptierten

*Frühstücks-
pfarrer bei
McDonald's*

Eine meiner wichtigsten Aufgaben als Pastor ist die des „Frühstückspfarrers" bei unserem McDonald's-Restaurant. Mit den Jahren habe ich viele Menschen, die dort regelmäßig frühstücken, näher kennengelernt.

Eine dieser Bekannten ist Amy. Sie ist Englischlehrerin an unserem Gymnasium. Als ich ihr neulich von meinem neuesten Projekt erzählte – diesem Buch – sagte sie plötzlich zu mir: „Ich habe da etwas, das Sie unbedingt lesen sollten!" Bei unserem nächsten Treffen gab sie mir einen Stapel Arbeiten, die ihre Schüler geschrieben hatten. Es gibt nur sehr wenige Dinge, die mich so sehr ernüchtert haben wie das, was ich an jenem Tag las. Elternverschmutzung beginnt in der frühesten Kindheit und hat verheerende Auswirkungen auf das ganze Leben.

*Wenn Kinder
Eltern gefallen
wollen -
Ein Gedicht*

Amy hatte ihrer Klasse zwei Aufgaben gestellt. Die erste Aufgabe war, ein „Lösungsgedicht" zu schreiben. Viele der Schüler schrieben darüber, wie sehr sie versuchen, ihren Eltern zu gefallen. Hier ist eins der Gedichte als Beispiel:

Meinen Eltern gefallen

Ich würde Mutti und Vati gern glücklich machen.
    Ich versuche es immer wieder
    und schaffe es nie.
Ich arbeite zu langsam,
    und ich tue nicht genug.
    Ich bitte um Hilfe, um zu verstehen.
Was tue ich?
    Manchmal möchte ich einfach aufgeben.
    Ich weiß, ich muß das Gespräch suchen,
    auch wenn dies einfach klingt.
    Es ist eine Grenze, eine Mauer aus Stahl.
    Ich werde sie überwinden.

*„Eine Grab-
inschrift"*

Noch schmerzlicher waren einige der Arbeiten zur zweiten Aufgabe: „Schreibe deine eigene Grabinschrift." Als ich diese Arbeiten durchlas, gewann ich einen flüchtigen Einblick in die Verzweiflung vieler Kinder, wenn sie versuchen zu verstehen, wo ihr Platz in dieser Welt ist. Eines der Mädchen, das Amy als „sehr fröhlich, fast engelhaft" beschrieb, war offensichtlich innerlich sehr viel aufgewühlter, als man an der Oberfläche erkennen konnte:

Es war einmal ein Mädchen,
ihr Name war Sarah.
Wenn man sie von außen betrachtete,
schien sie perfekt zu sein,
aber innerlich war sie total durcheinander.
Weil Sarah das älteste von vier Kindern war,
lastete sehr viel Druck auf ihr.
Sie kam mit dem Leben nicht mehr zurecht,
ihre Noten wurden immer schlechter,
und ihre Moralvorstellungen zerfielen.
Sie ging mit ihren sogenannten „Freunden" aus,
sie kam nie wieder nach Hause.
Man fand ihre Leiche im Fluß am 2. Juli 1992.

„Sie kam mit dem Leben nicht mehr zurecht"

Und dann gab es ein Gedicht mit dem Titel „Grabinschrift eines nie Akzeptierten". Es war sehr kreativ, beinahe zu real. Und doch konnte ich erkennen, daß auch dieses Gedicht von einem Kind geschrieben wurde, das nach Liebe sucht und nach jemandem, der es so annimmt, wie es ist:

Grabinschrift eines nie Akzeptierten

Als ich geboren wurde, war mein erster Drang, zu leben.
Aber das unerbittliche Wesen der Gesellschaft tötete meinen Geist.
Ich wußte nicht, warum solche als segensreich bezeichneten
Rituale mein Unterbewußtsein streiften,
vielleicht war mein Geist zu kompliziert, als daß sie
ihn hätten akzeptieren können.
Diese Strafen, auferlegt von der Tradition,
einer Tradition des Geistes, die diese gute Sache daran hindert,
für immer und ewig zu bestehen.
Es wurde einmal gesagt, das Leben sei wie ein verwickeltes Garn,
so sehr verwickelt, daß es die Individualität des Originals erstickt.
Und am Ende wird eine Frage gestellt werden,
nach seiner Meinung;
Ist dies das Leben?
Oder ist dies der Tod?

„das Leben ist wie ein verwickeltes Garn"

Die Einzigartigkeit des Kindes fördern

So schreiben Kinder, weil Eltern sie nicht so akzeptieren, wie sie sind.

Wie kommt es, daß Kinder so empfinden? Wie kommt es, daß sie zu der Überzeugung kommen, daß ihre Eltern glücklich zu machen genauso schwierig ist, wie eine Stahlmauer zu durchbrechen? Keine Mutter und kein Vater will, daß ihr Sohn oder ihre Tochter ein solches Gedicht schreibt. Aber was tun die Eltern, das ihren Kindern ein solches Gefühl der Hoffnungslosigkeit gibt?

Wenn ein Kind aufwächst, erfährt es mehr und mehr über sich selbst – was es mag und was es nicht mag, was es gut kann und was es nicht gut kann. Wenn diese einzigartige Identität gefördert wird – dieses Kind also akzeptiert wird, so wie es ist –, dann kann es Selbstbewußtsein und Kompetenz entwickeln – und ein gesundes Selbstwertgefühl. Wenn die Eltern jedoch Druck ausüben, weil sie wollen, daß das Kind so wird, wie sie es sich vorstellen, dann wird es immer das Gefühl haben, ungenügend zu sein. Es wird ihm nicht möglich sein, ein gesundes Selbstvertrauen zu entwickeln.

Kinder brauchen Gewißheit, daß wir ihre Eigenart schätzen.

Damit unsere Kinder sich entfalten können, brauchen sie die Gewißheit, daß wir ihre Individualität respektieren und schätzen. Dies führt uns wieder zurück zu unserem Erziehungsgrundsatz: Erziehen Sie Ihr Kind gemäß seinem natürlichen Verhaltensstil.

Wunderbar gemacht

Die Bibel enthält sehr viele ermutigende Verse über die Einzigartigkeit eines jeden Menschen. Eine meiner Lieblingsstellen ist Psalm 139,13-16. Dort wird beschrieben, wie Gott jeden einzelnen von uns ganz einzigartig und besonders gemacht hat:

„Du hast mich gebildet im Mutterleib" *(Ps. 139,13-16)*

„Denn du hast meine Nieren bereitet
und hast mich gebildet im Mutterleibe.
Ich danke dir dafür, daß ich wunderbar gemacht bin;
wunderbar sind deine Werke; das erkennt meine Seele.
Es war dir mein Gebein nicht verborgen,
als ich im Verborgenen gemacht wurde,
als ich gebildet wurde unten in der Erde.
Deine Augen sahen mich, als ich noch nicht bereitet war,
und alle Tage waren in dein Buch geschrieben,
die noch werden sollten und von denen keiner da war."

In der Sprache des Alten Testaments, dem Hebräischen, beschreiben die Worte „gebildet" und „gemacht" die komplexen Muster und Farben der Teppichweber und Sticker. Diese beiden Worte erhielten für mich eine neue Bedeutung, als meine Frau Karen und ich kürzlich einen kleinen Orientteppich für unseren Hausflur kauften. Von dem Verkäufer erfuhren wir, wie solche Teppiche hergestellt werden: Jeder dieser Teppiche wird auf einen eigenen Webstuhl aufgespannt. Lange, dünne Fäden derselben Farbe, Form und Struktur werden vertikal auf den Webstuhl gespannt. Dann werden einzelne Wollfäden verschiedener Farben von Hand in diese vertikal verlaufenden Fäden eingeknüpft. Die Farben werden genauestens ausgesucht, so daß ein kompliziertes Muster entsteht.

Wie unglaublich komplex ist ein Orientteppich!

Ein hochwertiger Orientteppich besteht aus ungefähr 200 Knoten pro Quadratzentimeter. Das ergibt bei einem Teppich von 2,5 Meter Breite und 3,5 Meter Länge über drei Millionen Knoten. Je nachdem, wieviele Teppichweber an einem Teppich dieser Größe arbeiten, kann es bis zu zwei Jahren dauern, bis er fertiggestellt ist.

Was diese Teppiche so besonders macht, sagte der Verkäufer, ist, wie sich ihr Design aus dem Geist und der Persönlichkeit des „Webers" heraus entwickelt. An dieser Stelle mußte ich an Psalm 139 denken. Jeder von uns ist ein einzigartiger Teppich, gewoben mit einem komplizierten Muster und einer Vielzahl von Farben. Denken wir doch einmal daran, daß auf unserer Erde über sechs Milliarden Menschen leben, von denen keine zwei gleich sind.

Jeder erwächst aus der Persönlichkeit des Meister-Webers!

Wir selbst und unsere Kinder wurden von Gott in seiner unendlichen Weisheit und Liebe und nach seinem Bild geschaffen. Er hat uns gemacht, als wir noch im Mutterleib waren. Was für ein großes Zeichen dafür, wie wertvoll wir ihm sind, schon bevor wir geboren wurden! Die Hand des „Meister-Webers" entwarf unser Muster und bestimmte unsere Zeit.

Aber wir können aus diesem Psalm noch mehr erkennen. Der Psalmist spricht über sein „Gebein". Als ich in Kommentaren und Lexika nach der ursprünglichen Bedeutung dieses Abschnittes forschte, stieß ich auf den Text eines angesehenen Auslegers, Dr. H.C. Leopold. Er legt dar, daß man dieses Wort auch mit „Stärken" übersetzen kann, und übersetzt die Bedeutung dieses Wortes mit „Veranlagung" oder „Fähigkeiten". Er schreibt: „Der Schöpfer kennt die Fähigkeiten, die in jedem einzelnen liegen, da er sie ihm ja selbst gegeben hat."

„so wie ich bin, so muß es sein"

Denken wir einmal darüber nach: Gott hat mich geschaffen und mir meine natürlichen Stärken und Fähigkeiten geschenkt. Aus diesen webte er den Stoff meines Wesens. Und diese Fähigkeiten und Veranlagungen sind ein Teil meiner Einzigartigkeit. Sie wurden mir gegeben, um für ihn etwas zu tun.

Gott will, daß Sie das tun, was Ihnen liegt!

Begabt mit Fähigkeiten und Urteilsvermögen

Leben Sie gemäß dem Muster, nach dem Gott Sie gewoben hat!

Als Mose und die Israeliten die Stiftshütte bauten, waren ganz verschiedene Fähigkeiten gefragt. Es ist faszinierend zu sehen, wie Gott den verschiedenen Menschen diese Fähigkeiten und das nötige Urteilsvermögen gab, damit sie die unterschiedlichen Arbeiten gut und mit Liebe ausführen konnten. „Und alle Frauen, die diese Kunst verstanden, spannen mit ihren Händen und brachten ihr Gespinst, blauen und roten Purpur, Scharlach und feine Leinwand. Und alle Frauen, die solche Arbeit verstanden und willig dazu waren, spannen Ziegenhaare.

Und Mose sprach zu den Israeliten: 'Sehet, der Herr hat mit Namen berufen den Bezalel, den Sohn Uris, des Sohnes Hurs, vom Stamm Juda, und hat ihn erfüllt mit dem Geist Gottes, daß er weise, verständig und geschickt sei zu jedem Werk, kunstreich zu arbeiten in Gold, Silber und Kupfer, Edelsteine zu schneiden und einzusetzen, Holz zu schnitzen, um jede kunstreiche Arbeit zu vollbringen. Und er hat ihm auch die Gabe zu unterweisen ins Herz gegeben, ihm und Oholiab, dem Sohn Ahisamachs, vom Stamm Dan. Er hat ihr Herz mit Weisheit erfüllt, zu machen alle Arbeiten des Goldschmieds und des Kunstwirkers und des Buntwirkers mit blauem und rotem Purpur, Scharlach und feiner Leinwand und des Webers, daß sie jedes Werk ausführen und kunstreiche Entwürfe ersinnen können.'" (2. Mose 35,25-26+30-35)

Als Gott Sie schuf, legte er ganz bestimmte Stärken, Begabungen, mögliche Fähigkeiten, Leidenschaften und Motivationen in Ihr Herz. Er entwarf Ihre Persönlichkeit für Ihr ganz bestimmtes Leben. Als Folge davon fühlen Sie sich erfüllt, wenn Sie gemäß Ihrem „Muster" leben – und frustriert, wenn Sie es nicht tun.

Verstehen Sie Ihr „Muster" und das Ihrer Kinder.

Und Gott tat genau dasselbe, als er jedes einzelne Ihrer Kinder schuf.

Unser angeborener Verhaltensstil

Damit Sie Ihre Kinder gemäß ihrer Veranlagung erziehen können, müssen Sie zuerst verstehen, welches „Muster" Gott Ihnen und Ihren Kindern gegeben hat. Einen wichtigen Hinweis auf dieses Muster gibt Ihnen Ihr Verhalten – Ihre Art und Weise, wie Sie Dinge tun oder sehen. Unser Verhaltensstil ist entscheidend dafür, wie wir unser Leben leben, denn er ist *dauerhaft* und *beständig* und *bestimmt unser Verhalten.* Er beweist uns, daß wir nicht eine zufällige Ansammlung verschiedener Möglichkeiten sind, sondern ein Mensch, der mit ganz besonderen Gaben und Fähigkeiten ausgestattet ist.

Unser Verhaltensstil ist dauerhaft. Obwohl unsere Persönlichkeit von unseren Eltern und Lehrern stark geprägt wird und von den guten und schlechten Dingen, die wir erleben, während wir erwachsen werden, bleibt uns unser angeborener Verhaltensstil dennoch erhalten. Betrachten wir einmal die folgenden Beispiele:

Unser Verhaltensstil ist dauerhaft.

• Tommy war ein Junge, der im Alter von zehn Jahren bereits verschiedene Auszeichnungen erhalten hatte. Mit siebzehn Jahren wurde er Gruppenleiter bei den Pfadfindern. Er machte sein Universitätsdiplom als Maschinenbauingenieur und bekam bereits im Alter von vierundzwanzig Jahren einen hochbezahlten Posten in einem großen Unternehmen. Mit siebenunddreißig Jahren war er ganz oben auf der Karriereleiter.

Tommy: ehrgeizig

• Mit zehn Jahren nahm Charlie gerne Uhren und Radios auseinander, um zu sehen, wie sie funktionierten. An der Universität blieb er häufig länger, um eine Aufgabe zu Ende zu bringen. So sezierte er z.B. das Gehirn eines Schafes oder führte ein chemisches Experiment einen Schritt weiter. Mit vierundzwanzig Jahren arbeitet er nun als wissenschaftlicher Berater für ein großes pharmazeutisches Unternehmen an der Ostküste der USA.

Charly: erforschend

Katherine: • Als Katherine noch klein war, liebte sie es schon, wenn alles an seinem
ordentlich Platz war. Sie konnte Stunden damit verbringen, ihre Schränke in Ordnung zu halten und die Möbel in ihrem Zimmer umzustellen. Im Alter von dreißig Jahren wurde sie von ihren Freunden immer dafür bewundert, wie sie es schaffte, ihre Wohnung so sauberzuhalten und gleichzeitig halbtags in einem großen Kaufhaus zu arbeiten. Jetzt, mit einundfünfzig Jahren, ist sie die Leiterin der Fürsorge in einer großen Stadtkirche.

Tina: • Tina war ein weichherziges Mädchen, das sich in den Schlaf weinte,
sensibel wenn sie im Fernsehen gesehen hatte, wie jemand getötet worden war. Während sie ihr Abitur machte, jobbte sie als Süßwarenverkäuferin im städtischen Krankenhaus. Sie machte ihr Diplom in den Sozialwissenschaften und arbeitet nun im Alter von neunundzwanzig Jahren mit Großstadtkindern. Sie hört den Menschen, die in ihre Beratungsstelle kommen, teilnahmsvoll zu. Sie gesteht ein, daß sie immer noch Probleme damit hat, ihre Gefühle zu kontrollieren, und ist in ihren Beratungsgesprächen oft den Tränen nahe.

Diese Erzählungen haben alle eines gemeinsam: In jedem dieser Fälle blieb der Verhaltensstil des einzelnen gleich, unabhängig von seinem Alter oder den äußeren Umständen.

Sie alle blieben gleich.

Wenn wir unser Leben mit Jesus gehen, gewinnen wir geistige und emotionale Reife. Gott will, daß unser Charakter dem Charakter Jesu ähnlich wird. Trotzdem verändert sich unser von Gott gegebener Verhaltensstil nicht, genausowenig, wie sich der Charakter einer Eiche verändert. Sie mag zwar während der einen Jahreszeit grüne Blätter haben, während der nächsten Jahreszeit braune Blätter und schließlich gar keine – trotzdem bleibt sie eine Eiche. Auch wir scheinen manchmal anders zu sein als sonst, und dennoch bleibt unser angeborener Verhaltensstil der gleiche.

Jesus ähnlicher - und doch sich selbst treu!

Aber es gibt noch einen weiteren Punkt: Daß unser Verhaltensstil immer gleich bleibt, bedeutet nicht, daß wir deshalb für immer auf eine ganz bestimmte Art und Weise handeln müssen. Ich sage nur, daß wir für unser Verhalten ein ganz bestimmtes Muster haben und daß dieses Muster immer gleich bleibt.

Sie können auch anders - doch Ihr Stil bleibt der gleiche ...

Wie oft haben wir von einem anderen Menschen gesagt: „Ich habe genau gewußt, daß er so handeln würde." Oder: „Das paßt doch genau zu ihr, oder?" Wir neigen dazu, auf bestimmte Menschen und Umstände in einer bestimmten Weise zu reagieren.

Wie reagieren Sie z.B., wenn vor Ihnen die Ampel von Grün auf Gelb umspringt? Drücken Sie voll aufs Gas, um vor Rot über die Ampel zu kommen, oder sind Sie vorsichtiger und bremsen lieber?

Wenn die Ampel von grün auf gelb springt.

Es ist sehr wahrscheinlich, daß Ihre Reaktion bei einer gelben Ampel immer dieselbe ist. Möglicherweise gibt es Ausnahmen, aber grundsätzlich neigen Sie zu einer der genannten Verhaltensweisen.

Machen Sie einmal folgenden Test: Legen Sie das Buch weg, und verschränken Sie Ihre Arme. Haben Sie den linken Arm über den rechten gelegt oder den rechten über den linken? Nun überkreuzen Sie die Arme einmal anders herum. Das fühlt sich ungewohnt an, nicht wahr?

Genauso gibt es bestimmte Verhaltensweisen, die wir häufiger einsetzen als andere, weil sie für uns bequem sind. Sie passen zu uns. Ich sage nicht, daß wir Dinge immer auf eine ganz bestimmte Art und Weise tun müssen, sondern wir neigen dazu, uns in ähnlichen Situationen ähnlich zu verhalten.

Sie bevorzugen einen bestimmten Verhaltensstil.

Ihr natürlicher Verhaltensstil beeinflußt auch Ihr Verhalten. Wenn Sie Herausforderungen lieben, dann sind Sie auch dazu bereit, Risiken einzugehen. Wenn Sie gerne andere motivieren, dann suchen Sie nach Menschen, die Sie führen können. Wenn Sie gerne im Team arbeiten, dann haben Sie das Bedürfnis, sich einen Partner zu suchen. Wenn Sie Angst davor haben,

Jeder richtet sich sein Leben nach seinen Vorlieben ein.

Fehler zu machen, dann treffen Sie die nötigen Vorsichtsmaßnahmen, um Genauigkeit zu garantieren.

Die Persönlichkeit ist mehr als der Verhaltensstil.

Übrigens, unsere Persönlichkeit und unser Verhaltensstil stehen im Zusammenhang miteinander, sind aber nicht dasselbe. Unsere Persönlichkeit setzt sich zusammen aus all dem, was wir sind – unserem angeborenen Temperament und unserer Lebenserfahrung. Persönlichkeit bedeutet: unsere genetischen Merkmale, Bedürfnisse, Motive, Wertvorstellungen, Intelligenz, Erziehung, Schulbildung, unsere Reaktion – überlegt oder unüberlegt – auf vergangene Erfahrungen, unser kultureller Hintergrund, verinnerlichte soziale Normen, unser Glaube, unsere Vorlieben, Abneigungen, Stärken und Schwächen. Unsere Persönlichkeit ist eine komplexe Mischung aus vielen Komponenten, und diese bestimmen, wer wir sind.

„Unser Verhaltensstil ist, was wir aus dem machen, wer wir sind."

Der Verhaltensstil ist der *äußere Ausdruck* dessen, wer wir sind. Er kann sich von Umfeld zu Umfeld verändern. Wir verhalten uns z.B. möglicherweise zu Hause ganz anders als bei der Arbeit. Unser Erziehungsstil kann sich also von unserem Arbeitsstil und von unserem Verhalten im Umgang mit anderen unterscheiden. Tom Ritchey, Präsident der Carlson Learning Company, sagt: „Unser Verhaltensstil ist nicht, wer wir sind, sondern was wir daraus machen, wer wir sind." Es ist sehr wichtig, daß wir diese Unterscheidung genau verstehen. Sie wird uns in den folgenden Kapiteln noch viel deutlicher werden, wenn wir unseren Erziehungsstil betrachten.

Die Töpfer-Ton-Mentalität

„Wenn wir begreifen, was uns und unsere Kinder zu Individuen macht, kann das eine große Last von unseren Schultern nehmen."

Wenn wir begreifen, was uns und unsere Kinder zu Individuen macht, kann das eine große Last von unseren Schultern nehmen. Betrachten wir einmal die Geschichte von Jim und Shannon. Als ihr Sohn John noch ein Baby war, träumte Jim immer davon, was aus seinem Sohn einmal werden würde. „Er könnte ein Olympia-Sportler werden ... oder ein professioneller Fußballspieler."

Auch Shannon hatte große Pläne, jedoch in ganz anderer Richtung: „Vielleicht wird er ein Nobelpreisträger oder ein Konzertpianist ... oder vielleicht der Arzt, der das Mittel gegen Krebs erfindet!" Mit der richtigen Liebe und Führung würde dieser erstaunliche Junge bestimmt einmal der Star werden, von dem seine Eltern träumten.

Eltern haben kühne Träume und große Pläne für Ihre Kinder.

Als John älter wurde, schienen sich die großartigen Pläne von Jim und Shannon zu bewahrheiten. Im Kindergarten war er der aufgeweckteste Junge und den anderen Kindern im Schwimmunterricht weit voraus. Ein IQ-Test ergab einen Wert von 135. Jim und Shannon meldeten ihn zum Klavierunterricht an, fuhren ihn zum Fußball- und Tischtennistraining. Sie kauften ihm Dutzende von Büchern und jedes erdenkliche Lernspielzeug. Dann bekam er plötzlich in der dritten Klasse eine Vier in Mathe. Der Lehrer erklärte den Eltern, daß John sein Potential nicht ausschöpfe. Er sei sehr intelligent, aber auch sehr faul.

Und wenn das hochbegabte Kind plötzlich streikt?

Jim und Shannon waren außer sich. Wie war es möglich, daß ihr brillanter kleiner Junge nicht sein Bestes geben wollte? Sie redeten auf ihn ein, sie flehten ihn an, sie drohten ihm, aber John weigerte sich, härter zu arbeiten. Als John elf Jahre alt war, war er träge und strengte sich nicht sehr an. Er hatte durchschnittliche Noten im Zeugnis, ging nicht mehr zum Klavierunterricht und war der zweitschlechteste Spieler in seinem Fußballteam.

Und wie fühlten sich Jim und Shannon? Was dachten sie? Richtig. Sie überlegten, was *sie* falsch gemacht hatten.

Wenn wir glauben, daß unser Handeln allein dafür verantwortlich ist, wie sich unsere Kinder entwickeln, dann bekommen wir früher oder später das Gefühl, wir hätten versagt.

Nicht Ihr Handeln allein ist verantwortlich für die Entwicklung Ihrer Kinder!

Nach der Töpfer-Ton-Mentalität werden Kinder sozusagen als ungeformter Klumpen Ton geboren, und die Eltern sind dafür verantwortlich, Persönlichkeit und Charakter der Kinder zu formen. Ich kann dieser Sichtweise nur zum Teil zustimmen. Natürlich spielen Eltern beim „Modellieren" ihrer Kinder eine entscheidende Rolle – besonders, was den Charakter und die Wertvorstellungen betrifft. Doch viele Menschen erkennen nicht, daß Gott jedem Kind ein einzigartiges Design gegeben hat, das sich nicht ändert.

Die meisten Experten glauben, daß, obwohl die Eltern die Persönlichkeit ihres Kindes beeinflussen, die Kinder bereits mit ihren angeborenen Charakterzügen auf die Welt kommen. Stella Chess und ihr Ehemann Alexander Thomas, beide praktizierende Ärzte und Professoren der Psychiatrie an einer New Yorker Universität, begleiteten in einer sehr wichtigen Studie 133 Kinder von ihren Jugendjahren bis zum Erwachsensein. Sie fanden heraus, daß zwei Aspekte die Persönlichkeit eines Kindes bestimmen: der eine Aspekt ist das Temperament des Kindes und der andere, wie die Eltern auf dieses Temperament reagieren. Mit anderen Worten: Wie ein Kind wird, hängt sowohl von seiner Natur als auch von seiner Erziehung ab.

Zwei Faktoren: Natur und Erziehung

Dr. Evelyn B. Thoman arbeitet in der Forschungsabteilung für Kindesentwicklung an der Universität von Connecticut. Sie erklärt das Problem auf folgende Weise: „Vertreter der heutigen Elterngeneration, die an sich selbst meist sehr hohe Erwartungen stellen, nehmen jedes Anzeichen für eine reale oder eingebildete Unzulänglichkeit ihres Kindes als Zeichen dafür, daß sie selbst versagt haben. Sie streben unaufhörlich danach, ihre Idealvorstellung von ihrem Kind zu verwirklichen, anstatt das Kind zu schätzen, das sie tatsächlich haben."

Vor kurzem kam ich an einer Mauer vorbei, auf die eine Volksweisheit ge-
kritzelt war: „Ein Kind ist nicht etwas, das geformt werden muß, sondern
etwas, das entfaltet werden muß." Richtige Erziehung bedeutet nicht, daß wir
jedes unserer Kinder gleich behandeln. Wollen wir nicht auch, daß unser
Partner, unsere Freunde und Arbeitskollegen auf unsere Vorlieben, Abneigungen und Bedürfnisse Rücksicht nehmen? Genauso geht es unseren Kindern.

Richtige Erziehung bedeutet, unterschiedliche Kinder unterschiedlich zu
behandeln. Das Fazit ist: Wenn wir versuchen, ein Kind in eine Form zu pres-
sen, in die es nicht paßt, laufen wir Gefahr, daß wir diesem Kind folgende
Botschaft übermitteln: „Ich liebe dich nicht, weil du so bist. Ich liebe dich
dafür, daß du meinem Ideal immer ähnlicher wirst." Diese Botschaft kann
ein Kind dazu bringen, daß es sich sein ganzes Leben nach der Anerkennung
seiner Eltern sehnt.

Ein Liebesbrief

Neulich zeigte mir ein Freund einen Brief, den ihm seine Tochter gegeben
hatte. Es ist die Art von Brief, von der ich mir wünschen würde, daß viel mehr
Kinder sie ihren Eltern schicken – und die Art von Brief, die mir hoffentlich
auch meine Kinder geben werden, wenn sie älter sind.

Papa,
Ich habe beschlossen, Dir einen Liebesbrief zu schreiben. Du bist für
mich etwas Besonderes, und ich habe Angst davor, daß Dinge unge-
sagt bleiben. Ich respektiere Dich und Deinen Glauben sehr. Je mehr
Zeit ich mit Menschen verbringe, die behaupten, Christen zu sein,
desto deutlicher wird mir, wie außergewöhnlich Du bist. Ich sage es
immer und immer wieder, und jedes Mal bedeutet es mir mehr – Du
bist der einzige Mensch, den ich kenne, der alles das tut, was er pre-
digt, ohne Zähneknirschen und ohne wütendes Kämpfen. Du hast das
Geheimnis des „leichten Jochs" entdeckt, und dafür bewundere ich
Dich sehr.
Du bist einer meiner besten Freunde. Ich fühle mich in Deiner Nähe
wohl und genieße es, daß wir uns auf der gleichen Gesprächsebene
bewegen und den gleichen Sinn für Humor besitzen. Du bist mein
liebster Begleiter, wenn wir im Wald spazierengehen und dabei Blät-
ter, Nüsse und Steine sammeln. Ich genieße die Zeit, in der wir zu-
sammen sind, und bewahre sie in meinem Herzen auf.

Du bist einer der wenigen, die mich so akzeptieren, wie ich bin – und nicht versuchen, mich in ihr Ideal umzuformen oder eine Kopie von sich selbst aus mir zu machen. Ich schätze das sehr an Dir! Deine Liebe ist eine wahre Liebe, die mich als Ganzes akzeptiert, und nicht nur die glücklichen Seiten.

„Du bist einer der wenigen die mich so akzeptieren, wie ich bin."

Die Tatsache, daß diese Tochter ihrem Vater einen so liebevollen Brief geschrieben hat, zeigt mir, daß sie sich angenommen und sicher fühlt. Ihr Vater hat das Richtige getan.

Teil 2

Verstehen

3. Warum wir sind, wer wir sind

Der Traum
eines Vaters ... Ich werde nie vergessen, wie ich meinen Sohn Chad das erste Mal zum Angeln mitnahm. Wochenlang hatte ich diesen besonderen Tag geplant. Es war
die erste Gelegenheit, meinen Sohn in ein geheiligtes Hobby einzuweihen,
das richtige Männer zusammenschweißt. Wir würden früh aufstehen, herz-
haft frühstücken und dann gemeinsam zu einem See fahren. Nach Sonnenaufgang würden wir im Boot über das Wasser gleiten und den Nebel beobachten, der von der Wasseroberfläche emporsteigt.

Ich wollte Chad in einem feierlichen Zeremoniell zeigen, wie man den
Plastikwurm aufsteckt, die Angel auswirft und den Wurm so bewegt, daß er
die großen Fische anlockt. Wir würden eine große Menge Fische an Land ziehen. Chad würde sich ins Angeln verlieben und mich bitten, ihn beim nächsten Mal wieder mitzunehmen.

...und die
Wirklichkeit! Nun, die Realität hat die Angewohnheit, alle unsere Träume zunichte zu
machen. Schon in der ersten Stunde unseres „Männerausflugs" schaffte
Chad es,

- im Schlamm am Ufer steckenzubleiben;
- seine Angelschnur beim ersten Wurf zu verheddern;
- die Werkzeugkiste umzustoßen;
- seine Angel in einem Baum zu verheddern;
- sein Getränk in die Würmerbox zu verschütten;
- einen Angelhaken in meinen Daumen zu stoßen.

Nun, ich war ein *wenig* böse. Was war aus meinem perfekten Tag geworden?
Das war kein Angeln – das war ein Witz!

Die wirkliche
Aufgabe Und dann bekam ich den, wie ich es nenne, „göttlichen Klaps auf den
Kopf". Ich erkannte, daß ich mich so sehr auf die Aufgabe konzentriert hatte,
daß ich darüber den Grund für den Ausflug ganz vergessen hatte, nämlich

26

gemeinsame Zeit mit meinem Sohn zu verbringen. Ich spürte, wie Gott zu mir sprach: „Vielleicht ist ja gar nicht das Angeln die Aufgabe. Vielleicht ist ja dein Sohn die eigentliche Aufgabe."

Der erste Schritt zur verantwortlichen Erziehung

Gott hatte mir an jenem Tag eine Lektion über meine Prioritäten erteilt. Was sich dabei nicht veränderte, war meine grundlegende Orientierung. Ich bin ein Mensch, der bei der Bewältigung von Aufgaben und der Vollendung von Projekten aufblüht. Ich liebe es, ein Projekt durchzuziehen. Wenn wir angeln gehen, gehen wir angeln. Müssen wir z.B. in unserer Kirche ein neues geistliches Amt besetzen, dann wird alles organisiert, bis es läuft, und dann geben wir es an jemand anderen ab und kümmern uns um das nächste Thema. Wenn ich den Rasen mähen muß, dann tue ich es sofort und bringe es hinter mich. Es nützt nichts, wenn ich es weiter hinauszögere und mit meinen Nachbarn plaudere – ich muß diese Aufgabe zu Ende bringen.

Grundlegender Verhaltensstil: Aufgaben bewältigen

Als ich mit Chad zum Angeln ging, war die Aufgabe einfach, Fische zu angeln. Jedes Mal, wenn etwas passierte, das den Weg zu diesem Ziel versperrte oder uns von unserer Aufgabe ablenkte, fühlte ich mich gespannter und frustrierter.

Erster Schritt: Verhaltensstile kennenlernen

Ich will damit sagen, daß es gut für mich ist, daß ich weiß, wer ich bin und wie ich mich verhalte. Auch wenn meine Persönlichkeit so einzigartig ist wie mein Daumenabdruck, sind viele meiner Verhaltenstendenzen vergleichbar und vorherzubestimmen. Das betrifft alle Dinge, die ich tue, auch meinen Erziehungsstil. *Der erste Schritt zu verantwortlicher Elternschaft (Parenting by Design) ist also, daß ich meinen eigenen Verhaltensstil und den meines Kindes genau kenne.*

Im vorangegangenen Kapitel habe ich den Begriff „Verhaltensstil" eingeführt. Jeder von uns – unsere Kinder und auch wir selbst – zeigt gleichbleibende Verhaltensmuster, bestimmte Wege also, wie er Dinge sieht oder tut. Wie kann ich mein eigenes Verhalten kennenlernen?

Erinnern Sie sich daran, wie ich das Wesen des Menschen mit einem Orientteppich verglich, mit vertikalen und horizontalen Wollfäden, die miteinander verknotet sind. Der äußere Ausdruck dessen, wer wir sind – also unser Verhaltensstil – gründet sich ebenso auf zwei Fäden:

unser Tempo und unsere Prioritäten.

Um die Verhaltensstile besser zu verstehen, müssen wir also diese beiden Fäden genauer betrachten. Werden sie miteinander verwoben, so ergeben diese beiden Fäden vier bestimmte Designs oder Verhaltensstile.

Tempo und Prioritäten

Langsames Tempo – schnelles Tempo

Das Tempo Den ersten, vertikalen Faden nenne ich das Tempo. Mit dem Tempo meine ich die Geschwindigkeit, mit der ein Mensch durch das Leben geht. Jeder von uns bewegt sich aufgrund eines inneren Motors, und einige dieser Motoren haben eine höhere Drehzahl, während andere langsamer arbeiten. Es ist jedoch nicht so, daß eine Geschwindigkeit besser wäre als die andere – sie sind einfach verschieden.

Hohes Tempo: Menschen mit hohem Tempo kann man mit den Worten „Auf geht's!"
„Auf geht's!" beschreiben. Sie bleiben ständig in Bewegung. Sie sind selbstbewußt und hinterlassen einen starken ersten Eindruck. Sie sind extrovertiert in dem Sinne, daß sie ihr Handeln auf ihre Umwelt konzentrieren, seien dies Menschen oder Situationen. Sie sind energiegeladen und machen fast alles, was sie tun, in Eile. Es ist daher nicht überraschend, daß sie im Umgang mit Menschen von der anderen Seite der Skala – also Menschen mit einem langsameren Tempo – leicht ungeduldig werden.

Hohes Tempo

Geht aus sich heraus
Initiiert Dinge
Nimmt Risiken auf sich
Trifft schnelle Entscheidungen
Hat Wettbewerbsgefühl
Ist selbstbewußt
Hat breitgefächerte Ziele
Redet/gibt Anweisungen

Ist nachdenklich
Reagiert auf andere
Meidet das Risiko
Denkt Entscheidungen durch
Ist kooperativ
Hat ein spezielles Ziel
Hört zu/fragt

Niedriges Tempo

Merkmale des Menschen mit einem hohem Tempo ergreifen die Initiative in sozialen Bezie-
hohen Tempos hungen. Sie arbeiten in vielen Organisationen, Clubs, Projekten, Wohltätigkeitsvereinen und Kirchenausschüssen mit. Sie bekleiden oftmals Führungs-

positionen. Sie lieben es, wenn sie die Verantwortung für ein Projekt tragen – nicht, weil sie die Arbeit lieben, sondern weil sie sich ihrer persönlichen Bedeutung bewußt sind und gerne anderen sagen, was sie tun sollen. Es kommt oft vor, daß sie sich übernehmen, weil sie gerne viele Bälle gleichzeitig jonglieren. Sie treffen schnelle Entscheidungen und lieben das Risiko. Sie sind selbstsicher und teilen anderen gerne ihre eigene Meinung mit. Sie suchen die Aktivität und genießen den Wettbewerb.

Jongliere viele Bälle gleichzeitig

Menschen mit einem niedrigeren Tempo kann man mit den Worten beschreiben: „Laß dir Zeit . . . mach nur nicht so schnell!" Ihr Motto ist: „Wenn es eine Aufgabe wert ist, daß sie erledigt wird, dann ist sie es auch wert, daß sie gut gemacht wird." Sie sind ruhig, scheu, zurückhaltend und selbstbeherrscht.

Merkmale des niedrigen Tempos

Als Kinder oder Eltern achten sie sehr viel mehr auf Sicherheit. Sie bewegen sich mit einem niedrigeren, genau bemessenen Tempo. Deshalb sind sie auch bei der Entscheidungsfindung langsamer. Sie sind vorsichtig und meiden Situationen, die Risiken in sich tragen. Sie lieben keine spontanen Veränderungen oder Überraschungen. Sie sind eher introvertiert, was bedeutet, daß sich ihr Handeln darauf konzentriert, die Ordnung und die Sicherheit ihrer persönlichen Welt aufrechtzuerhalten.

„Mache es richtig oder gar nicht!"

Ordnung und Sicherheit

Anders als Menschen mit einem hohen Tempo stellen Menschen mit einem niedrigeren Tempo sehr häufig Fragen wie „Warum"?, „Wie?" oder „Wie meinen Sie das?". Sie behalten ihre Meinung eher für sich und sind sehr vorsichtig, wenn sie etwas behaupten. Sie hören mehr zu, als daß sie reden.

Keine schnellen Behauptungen

Persönlicher Überblick: Tempo

Sie finden hier einige Aussagen, die Ihnen dabei helfen herauszufinden, ob Sie ein Mensch mit einem hohen oder einem niedrigen Tempo sind. Kreisen Sie in jedem Satzpaar die Zahl vor dem Satz ein, von dem Sie meinen, daß er eher auf Sie zutrifft.

Und Ihr Tempo?

Machen Sie . . .

1.   Im allgemeinen entscheide ich mich sehr schnell.
     Oder:
2.   Bei einer Entscheidung nehme ich mir gerne viel Zeit.

. . . den Tempo-Test

3.   Ich spreche sehr schnell und mit vielen Betonungen.
     Oder:
4.   Ich spreche langsamer und mit wenigen Betonungen.

5. Es fällt mir schwer, nur dazusitzen und nichts zu tun.
   Oder:
6. Ich genieße ruhige Zeiten, in denen ich gar nichts tue.

7. Ich bin der Meinung, daß ich sehr aktiv bin. Oder:
8. Ich bin der Meinung, daß ich ein eher ruhiges Leben führe.

9. Ich gewinne neue Energien, wenn ich mich mit vielen Aufgaben gleichzeitig beschäftige. Oder:
10. Ich gehe lieber verschiedene Aufgaben nacheinander an.

11. Ich werde im Umgang mit langsameren Menschen leicht ungeduldig.
    Oder:
12. Ich mag es nicht, wenn ich gedrängt werde/unter Zeitdruck stehe.

13. Ich teile anderen gerne meine Gedanken und Gefühle mit. Oder:
14. Ich behalte meine Gedanken und Gefühle gerne für mich.

15. Ich gehe gerne Risiken ein und liebe es, neue Dinge auszuprobieren.
    Oder:
16. Ich vermeide es, Risiken einzugehen. Bei der Lösung von Aufgaben - bevorzuge ich bekannte und mir vertraute Wege.

17. Wenn ich mit anderen zusammenkomme, stelle ich mich gerne selbst vor. Oder:
18. Bei der Zusammenkunft mit anderen warte ich, bis ich von jemandem vorgestellt werde.

19. Wenn andere reden, fällt es mir schwer, zuzuhören. Oder:
20. Wenn andere reden, höre ich genau zu.

21. Ich übernehme gern die Verantwortung. Oder:
22. Ich ziehe es vor, Anweisungen zu befolgen und andere zu unterstützen.

23. Ich reagiere eher schnell und spontan. Oder:
24. Ich reagiere eher langsam und überlegt.

Zählen Sie nun bitte aus, tragen Sie die entsprechenden Zahlen in die Auswertungsbox ein und sehen Sie nach, ob Sie mehr gerade oder mehr ungerade Zahlen eingekreist haben. Ist bei Ihnen die Zahl der ungeraden Zahlen größer, so haben Sie ein höheres Tempo. Haben Sie mehr gerade Zahlen eingekreist, so haben Sie ein niedrigeres Tempo.

AUSWERTUNGSBOX

ungerade Zahlen

hohes Tempo

gerade Zahlen

niedriges Tempo

Ihr Ergebnis

Wenn ich mit Eltern über hohes und niedriges Tempo spreche, sind sie zu Beginn häufig etwas irritiert. Sie sagen, Kinder zu erziehen ist eine Aktivität, die ein hohes Tempo erfordert, besonders dann, wenn das Kind aus dem Kleinkindalter heraus ist. Die Eltern hetzen in die Schule, holen ihr Kind ab und bringen es zum Fußballtraining. Nach den Hausaufgaben fahren sie es zum Klavierunterricht, und zwischendurch müssen die Eltern noch einkaufen und alle anderen anfallenden Arbeiten erledigen. Danach hetzen sie zu ihren eigenen Aktivitäten und Verpflichtungen. Es scheint, als hätte ein einzelner Tag einfach nicht genügend Stunden, um alles zu erledigen.

Bitte nicht verwechseln!

Bitte verwechseln Sie jedoch dieses hohe Tempo, das man bei der Kindererziehung braucht, nicht mit der Geschwindigkeit Ihres inneren Motors. Eine gute Möglichkeit, um diesen Unterschied zu verstehen, ist, sich die folgende Frage zu stellen: Wenn ich unter Zeitdruck stehe und gezwungen bin, schnell zu handeln – fühle ich mich wohl, oder fühle ich mich gedrängt? Fühle ich mich, als würde ich neue Energien gewinnen, oder fühle ich mich unter Druck? Wenn Menschen mit einem niedrigen Tempo zu Aktivitäten mit einem hohen Tempo gedrängt werden (wie z.B. Kindererziehung), fühlen sie sich am Ende eines hektischen Tages oft körperlich und emotional ausgelaugt. Menschen mit einem hohen Tempo blühen unter Zeitdruck auf und empfinden es als Streß, wenn sie zu einem niedrigeren Tempo gezwungen werden.

Hohes Tempo: Für Sie Streß oder Befriedigung?

Aufgabenorientiert – Beziehungsorientiert

Den zweiten Faden in unserem Teppich, den horizontalen, nenne ich Prioritäten. Prioritäten sind unsere Ziele – die Motivation, die hinter einer Bewe-

Die Prioritäten

gung steht. Wenn unser Tempo unser innerer Motor ist, dann sind unsere Prioritäten unser innerer Kompaß, der uns die Richtung anzeigt.

Bei manchen Menschen sind die täglichen Handlungen auf ihre Aufgaben ausgerichtet, bei anderen Menschen auf ihre Beziehungen. Auch hier sprechen wir nicht von guten oder schlechten, sondern einfach von unterschiedlichen Eigenschaften. Alle Arten von Menschen werden in der Gesellschaft gebraucht.

Aufgabenorientiert: **Beziehungsorientiert:**

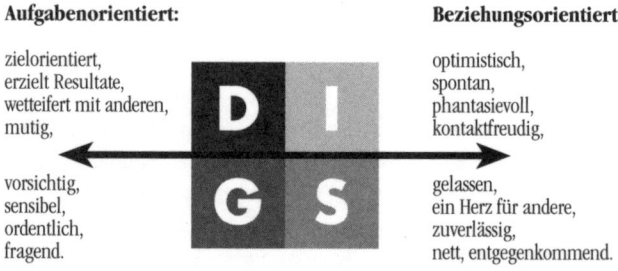

zielorientiert,
erzielt Resultate,
wetteifert mit anderen,
mutig,

vorsichtig,
sensibel,
ordentlich,
fragend.

optimistisch,
spontan,
phantasievoll,
kontaktfreudig,

gelassen,
ein Herz für andere,
zuverlässig,
nett, entgegenkommend.

Aufgaben-
orientiert:
Zahlen, Daten,
Fakten statt
Meinungen

Aufgabenorientierte Menschen konzentrieren sich auf das Handeln. Sie planen ihre Arbeit und konzentrieren sich auf Ergebnis oder Qualität. Oft bevorzugen sie es, alleine zu arbeiten – so können sie sicherstellen, daß eine Sache so erledigt wird, wie sie es sich vorstellen.

Sie gründen ihre Entscheidungen eher weniger auf Daten und Fakten, auf Meinungen oder Gefühle. Sie reden im allgemeinen mehr über ihre Arbeit und darüber, wie man bestimmte Dinge erreichen kann, als über Menschen. Wenn sie aber über Menschen reden, dann versuchen sie eher, Lösungen für Probleme zu finden, als die Probleme zu verstehen.

Bei persönlichen Beziehungen kontrollieren sie ihre Gefühle und halten sich zurück. Sie brauchen Distanz und werden von anderen Menschen beim ersten Treffen oft eher als kühl denn als herzlich eingeschätzt. Sie haben ein stark ausgeprägtes Bewußtsein für das persönliche Terrain anderer, weshalb sie andere nicht berühren und von anderen auch nicht berührt werden wollen. Sie wirken eher förmlich und bevorzugen es, ihre Gefühle nicht offen zu zeigen. Small talk fällt ihnen nicht leicht. *Small talk ist Streß*

Ziel der beziehungsorientierten Menschen ist es, mit anderen Menschen zusammenzusein. Sie wirken ausgeglichen, herzlich und aufgeschlossen. Sie schöpfen neue Kraft für den Alltag, wenn sie mit anderen zusammen sind und für andere da sein können. Sie sind ungezwungen und persönlich. Es ist für sie kein Problem, wenn die Dinge sich nicht an ihrem Platz befinden oder nicht zum geplanten Zeitpunkt erledigt werden.

Sie reagieren sensibel auf die Gefühlsbekundungen anderer und auf ihre Worte oder ihr Verhalten. Sie teilen anderen gerne ihre Gefühle mit. Man muß sich nie darüber Gedanken machen, wie sie sich fühlen, denn man kann es von ihren Augen und ihrem Gesicht ablesen – durch non-verbale Kommunikation.

Da sie sich mehr auf Beziehungen konzentrieren als auf Aufgaben, ist es leichter, sie gut kennenzulernen. Sie erzählen von ihren Erlebnissen und verwenden dabei viele subjektive und gefühlsorientierte Ausdrücke. Sie erzählen gerne Geschichten und kommen oft vom eigentlichen Thema der Unterhaltung ab. *Beziehungsorientiert: ungezwungen und persönlich*

Meine Frau Karen und ich besuchten vor kurzem ein Ehepaar in seinem neuen Haus. Das Haus war vor weniger als drei Monaten fertiggestellt worden, machte aber bereits einen sehr „bewohnten" Eindruck. Als wir zur Tür hereinkamen, lag überall Spielzeug auf dem Boden, und es herrschte allgemeine Unordnung. *Reden subjektiv und gefühlsorientiert*

Unsere Freunde aber waren warm und herzlich und gaben uns sofort das Gefühl, als seien wir dort zu Hause. Wir genossen die Zeit dort sehr. Sie entschuldigten sich nicht dafür, wie es im Haus aussah, es erschien ihnen selbst ja in Wirklichkeit nicht einmal unaufgeräumt. Warum? Weil für sie Menschen wichtiger waren als aufgeräumte Spielsachen und ein ordentliches Haus.

Und da sind z.B. noch unsere guten Freunde Doug und Patty. Wenn sie zu einem Fußballspiel ihres Sohnes gehen, tun sie das aus ganz unterschiedlichen Gründen. Doug ist eher aufgabenorientiert und geht auf den Fußballplatz, um das Spiel zu sehen. Patty geht hin, um mit anderen Menschen zusammenzusein. Sie geht am Spielfeldrand auf und ab und unterhält sich mit allen darüber, was es in ihrem Leben Neues gibt. Und nebenbei verpaßt sie auch das Spiel nicht. Sie bekommt sowohl das mit, was ihr Sohn tut, als auch das, was alle anderen um sie herum machen.

Persönlicher Überblick: Prioritäten

Und Ihre Priorität?   Sie finden hier einige Aussagen, die Ihnen dabei helfen, herauszufinden, welches Ihre Prioritäten sind. Kreisen Sie noch einmal in jedem Satzpaar die Zahl vor dem Satz ein, von dem Sie meinen, daß er eher auf Sie zutrifft.

Machen Sie ...

1. Ich gehe das Leben auf ernste Weise an. *Oder:*
2. Ich gehe das Leben spielerisch an.

... den Prioritäten-Test

3. Ich behalte meine Gefühle für mich selbst. *Oder:*
4. Ich teile meine Gefühle gerne anderen mit.

5. Ich mag es, bei Gesprächen über Fakten und Daten zuzuhören und mitzureden. *Oder:*
6. Ich mag es, Geschichten über Menschen zu hören oder selbst zu erzählen.

7. Ich treffe meine Entscheidungen aufgrund von Fakten, Zielen oder Beweisen. *Oder:*
8. Ich treffe meine Entscheidungen aufgrund von Gefühlen, Erfahrungen oder Beziehungen.

9. Ich interessiere mich nicht sehr für Small talk. *Oder:*
10. Ich interessiere mich sehr für Small talk.

11. Ich behalte die Kontrolle darüber, wessen Bekanntschaft ich mache und mit wem ich etwas zu tun habe. *Oder:*
12. Ich bin offen für neue Beziehungen und lerne gerne Menschen besser kennen.

13. Andere Menschen sind der Meinung, daß es schwierig ist, mich kennenzulernen. *Oder:*

14. Andere Menschen sind der Meinung, daß es sehr leicht ist, mich kennenzulernen.

15. Ich arbeite am liebsten unabhängig und alleine. *Oder:*
16. Ich arbeite am liebsten mit anderen und durch andere.

17. Ich diskutiere gerne die aktuellen Themen und Aufgaben. *Oder:*
18. Ich mag Erzählungen über andere Menschen, Geschichten und Anekdoten.

19. Ich bin ein eher förmlicher Mensch. *Oder:*
20. Ich bin ein eher ungezwungener Mensch.

21. Andere Menschen halten mich für einen Denker. *Oder:*
22. Andere Menschen sehen mich als einen gefühlsbetonten Menschen.

23. Ich fühle mich am besten, wenn ich etwas erreichen kann. *Oder:*
24. Ich fühle mich am besten, wenn ich von anderen akzeptiert bin.

Zählen Sie nun bitte aus, ob Sie mehr gerade oder mehr ungerade Zahlen eingekreist haben. Ist bei Ihnen die Zahl der ungeraden Zahlen größer, so sind Sie eher aufgabenorientiert. Haben Sie mehr gerade Zahlen eingekreist, so sind Sie eher beziehungsorientiert. Tragen Sie bitte Ihr Ergebnis hier ein.

Ihr Ergebnis

AUSWERTUNGSBOX

ungerade Zahlen

aufgabenorientiert

gerade Zahlen

beziehungsorientiert

Bevor ich fortfahre, möchte ich noch darauf hinweisen, daß die Beschreibungen, die ich hier verwendet habe, nur Tendenzen sind. Menschen lassen sich im allgemeinen diesen Tendenzen zuschreiben, aber nicht immer. Ich z.B. neige dazu, schnelle Entscheidungen zu treffen, treffe jedoch meine Entscheidungen nicht immer schnell. Ich bin kein Sklave dieser Eigenschaft, ich habe die Wahl, aber im allgemeinen trifft diese Eigenschaft auf mich zu.

Für alle Ergebnisse gilt: Es sind nur Tendenzen!

Diese Tatsache gilt für alle Beschreibungen, die ich in diesem Buch verwende, sei es in bezug auf den Erziehungsstil der Eltern oder den Verhaltensstil der Kinder. Die meisten Menschen haben verschiedene Verhaltenstendenzen, die in Intensität und Häufigkeit variieren. Haben Sie also bitte nicht das Gefühl, als würden Sie in ein bestimmtes Verhaltensmuster hineingezwängt.

Typische Konflikte

Die meisten Konflikte werden durch Tempo und Prioritäten (mit-) verursacht.

Wenn Sie einmal darüber nachdenken, werden Sie wahrscheinlich erkennen, daß eine Vielzahl der Konflikte, die Sie in Ihrer Familie erleben, durch diese zwei Faktoren – das Tempo und die Prioritäten – verursacht werden. Meine Frau Karen und ich sind beide eher aufgabenorientiert. Solange unsere Aufgaben sich ergänzen, ist alles in bester Ordnung. Wenn aber mein Zeitplan auf ihren prallt oder umgekehrt, dann fliegen die Fetzen!

Beispiele aus der Ehe gefällig?

Offensichtlich haben auch viele andere Paare ähnliche Probleme. Eine meiner Lieblingszeitschriften ist *Marriage Partnership* (Partner in der Ehe). Jede Ausgabe enthält ein Kapitel mit der Überschrift „Klärende Gespräche", in dem Ehepaare davon erzählen, wie sie Probleme in ihrer Ehe lösen. Als ich eine Handvoll älterer Ausgaben durchsah, fand ich es amüsant, wie oft sich diese Probleme um das Tempo und die Prioritäten drehen:

Sie sagt: „Ich habe mein Handeln und meine Zeit nie sehr gut organisiert, und das frustrierte Jim unwahrscheinlich." *(beziehungsorientiert)*

Er sagt: „Aldine hatte immer so viel Zeit für Menschen, nahm sich aber nie Zeit für die Details." *(aufgabenorientiert)*

Sie sagt: „Ich warte oft bis zur letzten Minute. Unter Zeitdruck bin ich sehr viel kreativer." *(schnelles Tempo)*

Er sagt: „Ich brauche genügend Zeit, um zu planen und mich vorzubereiten, damit ich genau weiß, wie ich vorgehen werde." *(langsames Tempo)*

Sie sagt: „Ich wollte, daß er sich die Mühe macht, meine Freunde kennenzulernen." *(beziehungsorientiert)*

Er sagt: „Ich bin nicht sehr gesprächig. Ich fühle mich wie ein Ausgestoßener." *(aufgabenorientiert)*

Sie sagt: „Ich bevorzuge es, zu handeln und ein paar Risiken einzugehen." *(schnelles Tempo)*

Er sagt: „Ich bevorzuge es, vorauszuplanen und die Dinge vorsichtig anzugehen." *(langsames Tempo)*

Und dann noch die Aussagen, die das Problem am besten verdeutlichen:

Sie sagt: „Wenn er mich wirklich gern hätte, wäre er sensibler für meine Gefühle." *(beziehungsorientiert)*

Er sagt: „Als ich spürte, welche Spannung in der Luft lag, hielt ich meinen Mund." *(aufgabenorientiert)*

Diese Konflikte aufgrund unterschiedlichen Tempos und unterschiedlicher Prioritäten werden auch zwischen Ihnen und Ihren Kindern vorkommen. Je nach Ihrer Veranlagung haben auch Sie schon zu Ihren Kindern einen oder mehrere der folgenden Sätze gesagt:

Was sagen Sie zu Ihren Kindern?

„Nun mach schon und beeil dich. Warum mußt du nur immer so langsam sein?"

„Du brauchst viel zu lange, um dich zu entscheiden."

„Puuh, mach mal langsam . . . kannst du nicht einmal für fünf Minuten still sitzen?"

„Du mußt immer daran denken, daß Menschen wichtiger sind als Dinge."

„Zuerst mußt du deine Aufgaben erledigen, und dann kannst du mit deinen Freunden spielen."

Es gibt keinen geschlechts-spezifischen Verhaltensstil.

In einigen Gesellschaftskreisen wird durch die Erziehung die Vorstellung vermittelt, daß Frauen im allgemeinen ein niedrigeres Tempo besitzen und beziehungsorientiert sind, oder dies zumindest von ihnen erwartet wird, und daß Männer ein höheres Tempo haben und aufgabenorientiert sind, oder dies von ihnen erwartet wird. Dies entspricht jedoch nicht der Realität. Männer und Frauen können in ihrem Verhalten jede der vier möglichen Tempo/Prioritäten-Kombinationen zeigen. Es gibt keinen geschlechtsspezifischen Verhaltensstil – es gibt nur Stereotypen, die bei denjenigen Menschen, die diesen nicht entsprechen, das Gefühl hervorrufen, mit ihnen sei etwas nicht in Ordnung.

Wenn Wege sich trennen

Sie werden feststellen, daß bei jeder Art von zwischenmenschlicher Beziehung Konflikte aufgrund eines unterschiedlichen Tempos und unterschiedlicher Prioritäten entstehen können. In der Bibel finden wir hierfür das beste Beispiel in Apostelgeschichte 15,36-41. Wir sehen hier einen Konflikt, der so stark ist, daß er zwei so enge Freunde wie Paulus und Barnabas dazu bringt, getrennte Wege zu gehen.

Manchmal ist Trennung das beste - ein biblisches Beispiel.

Johannes mit dem Beinamen Markus hatte Paulus und Barnabas auf einer früheren Reise im Stich gelassen. Barnabas wollte Johannes noch einmal eine Chance geben. Aber Paulus' Ansicht war: „Auf keinen Fall. Unsere Arbeit ist zu wichtig, als daß wir es riskieren könnten, jemanden mit einem so schlechten Arbeitszeugnis mitzunehmen."

Gott kann jeden Typ gebrauchen.

Wer hatte recht? Wenn Sie selbst aufgabenorientiert sind, werden Sie wahrscheinlich Paulus recht geben. Wenn Sie beziehungsorientiert sind, sind Sie wahrscheinlich derselben Meinung wie Barnabas, dessen Name „Sohn der Ermutigung" bedeutet. Aber hier geht es nicht darum, wer recht hat und wer nicht. Beide Perspektiven werden gebraucht.

Wir brauchen sowohl die Menschen, die sich voll auf ihre Arbeit konzentrieren, als auch die, die ihre ganze Aufmerksamkeit dem verletzten Menschen widmen. Also teilten sich die Wege der beiden Männer. Paulus segelte mit Silas davon, und Barnabas kümmerte sich um Johannes. Jeder der beiden hatte unterschiedliche Prioritäten, und die Arbeit Gottes wurde dennoch erfüllt. Paulus leistete fruchtbare Arbeit, er baute Kirchen und verbreitete den christlichen Glauben. Und später erfahren wir, daß Johannes von den Aposteln wieder aufgenommen wurde.

Die Fäden miteinander verknüpfen

Wenn wir diese beiden Fäden „schnelles Tempo/langsames Tempo" und „aufgabenorientiert/beziehungsorientiert" kennen, verstehen wir auch den nächsten Schritt, wie sich aus den unterschiedlichen Kombinationen dieser Fäden die verschiedenen Verhaltensstile bilden.

Aus Tempo und Priorität ergeben sich die vier DISG-Verhaltensstile:

Wenn wir diese beiden Fäden in ein Schaubild einzeichnen, ergeben sich vier Quadranten, von denen jeder für einen der vier Verhaltensstile steht. Dieses Modell ist das DISG-Modell zu einem besseren Verständnis des menschlichen Verhaltens.

Ich möchte Ihnen das etwas näher erklären:

Menschen (Eltern oder Kinder), die ein hohes Tempo haben und aufgabenorientiert sind, haben den Verhaltensstil eines „D" (dominant). Sie sind im allgemeinen entschlossen und oft anspruchsvoll. Sie übernehmen gerne das Kommando. Hindernisse, die zwischen ihnen und ihren Zielen stehen, gehen sie voller Energie an.

D für „dominant" ...

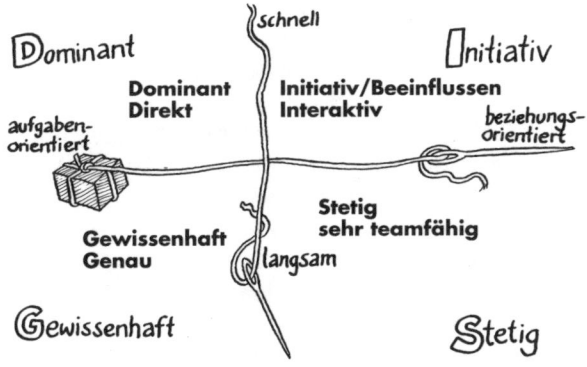

I für
„initiativ" ...

Menschen, die ein hohes Tempo haben und beziehungsorientiert sind, haben den Verhaltensstil eines „I" (initiativ). Auch sie wollen, daß es nach ihrem Kopf geht, sie gehen dies aber anders an als die Ds. Sie übernehmen die Verantwortung nicht durch direktes Handeln, sondern dadurch, daß sie andere dazu überreden, sich ihren Ideen anzuschließen. Sie sind herzliche Menschen, die sich leicht für eine Sache begeistern lassen und mit denen andere Menschen gerne zusammen sind.

S für
„stetig" ...

Menschen, die ein langsames Tempo haben und beziehungsorientiert sind, haben den Verhaltensstil eines „S" (stetig). Sie sind entspannt und zuverlässig und bevorzugen es, wenn die Dinge sich nicht verändern. Gewöhnlich wollen sie nicht die Führung übernehmen, sondern passen sich an das an, was um sie herum geschieht. Sie arbeiten gerne mit anderen zusammen und fühlen sich in einer angenehmen und unterstützenden Umgebung am wohlsten.

... und G für
„gewissenhaft"

Aufgabenorientierte Menschen mit einem langsamen Tempo können als „G" (gewissenhaft) bezeichnet werden. Sie wollen, daß die Dinge richtig gemacht werden. Sie denken analytisch, sie sind häufig förmlich, reserviert und sehr gut organisiert.

Warum ein Modell?

Die vier
Kategorien
haben
Tradition.

Es ist interessant zu sehen, daß in der Geschichte der Menschheit immer wieder ähnliche Modelle entwickelt wurden, um die Unterschiede von Menschen zu erklären. Hierbei wurde oft von vier Kategorien ausgegangen. Hippokrates, der Vater der modernen Medizin, glaubte, die Persönlichkeit eines Menschen sei abhängig von verschiedenen Körpersäften. Er ging davon aus, daß es vier grundlegende Temperamente gilt: den Choleriker (gelbe Galle), den Sanguiniker (Blut), den Phlegmatiker (Schleim) und den Melancholiker (schwarze Galle). Viele Verhaltenssysteme und -modelle wurden seitdem entworfen und beschrieben.

Wertvolle
Einsichten
durch DISG

Das DISG-Modell (dominant, initiativ, stetig, gewissenhaft) hat seine Wurzeln in der Arbeit von Dr. William Moulton Marston. Mehr Informationen dazu erhalten Sie in dem Buch *Das Christliche Persönlichkeitsprofil* (Wuppertal, 3. Aufl. 1993).

Schubladen sind
anfangs legitim.

Nach dem Wort Gottes sind die Erkenntnisse, die ich durch das DISG-Modell gewonnen habe, die wertvollsten Informationen, die ich besitze. Es half mir zu verstehen, wo mein Platz in der Gemeinde ist, es beeinflußte meine Ehe (darüber werde ich später noch erzählen), und es hilft mir Sprüche 22,6 praktisch anzuwenden (das ist auch der Grund, warum ich dieses Buch geschrieben habe).

Manche Menschen mißtrauen Modellen wie dem DISG-Modell, weil sie es für falsch halten, Menschen in „Schubladen" zu stecken. Diese Bedenken kann ich verstehen. Meine Erfahrung ist jedoch, daß ich erst dann, wenn ich meinen eigenen Verhaltensstil kenne und verstehe, wirklich frei sein kann, um der Mensch zu sein, als den Gott mich geschaffen hat. Außerdem glaube ich, daß ich noch nie einen Menschen getroffen habe, der seine Mitmenschen nicht in „Schubladen" steckt. Wenn wir jemanden treffen, machen wir uns ein erstes Bild von ihm. Innerhalb von Sekunden schätzen wir sein Aussehen ein, seine Persönlichkeit, seine Intelligenz und was für ein Gefühl er bei uns hinterläßt. Als reife Menschen können wir diese Bewertung immer neu an unseren Eindruck anpassen, den wir von diesem Menschen gewinnen, wenn wir ihn besser kennenlernen. Die Wahrscheinlichkeit ist jedoch sehr hoch, daß wir an unserem ersten Eindruck von einem Menschen festhalten. Das ist einfach die menschliche Natur.

Ich denke, ein viel größeres Problem sind die vielen Menschen, die mit sich selbst nicht zufrieden sind, weil sie die Erwartungen anderer an ihr Verhalten nicht erfüllen können. Kinder können häufig kein starkes Selbstvertrauen entwickeln, weil sie den Eindruck haben, ihre Eltern wollen, daß sie sich anders verhalten. Ein talentierter Mitarbeiter kann oft frustriert sein, weil er seinen Vorgesetzten nicht zufriedenstellen kann, da dieser sein Verhalten nicht versteht und den Wert des Mitarbeiters für das Unternehmen gar nicht erkennt.

Unzufriedene Menschen - ein großes Problem

Viele Jahre lang fühlte ich mich von den Erwartungen anderer, wie ein Pfarrer auszusehen und sich zu verhalten hat, in die Ecke gedrängt. In den ersten Gemeinden, in denen ich arbeitete, hatte ich immer das Gefühl, daß die Gemeinde wollte, daß die Dinge so bleiben, wie sie sind, und nichts verändert wird. In meinem Unterbewußtsein unterdrückte ich manche Teile meiner Persönlichkeit, um in diese Erwartungen zu passen. Aber ich war nicht glücklich.

Nachdem ich jedoch meinen Verhaltensstil verstanden hatte, gewann ich das Vertrauen, um zu entscheiden, daß ich mich von nun an so verhalten würde, wie Gott mich geschaffen hatte und nicht, wie es andere von mir erwarteten. Ich erkannte, daß ich ein Umfeld mit einem schnelleren Tempo brauchte, das mir die Gelegenheit gab, neue Dinge auszuprobieren. Mein DISG-Persönlichkeits-Profil hilft mir, für mich selbst zu erkennen und anderen zu erklären, wer ich bin. So wie mein Nachname Boyd steckt es mich in eine Familie, mit der ich gerne in Verbindung gebracht werde. Anstatt mich

1. Vertrauen Sie den Tendenzen, die Gott in Sie hineingelegt hat!

abzustempeln, hilft mir mein DISG-Persönlichkeits-Profil zu beschreiben, wer ich bin.

2. Verhalten Sie sich bewußt situationsgerecht!

Ich kann über mein Handeln selbst bestimmen. Und manchmal ist mein natürliches Verhalten nicht das richtige, und ich muß statt dessen ein Verhalten einsetzen, das die Bedürfnisse der anderen oder die Bedürfnisse des Augenblicks besser erfüllt, als dies mein natürliches Verhalten tun könnte. Aber ich kann immer noch ich selbst sein.

Wie Sie Ihren DISG-Verhaltensstil kennenlernen

Tempo + Priorität = DISG-Typ

In den folgenden Kapiteln werden Sie die Verhaltensstile „D", „I", „S" und „G" besser kennenlernen. Sie werden erfahren, wie Sie Ihren Verhaltensstil und den Ihres Kindes bestimmen können. Doch Sie können schon jetzt mit Hilfe Ihrer Ergebnisse aus den vorangegangenen Fragebögen einen ungefähren Überblick über Tempo und Prioritäten gewinnen.

So tragen Sie Ihre Ergebnisse ein.

Tragen Sie in das Schaubild Ihr höchstes Gesamtergebnis aus dem Tempo-Fragebogen ein. Tragen Sie dann Ihr höchstes Ergebnis aus dem Prioritäten-Fragebogen ein. Ziehen Sie eine vertikale Linie durch Ihren Punkt auf der Tempo-Linie, und eine horizontale Linie durch Ihren Punkt auf der Prioritäten-Linie. Der Punkt, an dem sich diese beiden Linien treffen, gibt Ihnen eine ungefähre Vorstellung davon, zu welchem Verhaltensstil Sie neigen.

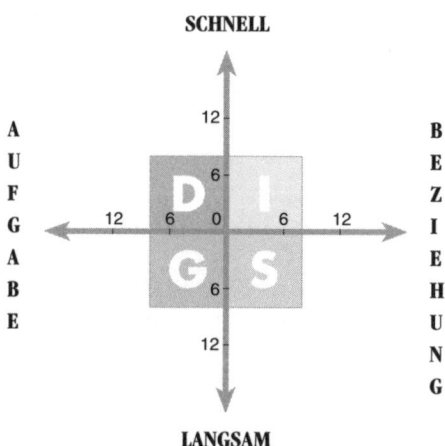

Ein Beispiel: Sie erhalten beim Tempo-Fragebogen folgende Ergebnisse: hohes = 2 und niedriges Tempo = 10. Sie machen also *nur* bei der Zahl 10 ein X auf die „Niedriges Tempo"-Linie. Beim Prioritäten-Fragebogen erhalten Sie folgende Ergebnisse: aufgabenorientiert = 3 und beziehungsorientiert = 9. Sie machen also *nur* bei der Zahl 9 ein X auf die „Beziehungsorientiert"-Linie. Wenn Sie diese Punkte nun mit einer horizontalen und einer vertikalen Linie verbinden, treffen sich diese beiden Linien im „S"-Quadranten. Erhalten Sie als Ergebnis bei Tempo oder Prioritäten 6 zu 6 Punkte, so bedeutet dies einfach, daß beide Verhaltensstile bei Ihnen gleichmäßig vertreten sind.

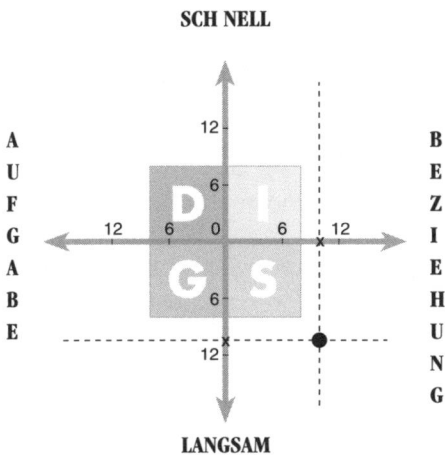

Dieses einfache System ist ein außergewöhnliches Instrument, mit dem Sie bereits einen groben Überblick über sich selbst und andere Menschen gewinnen können. Dies ist jedoch nur ein Anfang. In den nächsten Kapiteln werden Sie dann über jeden der vier Verhaltensstile mehr erfahren.

Es ist außerdem wichtig, zu erkennen, daß jeder Mensch eine einzigartige Kombination aus diesen vier Verhaltensstilen ist. Ich selbst bin z.B. ein D, zeige aber oft auch das Verhalten eines I oder eines G. Meine Frau Karen ist eigentlich ein hohes G, sehr oft zeigt sie aber auch das Verhalten eines S. *Jeder Mensch trägt von jedem Verhaltensstil etwas in sich.*

In unterschiedlichen Situationen können sich Menschen unterschiedlich verhalten. Es ist z.B. möglich, daß eine Frau, die an ihrem Arbeitsplatz ein hohes D ist, zu Hause bei ihren Kindern das Verhalten eines I zeigt. Ein Vater, der bei der Erziehung seiner Kinder das Verhalten eines G zeigt, ist vielleicht an seinem Arbeitsplatz eher ein S. *Andere Situation = anderer Verhaltensstil*

Eltern im Blickpunkt

Während Sie in den folgenden vier Kapiteln mehr über die DISG-Verhaltensstile erfahren, werden Sie immer mehr über ihren eigenen Verhaltensstil und den Ihrer Kinder entdecken. Viele der Texte, die Sie heute über Kindererziehung lesen, konzentrieren sich darauf, wie Sie Ihre Kinder dazu bringen können, daß sie bestimmte Dinge anders oder mit mehr Verantwortungsbewußtsein machen. Natürlich müssen unsere Kinder auch das richtige Verhalten erlernen. Und sie müssen zu verantwortungsbewußten Erwachsenen heranwachsen.

Besseres Verständnis ist die Basis für bessere Erziehung.
Ich glaube aber, je besser wir uns selbst und unsere Kinder verstehen, um so besser können wir unser Verhalten in unserer Beziehung ihnen anpassen. Und dann können wir ihnen auch besser dabei helfen, so zu werden, wie Gott sie geplant hat.

4. Das D – der dominante Typ

Können Sie sich vorstellen, wie der Apostel Paulus sich verhalten hat, als er noch ein Kind war? Ich kann ihn mir gut vorstellen, wie er mit sechs Jahren war: Ständig mußte alles nach seinem Kopf gehen, ein Nein als Antwort ließ er nicht gelten, und seine Eltern waren ganz erschöpft von seinen ständigen Forderungen und seinem Drang, die Kontrolle zu übernehmen.

Stellen Sie sich Paulus als Kind vor!

Wahrscheinlich stimmten auch sie in das Klagelied ein, das ich von Eltern solcher Kinder schon oft gehört habe: „Wir wissen, daß ihm diese Qualitäten in seiner Zukunft von Nutzen sein werden. Aber jetzt treibt er uns in den Wahnsinn."

Paulus ist ein sehr gutes Beispiel für den dominanten Verhaltensstil, den ich im vorangegangenen Kapitel bereits kurz beschrieben habe. Als Erwachsener zeigte Paulus viel vom Verhalten eines hohen D. Bevor er sich zu Christus bekehrte, war er dogmatisch, entschieden, bestimmt und fordernd. Er war ein Mann der Tat, mit einer Mission: das Christentum auszurotten.

Hohes D: dogmatisch, entschieden, bestimmt, fordernd

Nach seiner Bekehrung veränderte sich Paulus' Temperament nicht, aber Gott gab ihm einen neuen Auftrag. Jetzt war es seine Mission, den Menschen von Jesus zu erzählen. Innerhalb der folgenden Jahrzehnte entwickelte er sich zu einem der größten und dynamischsten Leiter der neuen Kirche.

Durch Bekehrung verändert?

Ich finde es sehr amüsant nachzulesen, was Gott tat, um Paulus' Aufmerksamkeit zu gewinnen und sein Leben so drastisch zu verändern. Gott konfrontierte ihn direkt auf der Straße nach Damaskus und zwang ihn in die Knie. Manchmal ist das der einzige Weg, wie man ein hohes D dazu bringt, zuzuhören!

Braucht harte Konfrontation, um sich zu ändern.

Gott sprach ganz offen zu Paulus. Er sagte ihm, daß er einmal ein wichtiger Mann sein würde, der vor Königen redet, und daß er Menschen den Weg von der Dunkelheit zum Licht zeigen würde – genau das, was ein D hören möchte.

Gott sagte Paulus auch, daß ihn bei diesem Dienst viele Leiden erwarten würden. Dominante Menschen gewinnen aus dieser Vorstellung eine große Motivation – sie lieben das Risiko und die Herausforderungen. Und während seiner Zeit als Apostel trotzte er allen Herausforderungen und überwand alle Hindernisse, die der Verkündigung des Evangeliums im Weg standen.

Das „Trainingsprogramm", das Gott für Paulus bereithielt, beinhaltete auch mehrere Tage im Gefängnis.

Untätigkeit ist das Schlimmste für ein hohes D. Ich kann mir den inneren Kampf vorstellen, den Paulus durchstehen mußte, bevor er in Philipper 4,12 schreiben konnte, daß er nun das Geheimnis erlernt hätte, in jeder Situation zufrieden zu sein.

Als er in der kalten und dunklen Gefängniszelle saß, mußte er Gottes Versprechen vertrauen, daß Gott ihn für eine wichtige Aufgabe einsetzen würde, auch wenn das einzige, was er tun konnte, war, Briefe an die Gemeinden zu schreiben. Heute kennen wir diese Briefe natürlich unter dem Namen „Briefe des Apostels Paulus": Ewige, vom Geist Gottes inspirierte Worte, die jedem Gläubigen Führung bieten und Mut zusprechen.

Gottes Wille ist individuell auf uns zugeschnitten.

So, wie er mit Paulus gehandelt hat, handelt unser himmlischer Vater auch mit uns: nach seinem Plan, danach, wie er uns geschaffen hat. Er versucht nicht, unseren Charakter zu verändern, sondern ihn einzusetzen, um seine Herrlichkeit zu vergrößern. Er arrangiert für uns ein Trainingsprogramm, das auf unsere Bedürfnisse zugeschnitten ist.

Sieben Eigenschaften des D:

Sieben hervorstechende Eigenschaften des D

1. Starkes Selbstvertrauen,

• Starkes Selbstvertrauen: Menschen mit hohem D-Wert glauben an sich selbst und ihre Fähigkeiten. Sie denken unabhängig, handeln selbständig und fragen andere nur selten nach Rat oder Zustimmung. Sie treffen Entscheidungen leicht und schnell. Sie können auf sich selbst aufpassen.

2. mutig,

• Mutig: Für Ds bedeutet leben, wagemutig zu sein. Sie gehen jedes Risiko ein und suchen das Abenteuer. Sie fühlen sich meist stark und wehren sich entschieden gegen jeden, der versucht, sie auszunutzen.

3. ergebnisorientiert,

• Ergebnisorientiert: Ds sind ehrgeizig und orientieren sich an ihren Zielen. Sie gehen Aufgaben pragmatisch an, um ihre Ziele zu erreichen. Sie tun das, was nötig ist; sie sind leicht erregbar und werden ungeduldig, wenn der Weg zu ihrem Ziel blockiert und das Ergebnis gefährdet ist.

4. bestimmend,

• Bestimmend: Ds übernehmen mit Nachdruck das Kommando und lieben es, Befehle zu geben. Ihre Devise ist: „Ich führe und du folgst." Dabei erwarten sie, daß allen klar ist, daß sie die Verantwortung tragen, und sie verlangen, daß ihre Autorität respektiert wird.

5. wettbewerbsbewußt,

• Wettbewerbsbewußt: Ds unterstreichen ihre Persönlichkeit oft mit ihrem physischen Erscheinungsbild und treiben häufig Sport. Für dominante Menschen kommt es bei allem, was sie tun – bei der Arbeit, beim Spiel und in ihren Beziehungen – darauf an, wer der Gewinner ist und wer der Verlierer. Wenn es keine Herausforderungen gibt, sind sie schnell gelangweilt. Sie lassen sich nicht leicht entmutigen und geben niemals auf.

6. veränderungsfreudig,

• Veränderungsfreudig: Da Menschen mit einem hohen D-Anteil schnell Entscheidungen treffen, schaffen sie häufig neue Regeln und Abläufe, ohne mit den Betroffenen darüber zu sprechen.

- Direkt, offen: Sie reden ohne Umschweife und kommen direkt zum Punkt. Deshalb werden sie von anderen oft als schroff, taktlos, grob oder gefühllos betrachtet. Sie suchen das offene Gespräch. Sie wollen sofort die Ergebnisse erfahren und nicht erst eine lange Geschichte oder eine detaillierte Erklärung anhören.

7. offen und direkt.

Dominante Eltern

Als Mutter zeigt Julie dieselbe Energie und denselben Enthusiasmus, den sie früher an ihrem Arbeitsplatz als Abteilungsleiterin zeigte. Sie ist gut organisiert, zielbewußt und voller Energie, und sie hat den Plan, erfolgreiche Kinder zu erziehen, die selbst eines Tages Führungspositionen bekleiden werden.

Julie: eine D-Mutter

Julie hat genaue Verhaltensregeln festgelegt, und sie erwartet von ihren Kindern, daß sie sie befolgen. Wenn sie dies nicht tun, müssen sie mit harten Strafen rechnen. Sie gibt nicht gerne Erklärungen ab und erwartet von ihren Kindern, daß sie ihr Wort halten und daß sie Termine einhalten.

Wie ein D sich selbst sieht.

Julie beschreibt sich selbst folgendermaßen: „Ich weiß, daß ich als Mutter manchesmal etwas zu hart bin, aber ich bin gerecht. Das Problem ist, daß den Kindern von heute einfach zu viel erlaubt wird. Ich denke, daß Kinder zu Hause ihren Teil der Aufgaben übernehmen sollten. Wenn das nicht der Fall ist, sorge ich schnellstens dafür, daß sie es tun. Ich verlange von meinen Kindern, daß sie mir gehorchen, und ich nehme es sehr ernst, wenn sie es nicht tun. Ich liebe meine Kinder, und ich glaube, daß sie, wenn ich sie zu verantwortungsbewußten, fleißigen Erwachsenen erziehe, in dem Bewußtsein aufwachsen werden, daß ich sie liebe."

Dominante Eltern sind ihren Kindern ein starkes und fähiges Vorbild. Sie setzen sich selbst hohe Ziele und treiben sich selbst an, um diese Ziele zu er-

Stärken einer D-Erziehung

reichen. Kinder wissen, daß sie sich bei Eltern mit einem hohen D-Anteil darauf verlassen können, daß sie ihnen Führung und Schutz bieten. Sie sind häufig stolz auf die Fähigkeiten und Erfolge ihrer Eltern. Ds sind verantwortungsbewußt, kompetent und voller Energie. Sie besitzen die Fähigkeit, Dinge zu Ende zu bringen und ihre Kinder dazu zu bewegen, ihnen dabei zu helfen. Wenn etwas schief läuft, arbeiten sie noch härter, um ihr Ziel zu erreichen. Durch Konflikte gewinnen sie neue Energie. Sie lieben eine gute Auseinandersetzung als etwas, das es zu überwinden gilt und aus dem sie persönlichen Gewinn ziehen können.

Gott als Vorbild

Auch Gott hat D-Anteile: Manchmal sagt er sehr klar, was er erwartet.

In der Bibel können wir nachlesen, daß unser himmlischer Vater sehr unterschiedliche Erziehungsstile benutzte. Der dominante Erziehungsstil wird in Psalm 32,8 beschrieben: „Ich will dich unterweisen und dir den Weg zeigen, den du gehen sollst; ich will dich mit meinen Augen leiten."

Gott gibt seinen Kindern bestimmte Richtlinien, die sie befolgen sollen. Er als Schöpfer hat bestimmt, wie das Leben sein soll. Er gibt uns auch Richtlinien dafür, wie wir ihm folgen sollen, um den nötigen Respekt für seine Person und seine Wahrheit zu bewahren. Die Zehn Gebote im Alten Testament, die Bergpredigt im Neuen Testament und andere Stellen in der Bibel zeigen uns ganz klar, was Gott von seinen Kindern erwartet.

Seine Gesetze sind ein Beweis seiner Liebe zu uns. Wenn wir uns an seiner Wahrheit ausrichten, können wir sicher sein, daß wir in einem engen Verhältnis zu ihm leben werden. Für uns als seine Kinder ist die richtige Reaktion auf seinen „dominanten Erziehungsstil" Respekt und Gehorsam.

Gefahren des dominanten Erziehungsstils

Wo D-Eltern Probleme haben.

D-Eltern haben viele positive Eigenschaften. In manchen Situationen können sie aber auch ein negatives Verhalten zeigen. Besonders dann, wenn die Kinder ihre Autorität in Frage stellen oder von ihnen unabhängig sein wollen, fühlen sich dominante Eltern bedroht und werden oft autoritär.

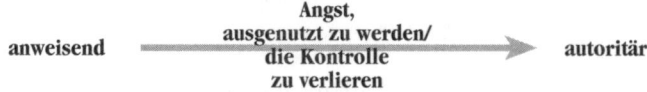

| anweisend | Angst, ausgenutzt zu werden/ die Kontrolle zu verlieren | autoritär |

Meist ist die größte Angst dominanter Eltern die, daß ihre Kinder sie ausnutzen könnten. Diese Angst kann dazu führen, daß sie ungeduldig werden, leicht erregbar und fordernd. Und da sie gleichzeitig ergebnisorientiert sind, können sie verschlossen und kühl erscheinen.

Angst vor
Ausnutzung

Autoritäre Eltern sind wie Generäle. Für sie gibt es nur eine einzige Regel: „Solange du unter meinem Dach lebst, machst du die Dinge genau so, wie ich es sage." Und diesen Grundsatz bekommen wir in den unterschiedlichsten Situationen zu hören – immer mit einem Ausrufezeichen dahinter:

„Solange du die
Füße unter mei-
nen Tisch
streckst ...!"

- „Du tust es, weil ich es sage, und damit basta!
- „Wag es ja nicht, mir zu widersprechen!"
- „Du gehorchst, sonst . . .!"
- „Frag nicht immer warum, sondern tu, was ich dir sage! Es ist mir egal, wie viele deiner Freunde da hingehen. Du gehst nicht, und damit Schluß!"
- „Ich habe deine Ausreden satt. Jeder von uns hat Aufgaben, und du wirst deinen Teil erledigen!"

Typische
D-Aussprüche

Autoritäre Eltern wollen die Kontrolle über ihre Kinder besitzen, und das bedeutet, sie wollen alle Entscheidungen selbst treffen. Sie fordern sofortiges Gehorchen und ein bedingungsloses Befolgen ihrer Regeln.

Kein Platz für
Erklärungen
oder Gefühle

Sie setzen ihren Ärger ein, um das Verhalten ihrer Kinder zu kontrollieren. Dabei setzen sie diese oft zu sehr unter Druck. Ihre Kinder beklagen sich häufig: „Du drängst mich immer" oder „Du verstehst mich einfach nicht".

Sie überziehen die elterliche Autorität, um ihre Kinder dazu zu bringen, ihren Wünschen zu entsprechen. Jede andere Meinung betrachten sie als respektlos; besonders, wenn diese mit langen Erklärungen verbunden ist.

Für diese Eltern ist es schwer zuzugeben, wenn sie im Unrecht sind. Sie hören nur das, was sie hören wollen, um Situationen zu regeln, und gehen dann zum nächsten Thema über. Diese Vorstellung, daß es immer nach ihrem Kopf gehen muß, mag in der Geschäftswelt funktionieren, kann aber in der Familie lang anhaltende negative Auswirkungen auf Kinder haben.

Kinder aus diesen Familien haben das geringste Selbstwertgefühl. Je nach Verhaltensstil reagieren sie auf Strenge und Härte im Elternhaus auf unterschiedliche Weise: Sie fressen ihre Gefühle in sich hinein und werden passiv oder aggressiv oder laut, fordernd und rebellisch. In der Schule stören sie häufig den Unterricht, um Aufmerksamkeit zu erregen. Sie nehmen möglicherweise Drogen und machen illegale Geschäfte. Machen Sie hier keinen Fehler. Kinder, die in einem autoritären Elternhaus aufwachsen, vergessen die einzelnen Vorfälle nicht. Ihre Wut und ihr Verletztsein stauen sich im Innern an und werden eines Tages herausbrechen.

Schwerwiegende
Auswirkungen
auf die Kinder:
geringes Selbst-
wertgefühl,
aufgestaute
Aggression,
mangelnde
Selbständigkeit

Viele autoritäre Eltern haben Probleme damit, wenn ihre Kinder erwachsen werden. Sie haben das Bedürfnis, ihren Kindern weiterhin zu sagen, was sie tun sollen und was sie besser machen sollen – auch, wenn diese Kinder selbst schon fünfzig sind.

„Immer, wenn wir uns sehen, streiten wir."

„Immer, wenn wir uns sehen, streiten wir", sagt eine erwachsene Frau von ihrer Mutter. „Wenn ich sie für eine Woche besuche, haben wir immer zwei oder drei heftige Auseinandersetzungen. Sie denkt, sie hat immer recht. Sie macht irgendeine provozierende Bemerkung, und ich sage etwas dagegen. Dann greift sie mich an und versucht, meine Gefühle zu verletzen. Neulich beschwerte sie sich über die Musik, die ich gehört habe. Ich fragte sie: 'Warum bist du so verärgert?' Sie sagte: 'Ich bin nicht verärgert!' 'Mutter, du siehst verärgert aus und benimmst dich, als ob du verärgert wärst.' 'Tja, das ist dein Problem!'"

Was autoritäre Eltern brauchen

Darauf sollten Ds als Eltern achten:

Wenn Sie dominante Eltern sind und zur Autorität neigen, dann müssen Sie daran arbeiten, zuzuhören, Kompromisse zu schließen, Ihre Gefühle zu zeigen und mehr Zeit mit Ihren Kindern zu verbringen. Sie müssen daran arbeiten, mehr Spaß zu haben, abzuschalten und für die Gefühle anderer empfänglicher zu sein.

- Führung abgeben,

• Kontrolle: Akzeptieren Sie, daß Sie nicht die ganze Zeit die Kontrolle besitzen. Sie müssen erfahren, daß Sie Aufgaben mit anderen und durch andere erledigen können und daß andere auf Ihre Führung nicht mehr reagieren, wenn sie nicht mit einem demütigen Herzen verbunden ist.

- Fragen zulassen,

• Kommunikation: Geben Sie keine zu schnellen Antworten. Geben Sie genaue Erklärungen, besonders dann, wenn Sie Ihre Kinder zur Erledigung einer Aufgabe hinführen wollen. Drücken Sie Ihre positiven Gefühle in Worten aus. Ermöglichen Sie anderen, Fragen zu stellen, ohne daß Sie sich in die Defensive gedrängt fühlen. Seien Sie sensibel gegenüber der Tatsache, daß andere durch die Stärke und Intensität Ihrer Kommentare und Anweisungen verletzt oder eingeschüchtert sein könnten.

- geduldig sein,

• Tempo: Werden Sie bei Menschen mit einem langsameren Tempo nicht ungeduldig. Zügeln Sie Ihr Tempo, damit Ihre Familie und auch Sie selbst Gelegenheit haben, sich zu erholen.

- Menschen schätzen,

• Prioritäten: Schenken Sie Ihren Beziehungen mehr Beachtung. Betrachten Sie Ihre Kinder als Menschen, und beurteilen Sie sie nicht nur nach ihrer Leistung.

• Geistige Haltung: Geben Sie offen zu, wenn Sie sich geirrt oder einen Fehler gemacht haben. Zeigen Sie Demut und bitten Sie um Vergebung.

Dominante Kinder

Es ist egal, ob man neun, neunzehn, neununddreißig oder neunundfünfzig ist: Ein D ist und bleibt ein D. Nur die Umgebung verändert sich. Die sieben hervorstechenden Eigenschaften des hohen D treffen auch auf dominante Kinder zu, obwohl die verschiedenen Merkmale des D-Stils nicht gleich intensiv zutage treten.

Mark und Jenny haben keinerlei Zweifel, daß sie die Eltern eines sehr dominanten Kindes sind. Betrachten wir einmal, wie sie ihren Sohn David beschreiben:

„Er ist ein sehr starkes Kind. Er versucht, jede Situation zu kontrollieren, ob im Freibad, beim Essen oder beim Spielen. Vor kurzen waren wir im Supermarkt. Ich überlegte gerade, welche Marmelade ich kaufen sollte. David wurde ungeduldig und sagte: 'Papa, jetzt nimm doch einfach irgendeine!' Er wollte eine Entscheidung treffen, ein Ergebnis sehen. Er ist immer voller Energie, immer heftig und sehr aktiv. In der Schule ist er gut, weil er hart arbeitet, um seine Aufgaben zu erledigen. Er liebt den Wettbewerb, aber er haßt es, zu verlieren. Er ist ein guter Fußballspieler, aber er wird wütend, wenn die gegnerische Mannschaft ein Tor erzielt. Wenn wir zu Hause gemeinsam spielen und er verliert, dann schmollt er. Es ist auch sehr schwer, David zu erziehen. Wir müssen mit ihm ganz direkt sein. Unsere Tochter ist so sensibel, daß ihre Gefühle schon verletzt sind, wenn wir sie nur falsch anschauen. Aber bei David müssen wir streng und stark sein."

Jenny ist ein hohes I, eine initiative Mutter, und sie sagt, daß sie oft das

Ds brauchen D-Mut (= „Demut")

- Fehler eingestehen.

David, ein D-Kind: Man muß direkt zu ihm sein.

Eigensinnig,

Gefühl hat, daß David ihr auf der Nase herumtanzt. „Neulich sagte ich zu ihm: 'David, wir gehen gleich einkaufen.' Er sagte: 'Ich will jetzt aber ein Video anschauen.' 'Das kannst du nicht, weil wir jetzt gehen.' Er machte dann einen riesigen Aufstand, weil es nicht nach seinem Kopf ging. Ich kann mit ihm immer nur eine Weile geduldig sein, und dann explodiere ich. Es ist jedesmal ein harter Kampf."

Mark fügt hinzu: „Wenn ich von der Arbeit heimkomme, ist Jenny ganz erschöpft. Ich weiß, daß ich dann einige Zeit zusammen mit David verbringen muß."

Was Mark und Jenny am meisten erschöpft, ist sein ständiges Fordern. Mark sagt: „Das macht uns einfach fertig. Er gönnt uns keine Pause. Er ist unbarmherzig. Ein Nein akzeptiert er nicht. Das Wort 'Nein' bedeutet für ihn 'Ich habe nicht genügend danach gebohrt.' Oft kommt er zu mir und sagt: 'Papa, ich weiß, daß du nein sagst, aber könnten wir heute abend nicht Eis essen gehen?'"

Schonungslos.   Kinder mit einem hohen D-Anteil sind die geborenen Führer und können sehr willensstark sein. Sie denken voraus; sie spüren, wo ihre Eltern am verwundbarsten sind, und dann greifen sie an. Wenn es nicht nach ihrem Kopf geht, teilen sie laut und mit Nachdruck ihre Mißbilligung mit. Weil sie immer sagen, was sie denken, verletzen sie oft die Gefühle anderer. Sie können schonungslos sein, häufig sogar brutal. Außerdem fällt es ihnen sehr schwer zu sagen: „Es tut mir leid."

Ds haben ein überwältigendes Bedürfnis, die Kontrolle zu besitzen. Dieses Bedürfnis ist keine freie Entscheidung, sondern eine treibende Kraft, die sie ihr Leben lang begleitet.

„Jeder soll tun,   Dominante Kinder sind wie der Junge im Comic, der sagt: „Ich lebe im
was ich will."   Frieden mit der Welt. Ich bin völlig glücklich . . . Ich habe das Ziel meines Lebens entdeckt . . . Ich bin auf der Welt, damit jeder das tun kann, was ich will." Und dann fügt er hinzu: „Wenn alle diese Tatsache akzeptiert haben, werden auch sie glücklich sein."

Zum Umgang   Hier sind einige Hinweise, wie Sie Kindern mit einem hohen D-Wert hel-
mit D-Kindern: fen können, ihre Fähigkeiten vollständig zu entwickeln:

- Verantwortung   •   Übertragen Sie dominanten Kindern Verantwortung, so daß sie Kontrol-
übertragen,   le ausüben und Entscheidungen treffen können. Das Maß der Verantwortung sollte mit zunehmendem Alter und zunehmender Reife der Kinder ansteigen.

- Ziele vorgeben,   •   Geben Sie ihnen bestimmte Ziele, auf die sie hinarbeiten können. Nutzen Sie, wenn nötig, das Wettbewerbsdenken der hohen Ds. Wenn es z.B. Ihr
- Wettbewerbs-   Ziel ist, daß Ihr Kind sein Zimmer einmal pro Woche gründlich sauber-
sinn einsetzen,   macht, dann verwandeln Sie diese Aufgabe in ein Spiel, in dem es sich

etwas Besonderes verdienen kann, wenn es diese Aufgabe innerhalb einer bestimmten Zeit erledigt.

- Helfen Sie dominanten Kindern zu verstehen, daß es zwar weise ist, sich Ziele zu setzen und diese zu verfolgen, daß aber auch Versagen ein Teil unseres Lebens ist und nicht bedeutet, daß sie Versager sind.
  - Versagen akzeptieren lehren,
- Zeigen Sie ihnen, welche Vorteile ein niedrigeres Tempo haben kann und wie sie erkennen, wann es Zeit ist abzuschalten, und wie sie dies tun können.
- Lehren Sie Kinder mit hohem D-Anteil erkennen, wie wichtig Grenzen sind, auch wenn sie anderer Meinung sind als Sie.
  - Grenzen setzen,
- Zeigen Sie ihnen anhand vergangener Auseinandersetzungen, daß andere Menschen leicht verletzt oder enttäuscht werden können und was Mitgefühl und Verständnis bedeuten.
  - Mitgefühl lehren,
- Geben Sie ihnen so oft wie möglich die Gelegenheit, selbst auszuwählen. Bereiten Sie dominante Kinder z.B. frühzeitig darauf vor, daß es Zeit ist, ins Bett zu gehen, indem Sie sagen: „Möchtest du jetzt gleich ins Bett gehen oder erst, wenn dieser Film vorbei ist?"
  - Die Wahl lassen,
- Wenn es Zeit ist zu handeln, verwenden Sie kurze und prägnante Befehle: „Schlafenszeit!" „Räum dein Zimmer auf!"
  - Direkte Befehle geben,
- Da dominante Kinder ein großes Bedürfnis nach körperlicher Bewegung haben, sollten Sie ihnen häufig Gelegenheit geben, zu rennen, zu springen und aktiv zu sein. Vermeiden Sie Aktivitäten, bei denen man lange sitzen muß.
  - Bewegung ermöglichen,
- Vor allem: Lassen Sie sich nicht auf einen Machtkampf mit dominanten Kindern ein. Konzentrieren Sie sich bei Erziehungsmaßnahmen auf das Handeln. Sagen Sie ganz genau, was getan werden muß. Diskutieren Sie vernünftig mit ihnen, aber nicht zu lange. Um die Kontrolle zu übernehmen, werden dominante Kinder Verhaltensregeln offen in Frage stellen, oder versuchen, eine geringere Strafe auszuhandeln. Seien Sie kurz und prägnant. Zeigen Sie ihnen, wer die Kontrolle besitzt.
  - Durch Handeln die Kontrolle behalten.

Ich habe eines Tages in einem Restaurant ein gutes Beispiel gesehen, wie man mit einem dominanten Kind effektiv umgehen kann. Ein Vater kam mit zwei Töchtern ins Restaurant. Er wählte einen Tisch aus, bemerkte aber dann, daß seine fünfjährige Tochter für ihre jüngere Schwester einen hölzernen Babystuhl zu einem anderen Tisch zerrte.
Ein Beispiel (aus einem Restaurant)

Er sagte: „Dana, komm hier rüber."

„Nein, Papa, das ist ein guter Tisch. Laß uns hier sitzen!"

Er antwortete: „Dieser Tisch ist genauso groß, und der Babystuhl wird hier viel besser passen."

Dana bestand weiterhin auf dem Tisch, den sie ausgewählt hatte. Dieser verbale Krieg ging noch eine Weile weiter, bis der Mann schließlich zu dem anderen Tisch ging, vorsichtig eine Hand auf Dana legte und die andere auf den Babystuhl und beide zu seinem Tisch hinüberschob.

Mit dieser Handlung zeigte er, wer die Kontrolle besitzt. Aber ich habe das Gefühl, daß in dieser Familie weiterhin Kämpfe stattfinden werden. Als der Vater mit seinen beiden Töchtern nach dem Essen das Restaurant verließ, hörte ich, wie Dana fragte: „Papa, kann *ich* das nächste Mal den Tisch aussuchen?"

Sind Sie ein hohes D?

Die Checkliste:
„Typisch D!"

Sie finden hier eine Liste der Verhaltensmerkmale, die für ein D charakteristisch sind. Denken Sie einmal über Ihr Verhalten und Ihr Verhältnis zu anderen Menschen nach. Kennzeichnen Sie diejenigen Aussagen, die Ihrer Meinung nach auf Sie zutreffen:

- Ich kann Entscheidungen schnell treffen.
- Wenn ich eine Aufgabe übernehme, strebe ich schnelle Ergebnisse an.
- Ich habe großes Vertrauen in meine Fähigkeiten.
- Wenn ich mich mit Menschen unterhalte, möchte ich direkt zum Thema kommen; und ich werde ungeduldig, wenn andere mir lange Geschichten erzählen wollen.
- Ich setze mir gerne Ziele und arbeite daran, diese zu erreichen.
- Ich bin mehr daran interessiert, eine Aufgabe zu erledigen, als andere Menschen dazu zu bringen, mich zu mögen.
- Ich strebe danach, die Leitung einer Projektgruppe zu übernehmen.
- Wenn ich keine Herausforderungen vor mir habe, wird es mir langweilig.
- Ich mag es nicht, wenn mir jemand über die Schulter schaut. Ich brauche die Freiheit, eine Aufgabe nach meinen Vorstellungen zu erledigen.
- Unter Druck werde ich aggressiv und bleibe fest entschlossen.
- Für die Gefühle und Meinungen anderer habe ich nur geringes Verständnis.
- Ich gewinne neue Energien, wenn es ein Problem zu lösen gilt.
- Wenn ich an einem Projekt arbeite, hasse ich es, mich um Details kümmern zu müssen. Ich überlasse die Details lieber anderen und kümmere mich um den groben Überblick.
- Ich bin oft kühl und abweisend.
- Ich mag den Wettbewerb, aber ich hasse es, zu verlieren.

5. Das I – der initiative Typ

Susanne war mit ihrer Großmutter einkaufen. Sie entdeckte an einem Stand kleine Plastikuhren für zwei Dollar. Sie bettelte: „Ach Oma, kauf mir bitte eine Uhr. Ich hab' keine Uhr. Oma, ich brauch' eine Uhr. Wenn du mich magst, dann kaufst du mir eine Uhr."

„Wenn du mich magst, dann ..."

Ihre Großmutter versuchte, sie zur Vernunft zu bringen und ihr zu erklären, daß billige Uhren nicht lange funktionieren. Aber Susanne drängelte und bettelte so lange weiter, bis die Großmutter ihr doch eine Uhr kaufte. Wenige Omas besitzen die Fähigkeit, einer so zielgerichteten Attacke eines geliebten Enkels zu widerstehen.

Als Susanne die Uhr am nächsten Morgen aufziehen wollte, ging sie kaputt. Die Großmutter dachte bei sich: *Das wird ihr eine Lehre sein.* Sie sagte zu Susanne: „Siehst du, du hättest auf mich hören sollen. Ich habe dir gesagt, daß die Uhr billig ist. Wenn du auf mich gehört hättest, hätten wir nun dieses Problem nicht." Susanne sah ihre Großmutter an und sagte: „Ich bin nur ein kleines Kind. Du hättest mich dazu bringen müssen, auf dich zu hören!"

Die Großmutter sagte später: „Sie klang so überzeugend, daß ich nicht mehr wußte, was passiert war oder wer recht hatte. Ich stand da und entschuldigte mich bei ihr."

„Sie klang so überzeugend, daß ich nicht mehr wußte, wer recht hat!"

Susanne ist ein typisches I. Is sind initiativ und verwenden ihre Energien darauf, andere zu beeinflussen oder zu überzeugen. Sie sind optimistisch, reden viel und wollen anderen gefallen. Sie streben nach Anerkennung und sind sehr emotional – und sie teilen anderen stets mit, was sie denken.

Menschen mit hohem I-Anteil sind dynamisch, und ihr Verhalten ist eher auf das Handeln als auf das Denken ausgerichtet. Sie entscheiden schnell

Impulsiv und enthusiastisch.

und schreiten dann gleich zur Tat. Sie vertrauen ihren Gefühlen und treffen ihre Entscheidungen intuitiv, aus dem Gefühl heraus. Beim Umgang mit anderen erzeugen sie Enthusiasmus und Begeisterung. Sie tun Dinge nicht gerne allein und lieben Aktivitäten in der Gruppe.

Sieben Eigenschaften des I:

1. beziehungsorientiert,

2. gefühlsbetont,

3. gesprächig,

4. liebt Spaß,

5. optimistisch,

6. spontan,

Sieben hervorstechende Eigenschaften des I

- Beziehungsorientiert: Is mögen andere Menschen und den Umgang mit ihnen. Ihr „oberstes Ziel" ist es, Freunde zu gewinnen und andere zu beeinflussen. Ihre Energie und ihr Enthusiasmus inspirieren andere zum Mitmachen. Viele Is können die Gefühle anderer sehr gut erraten und besitzen die Fähigkeit, die Gedanken der anderen zu lesen. Sie bringen anderen Vertrauen entgegen und akzeptieren andere Menschen uneingeschränkt.

- Gefühlsbetont: Sie teilen anderen ihre Gefühle offen mit. Sie sind lebhaft, dramatisch und reagieren auf Menschen und Ereignisse emotional. Die meisten Is sind sehr anhänglich und brauchen selbst sehr viel Liebe. Auf der anderen Seite haben sie große Probleme, ihre Gefühle zu kontrollieren und sind gegenüber Kritik an ihrer Person sehr sensibel. Sie hassen es, allein zu sein.

- Gesprächig: Menschen mit hohem I-Wert können durch Kommunikation sehr gut überzeugen und reden gerne. Sie lieben es, schillernde und unterhaltende Geschichten und Witze zu erzählen.

- Brauchen Spaß: Is sind immer bereit für eine Party. Sie lachen gern und bringen andere zum Lachen. Weil sie ständig dafür sorgen, daß etwas passiert, ist in ihrem Leben immer etwas los, und es ist ihnen nur selten langweilig.

- Optimistisch: Initiative Menschen sehen in fast allen Dingen etwas Positives. Sie gehen davon aus, daß immer das Beste passiert und gehen über die Möglichkeit eines Fehlschlages mit Leichtigkeit hinweg. Ihr Motto ist: „Don't worry, be happy!" Sie versuchen, aus Schwierigkeiten das Beste zu machen, indem sie einfach fest daran glauben, daß es schon gut ausgehen wird. Sie bezwingen den Streß, indem sie unangenehme Realitäten einfach ignorieren.

- Spontan: Sie haben Freude an den verschiedensten Aktivitäten und brauchen die Freiheit, nach ihren Gefühlen zu handeln und mit der Masse zu schwimmen. Sie besitzen einen freien Geist und sind impulsiv und unorganisiert. Sie fühlen sich in einer genau strukturierten Umgebung unwohl und lehnen alles ab, was ihre persönliche Freiheit einschränkt. Der Nachteil ist, daß sie von Natur aus keine begabten Planer sind. Sie haben selten Durchhaltevermögen im Umgang mit Details.

- Suchen Akzeptanz und Anerkennung: Initiative Menschen leben von Komplimenten, Lob und Bewunderung. Sie freuen sich, wenn sie gesehen und bemerkt werden, und versuchen, im Mittelpunkt zu stehen. Sie blühen auf, wenn alle Augen auf ihnen ruhen. Da sie sich selbst sehr stark mit den Augen anderer sehen, ist es ihre größte Angst, von anderen abgelehnt zu werden. Wenn Sie ein I bitten, sich selbst zu beschreiben, werden Sie wahrscheinlich zu hören bekommen: „Meine Freunde sagen, ich bin . . ." oder „Andere sagen mir, daß ich . . ."

7. sucht Anerkennung.

Ein Beispiel aus der Bibel

Petrus, einer der Jünger Jesu, war ein absolutes I. Er war ein Mensch, der vordergründig betrachtet eine große Selbstsicherheit besaß, der in einer Gruppe immer als erster das Wort ergriff und äußerst impulsiv war.

Petrus redete mehr als die anderen zusammen ...

Wenn wir einmal den Raum betrachten, den die Bemerkungen und Fragen der zwölf Jünger im Neuen Testament einnehmen, dann sehen wir, daß Petrus mehr redet als die anderen zwölf zusammen. Er wird als Mensch beschrieben, der schnell und manches Mal unbesonnen redet. Aber seine Reden in der Apostelgeschichte und der Stil seiner Briefe zeigen uns, daß er ein begabter Redner war, trotz der Tatsache, daß er kaum eine Schulbildung genossen hatte.

Eines Nachts, als die Jünger in einem Boot draußen auf dem See waren, kam Jesus über das Wasser zu ihnen. Wer außer Petrus hätte sich wohl zugetraut, auch auf dem Wasser zu laufen? Petrus wollte unaufhörlich neue Dinge ausprobieren. Auch im Reden war er sehr schnell. Als Jesus seine Jünger fragt (Matthäus 16,13): „Für wen halten die Leute den Menschensohn?", ist Petrus der erste, der antwortet. Seine Worte „Du bist der Christus, der Sohn des lebendigen Gottes" wurden von Christus selbst gelobt. In wenigen weiteren Versen sagt Jesus seinen Jüngern, daß er nach Jerusalem gehen muß und dort sterben wird. Als Petrus dies hört, fährt er Jesus an: „Gott bewahre dich, Herr! Das widerfahre dir nur nicht!" Daraufhin dreht Jesus sich um und sagt zu Petrus: „Geh weg von mir, Satan!"

... und wollte alles Neue gleich ausprobieren.

Als Jesus in Markus 14 von seinem bevorstehenden Tod spricht, gelobt ihm Petrus ewige Treue. In Vers 31 erklärt er: „Auch wenn ich mit dir sterben müßte, werde ich dich nicht verleugnen!" Aber entsprechend der Art eines Is war sein Durchhaltevermögen nicht so gut. Nach der Verhaftung Jesu klagte eine Magd Petrus an, er sei einer von Jesu Jüngern. Petrus verfluchte sich und leugnete mehrmals, Jesus zu kennen.

Sein Durchhaltevermögen war nicht so gut ...

... aber er schwimmt Christus als erster entgegen.

Nach der Kreuzigung und Auferstehung Jesu befinden sich die Jünger in einem Boot und fischen, als Jesus kommt und mit ihnen von der Küste her spricht. Petrus bekennt sofort, daß dies der auferstandene Christus ist, und wieder springt er ins Wasser und schwimmt, während die restlichen Jünger zur Küste rudern.

Andere Is der Bibel

Überall in der Bibel gebrauchte Gott Is, um sein Werk voranzutreiben. Wen nahm Mose mit zum Pharao, um diesen zu überzeugen, daß der das Volk gehen lassen solle? Seinen initiativen Bruder Aaron. Wen bestimmte Gott zum König über das Volk Israel an einem kritischen Zeitpunkt der Geschichte des Volkes Israel? David, ein hohes I mit einem großen Herzen. Wer leitete die Kirche des ersten Jahrhunderts? Petrus. Wer ermutigte die entmutigten Jünger? Barnabas. Sie alle waren Is, die von Gott eingesetzt wurden, um sein Volk davon zu überzeugen, ihm zu folgen.

Initiative Eltern

Zwei Gruppen von Menschen: Umarmer und Händeschüttler

Es gibt zwei Gruppen von Menschen auf der Welt: Menschen, die uns umarmen, und Menschen, die uns die Hand schütteln. Die Menschen, die uns die Hand schütteln (größtenteils Ds und Gs), strecken uns ihren Arm steif entgegen, um uns zu ermöglichen, unseren Sicherheitsabstand zu bewahren. Die „Umarmer" umarmen auch ihnen völlig unbekannte Menschen. Die Initiativen sind „Umarmer" im wahrsten Sinne des Wortes.

I-Eltern unterhalten ihre Kinder.

Eltern mit einem hohen I-Anteil haben gerne ihre Freunde und Kinder um sich versammelt und können dann stundenlang reden. Sie freuen sich daran, Geschichten zu erzählen oder herumzutoben, und sind von allen Eltern diejenigen, die sich am meisten Zeit nehmen, um mit ihren Kindern zu spielen.

Sie haben ein hohes Tempo und suchen ständig nach neuen Aktivitäten, um sich und ihre Kinder zu unterhalten. Sie wollen Dinge zusammen mit ihren Kindern tun.

Initiative Eltern verbreiten Wärme und Verständnis. Andere Menschen wenden sich an sie, wenn sie ein Problem haben. Details und Routinearbeiten, wie z.b. der Haushalt, langweilen ausgeprägte Is schnell. Sie wollen lieber gemeinsam mit anderen etwas unternehmen.

Eines Abends saßen meine Frau und ich in unserem Freibad und redeten über die verschiedenen Verhaltensstile der Eltern. Während ich redete, bemerkte ich, daß eine Frau zu mir und Karen herüberschaute und unserer Unterhaltung zuhörte. *Ein Erlebnis im Freibad*

Plötzlich schaltete sie sich in unsere Unterhaltung ein, und erst nach fünf Minuten ging ihr die Luft aus. Dann sagte sie: „Wissen Sie, wenn Sie schon über die verschiedenen Erziehungsstile reden: Ich bin ein hohes I." *Erst nach fünf Minuten ging ihr die Luft aus ...*

Wer hätte das gedacht? amüsierte ich mich insgeheim.

Und die Frau redete weiter. „Sie haben mich ganz genau beschrieben. Ich liebe meine Kinder, und ich setze mich dafür ein, daß wir uns aneinander erfreuen. Für den ganzen Sommer habe ich Zeit eingeplant, um einmal in der Woche mit meinen beiden Töchtern auf eine Abenteuer-Tour zu gehen. Letzte Woche waren wir im Zoo, diese Woche fahren wir zu einem Vergnügungspark in Dallas, und nächste Woche, wenn mein Mann auf Geschäftsreise ist, darf jede zwei Freundinnen einladen, und wir machen die beste Schlafanzug-Party, die es je gab!

Und wissen Sie, was noch sehr interessant war bei dem, was Sie gesagt haben? Ich habe wirklich sehr große Probleme mit der Disziplin. Ich möchte einfach nicht als böse Mutter dastehen. Ich will immer die Freundin meiner Töchter sein; und ich glaube, daß meine größte Angst ist, daß sie mich nicht mögen könnten. Denken Sie, das ist falsch? Ich weiß, daß ich ihnen möglicherweise zuviel erlaube. Aber ich sage nicht gerne Nein. Außerdem möchte ich, daß meine Kinder all das haben, was ich früher nie hatte. Ich möchte, daß meine Kinder, wenn sie einmal zurückdenken, sagen können: Ich bin in einer positiven Familie mit viel Spaß aufgewachsen." *„Meine größte Angst ist, daß meine Kinder mich nicht mögen könnten ..."*

An diesem Punkt begannen meine Augen zu leuchten wie die Scheinwerfer eines Autos. Ich hätte wahrscheinlich nirgends ein besseres Beispiel für ein ausgeprägtes I finden können. Eltern mit einem hohen I-Wert sorgen für ein warmes Zuhause, das Spaß macht. Und ihre Kinder haben nie einen Mangel an Zuneigung. *Die Kinder von Is haben keinen Mangel an Zuneigung.*

Gott als Vorbild

Auch Gott hat I-Anteile : Er sucht ständig Kontakt zu uns. Deshalb ...

Unser himmlischer Vater zeigt einen initiativen Verhaltensstil in seinem Wunsch, mit seinen Kindern in ständigem Kontakt zu bleiben. Viele Menschen betrachten Gott fälschlicherweise als fern und unnahbar. Sie haben eine „Gott-beobachtet-uns-von-weitem-Mentalität".

Es ist erstaunlich, daß Gott, der Herr des Universums, möchte, daß wir ihn kennen, und daß er einen so außergewöhnlichen Weg gegangen ist, um uns zu zeigen, daß er ein Teil unseres Lebens sein will. Tatsächlich ist das die ganze Botschaft der Bibel: Gott möchte, daß wir ihn persönlich kennenlernen.

... hat er Jesus geschickt.

In Johannes 17,3 sagt Jesus: „Das ist aber das ewige Leben, daß sie dich, der du allein wahrer Gott bist, und den du gesandt hast, Jesus Christus, erkennen." Die einzig richtige Antwort darauf, daß Gott uns einlädt, ihn kennenzulernen und mit ihm eine persönliche Beziehung einzugehen, ist, seine Einladung zu akzeptieren. Dies tun wir, indem wir an seinen Sohn Jesus Christus glauben.

Gefahren des initiativen Erziehungsstils

Wo I-Eltern Probleme haben:

Die Frau im Schwimmbad beschrieb das Problem, dem sich viele Eltern mit einem hohen I-Wert gegenübersehen: Sie wollen, daß ihre Kinder sie lieben, und können den Gedanken nicht ertragen, daß ihre Kinder sie ablehnen könnten. Aus dieser Angst heraus kann es passieren, daß initiative Eltern ihren Kindern zuviel erlauben.

initiativ	Angst, von den Kindern nicht geliebt zu werden . . .	nachgiebig

Sie lassen zuviel durchgehen ...

Nachgiebige Eltern wollen ihren Kindern etwas Gutes tun, machen dabei aber den Fehler, ihren Kindern zu viele Freiheiten zu lassen. Ihr unausgesprochenes Credo ist: „Ich werde alles tun, was ich kann, um sie glücklich zu machen."

... und verharmlosen Probleme.

Eltern mit einem hohen I-Anteil sagen zu ihren Kindern nicht gerne Nein. Wenn die Kinder ihre Grenzen überschreiten, ziehen sie einfach neue Grenzlinien oder ignorieren das Problem und hoffen, daß es sich von alleine löst. Es kann auch sein, daß sie etwas mit einem Scherz abtun, das sie eigentlich ernst nehmen sollten.

Ich war zu Besuch bei einer befreundeten Familie. Dort beobachtete ich folgende Szene: Der Vater, ein hohes I, sah, wie sein Sohn Seth auf die Straße hinauslief. Er rief: "Seth, geh nicht auf die Straße hinaus!" Ein paar Minuten später lief Seth wieder auf die Straße, und mein Freund rief ihm zu: „Seth, was habe ich dir gesagt? Du sollst nicht auf der Straße spielen. Es ist zu gefährlich." Ein paar Minuten vergingen, dann rief er erneut: „Seth, das ist jetzt das letzte Mal, daß ich dir sage, daß du nicht auf die Straße hinauslaufen sollst!" Dann drehte sich mein Freund um und sagte zu mir: „Ich weiß einfach nicht, wie ich mit diesem Kind umgehen soll."

Mein Freund müßte strenger sein. Wenn er auf seinen Sohn nur weiter einredet, wird er ihn nicht davon abhalten können, auf der Straße zu spielen. Dieser Vater müßte schnell und entschlossen handeln und dafür sorgen, daß der Junge ihm gehorcht. *Ein Beispiel: Handeln statt reden!*

In 1. Samuel 2-3 lesen wir die Geschichte Elis, des Hohenpriesters Israels während der Zeit der Richter. Der Text erzählt uns, wie die Söhne Elis für ihren eigenen Verzehr die besten Stücke von den Opfergaben des Volkes stahlen. Sie schliefen auch mit den Frauen, die im Tempel dienten. Eli erfuhr von diesen Sünden und redete mit seinen Söhnen, sie aber gehorchten ihrem Vater nicht. Eli drang nicht weiter in sie. Daraufhin offenbarte Gott dem jungen Samuel sein Gericht über Eli und dessen Söhne. „Denn ich habe ihm (Eli) angesagt, daß ich sein Haus für immer richten will um der Schuld willen, daß er wußte, wie sich seine Söhne schändlich verhielten, und ihnen nicht gewehrt hat." (1. Samuel 3,13) *Der Hohepriester Eli*

Initiative Eltern, die ihren Kindern zuviel durchgehen lassen, neigen auch dazu, das, was ihnen ihre Kinder erzählen, als wahr zu betrachten, ohne es zu hinterfragen oder zu überprüfen. Sie neigen dazu, nur das Gute in ihren Kindern zu sehen. Sie lassen sich von ihren Kindern leicht manipulieren. *Gefahr: I-Eltern lassen sich von Kindern manipulieren.*

Die Erziehungsphilosophie initiativer Eltern ist: Mach das, was dir Spaß macht. Und mach es so, wie es *dir* gefällt. Sie wollen, daß ihre Kinder nicht unzufrieden sind, vor allem dann nicht, wenn sie mit ihnen zusammen sind. Sie befürchten auch, daß sie ihre Kinder irgendwie schädigen könnten, wenn sie zu streng mit ihnen sind.

Was nachgiebige Eltern brauchen

Darauf sollten Is als Eltern achten:

- kurz und klar sprechen

- gut zuhören und nachfragen,

- langsamer sein,

- Standpunkte durchhalten,

- Prioritäten setzen,

- Selbstdisziplin entwickeln.

Initiative Eltern müssen lernen, einige der Fähigkeiten der Ds und Gs anzuwenden, damit sie nicht einen zu nachgiebigen Erziehungsstil praktizieren.

- Kommunikation: Zeigen Sie mehr Festigkeit, wenn Sie Ihren Kindern Ihre Grenzen mitteilen. Zeigen Sie, daß Ihr Ja auch ein Ja bedeutet und Ihr Nein ein Nein. Lassen Sie sich nicht in anhaltende Diskussionen verwickeln, bei denen Sie Ihre Kinder überreden wollen. Denken Sie nicht, daß Sie immer genau erklären müßten, warum Sie wollen, daß eine bestimmte Aufgabe erledigt wird. Schweifen Sie nicht in lange Erzählungen ab. Kommen Sie sofort auf den Punkt! Bleiben Sie beim Thema! Konzentrieren Sie sich mehr darauf zuzuhören. Persönliche Gespräche unter vier Augen verlangen Verständnis dafür, was sich im Innern des anderen abspielt. Vermeiden Sie es zu übertreiben, damit Sie nicht unglaubhaft erscheinen. Gehen Sie mit dem, was Ihre Kinder sagen, vorsichtig um. Nehmen Sie nicht alles für bare Münze. Fragen Sie nach wichtigen Details, die sie sonst nicht erfahren würden.

- Tempo: Zeigen Sie ein niedrigeres Tempo, vor allem dann, wenn Sie Kinder mit einem niedrigen Tempo haben. Wenn Sie nicht vorsichtig sind, kann Ihr hohes Tempo bei Ihren Kindern ein großes Maß an innerem Streß und Druck verursachen.

- Toleranz: Machen Sie sich deutlich bewußt, daß es Ihnen schwerfällt, Nein zu sagen. Auch liebende Eltern müssen fest auf ihrem Standpunkt bestehen. Selbst wenn sich Ihre Kinder dann über Sie ärgern, werden Sie es Ihnen doch später einmal danken.

- Prioritäten: Konzentrieren Sie sich mehr auf Ihre Prioritäten und darauf, Verpflichtungen einzuhalten. Initiative Eltern sind auch deshalb so tolerant, weil sie hoffen, daß dann andere auch bei ihnen nachsichtig sind, wenn sie selbst ihre Prioritäten vernachlässigen. Entwickeln Sie Aktionspläne, wie Sie bestimmte Aufgaben zu Ende bringen werden und wie Sie mit den Details umgehen. Selbstdisziplin gibt Ihnen eine Basis, von der aus Sie auch Ihre Kinder zur Disziplin erziehen können.

- Der geistliche Aspekt: Machen Sie sich klar, daß der christliche Glaube und eine positive und optimistische Denkweise nicht dasselbe sind. Wenn Sie diese beiden Dinge durcheinanderbringen, kann dies bei Ihnen und Ihrer Familie zu unrealistischen Erwartungen führen.

Initiative Kinder

Wie für die initiativen Eltern ist auch für initiative Kinder das Lebensziel, Spaß zu haben und das Zusammensein mit anderen zu genießen.

Meine Frau Karen und ich luden neulich unseren Jugendpfarrer Brian mit seiner Frau zum Essen ein. Karen und unser Sohn Chad gingen in den Supermarkt, um noch ein paar Sachen einzukaufen. Als sie an einem Regal vorbeikamen, in dem Spielsachen lagen, zog Chad (gleichermaßen D und I) einen Lachsack aus dem Regal und sagte: „He, den kaufen wir und legen ihn unter Brians Stuhl!" Karen ist ein ausgesprochenes G. Da sie aber weiß, daß Chad ein initiativer Junge ist, sagte sie: „Super, genau das machen wir!" Sie verbündete sich mit ihm und heckte den Plan mit ihm zusammen aus, damit sein Trick funktionieren würde.

Chad, ein I-Kind: immer zu Scherzen aufgelegt

Initiative Kinder können einem ein Loch in den Bauch reden. So ist das auch bei Esther. Sie ist in einem Alter, in dem der Telefonhörer praktisch ständig an der Seite ihres Kopfes befestigt ist. Eines Tages hörte ihr Vater, wie sie ihrer Mutter gegenüber ein paar freche Bemerkungen machte. Er sagte zu ihr: „Esther, ich kann verstehen, wie du dich fühlst. Trotzdem kannst du mit deiner Mutter nicht so reden." Und er verbot ihr eine Woche lang das Telefonieren.

Telefonverbot ist für ein I die schlimmste Strafe.

Natürlich, einem I das Telefonieren zu verbieten, ist wie einem Durstigen das Wasser wegzunehmen. Nach einem Tag kam Esther zu ihrem Vater und sagte: „Papa, könntest du mir nicht einfach eine runterhauen, und wir vergessen das Ganze? Dieses Telefonverbot bringt mich um!"

Initiative Kinder sind ständig aktiv und wollen mit anderen zusammen aktiv sein. Einer meiner Freunde, der eine initiative Tochter hat, sagte zu mir: „Sie erträgt es nicht, alleine zu sein. Wenn sie zu mir sagt: 'Ich weiß nicht, was ich spielen soll', dann weiß ich, daß in Wirklichkeit nur keiner da ist, mit dem sie spielen könnte. Genauso hilft sie auch nicht gerne im Haushalt mit, es sei denn, meine Frau oder ich machen es mit ihr zusammen. Dann macht es ihr Spaß."

Erledigen Sie unangenehme Dinge mit dem I-Kind zusammen.

Kinder mit hohem I-Anteil haben viele wunderbare, kreative Ideen, führen diese aber oft nicht zu Ende, weil sie mittendrin das Interesse verlieren. Aussagen wie „Er ist wie ein Gummiball" oder „Sie kann nicht eine Minute stillsitzen" sind häufige Klagen von Eltern initiativer Kinder, weil diese impulsiv handeln und erst dann darüber nachdenken.

I-Kinder: kreativ, unstet,

Sie vertrauen allen. Für sie ist niemand ein Fremder und jeder ihr bester Freund.

vertrauensselig,

Sie sind sehr sensibel dafür, was andere Kinder von ihnen denken, weshalb sie unter der Feindseligkeit Gleichaltriger besonders leiden. Sie lieben

Wunsch nach Anerkennung,

die Menschen und wollen von ihnen geliebt werden. Von ihren Freunden akzeptiert zu werden kann für sie zu einer Besessenheit werden.

starke Gefühls-schwankungen,

Ihre Liebenswürdigkeit kann in Sekundenschnelle in Wut umschlagen, wenn sich ihnen jemand oder etwas in den Weg stellt. Ihre Gefühle sind eine schnelle Abfolge von Höhen und Tiefen. In einer Minute lachen sie, in der nächsten weinen sie, und schon lachen sie wieder. Aufgrund ihrer sich schnell verändernden Stimmungen kommen sie über Enttäuschungen schnell hinweg und machen aus einer schlechten Situation das Beste.

Streichel-einheiten sind wichtig.

Initiative Kinder zeigen ihre Gefühle offen und brauchen viele Streicheleinheiten. Chad ist ein sehr initiatives Kind, und jeden Abend gehe ich in sein Zimmer und drücke ihn ganz eng an mich. Dann kämpfen wir ein bißchen und sprechen ein Gute-Nacht-Gebet zusammen. Dann umarmt er mich fest und gibt mir einen Kuß. Vor seinen Freunden tut er so, als würde ihm dies gar nicht gefallen – wenn wir aber alleine sind und Schlafenszeit ist, geht er nicht ohne Umarmung und Kuß ins Bett.

Zum Umgang mit I-Kindern:

Hier sind einige Hinweise, wie Sie Kindern mit einem hohen I-Anteil helfen können, ihre Fähigkeiten vollständig zu entwickeln:

- Zeit für Spaß lassen,

- Nehmen Sie sich Zeit für Spaß. Setzen Sie sich dafür ein, daß ihr Zuhause ein warmer und freundlicher Ort ist.

- ermutigen,

- Ermutigen Sie initiative Kinder oft. Nennen Sie dabei ihre Stärken und was sie erreicht haben. (Hierauf werde ich in einem späteren Kapitel noch genauer eingehen.)

- klare Anweisungen geben,

- Schreiben Sie Ihre Anweisungen auf. Zeigen Sie initiativen Kindern, wie sie Worte in die Tat umsetzen können.

- mitträumen,

- Träumen Sie die Träume der Kinder mit. Lassen Sie sich von Ihrer Vorstellungskraft treiben, wenn Sie gemeinsam mit ihnen davon schwärmen, was man alles tun könnte und wo man überall hinfahren könnte – auch wenn es vielleicht nicht möglich ist, diese Träume zu verwirklichen. Sagen Sie einfach: „Es wäre großartig, wenn unsere ganze Familie zusammen in Hawai wohnen könnte. Was würdet ihr als erstes tun, wenn wir da wären?" Lassen Sie die initiativen Kinder träumen, ohne das Gefühl zu haben, Sie müßten sie auf den Boden der Realität zurückbringen.

- schnell belohnen und anerkennen,

- Belohnen Sie initiative Kinder sofort, wenn sie etwas gut gemacht haben, indem Sie ihnen Ihre Anerkennung und spezielle Anreize, wie Aufkleber oder Fähnchen, schenken.

- viel Zuwendung geben,

- Schenken Sie initiativen Kindern viel Zärtlichkeit. Sie brauchen sehr viel Zuneigung.
- Zeigen Sie Verständnis dafür, daß Kinder mit einem starken I-Anteil das

tun wollen, was alle anderen auch tun. Helfen Sie ihnen, bei Streit mit Gleichaltrigen und in anderen Problemsituationen standfest und direkt zu sein.

- Konfliktbereitschaft unterstützen,

- Helfen Sie initiativen Kindern, die Details eines Projekts oder einer Aufgabe zu planen.
- Vermeiden Sie es, kühl, unnahbar, distanziert, unpersönlich, zu stark aufgabenorientiert oder zu schweigsam zu sein. Initiative Kinder denken sonst, daß sie etwas falsch gemacht haben oder daß sie nicht mehr geliebt werden.

- Nähe vermitteln,

- Seien Sie nicht verurteilend. Kritisieren Sie Kinder mit hohem I-Wert nie vor anderen, besonders nicht vor ihren Freunden.

- nie öffentlich kritisieren,

- Sorgen Sie dafür, daß Ihre initiativen Kinder Freunde zum Spielen haben. Nutzen Sie ihren Drang nach Gesellschaft und unternehmen Sie viel mit ihnen, besonders in den ersten zehn Lebensjahren, in denen die Kinder viele Dinge gemeinsam mit ihren Eltern unternehmen wollen.

- nicht allein lassen.

Sind Sie ein hohes I?

Sie finden hier eine Liste der Verhaltensmuster, die für das ausgeprägte I charakteristisch sind. Denken Sie einmal über Ihr Verhalten und Ihr Verhältnis zu anderen Menschen nach. Kennzeichnen Sie diejenigen Aussagen, die Ihrer Meinung nach auf Sie zutreffen:

Die Checkliste: „Typisch I!"

— Ich rede gerne. Mir fehlen nie die nötigen Worte.

— Auf großen Festen fühle ich mich wohl.

— Es bereitet mir im Normalfall keine Probleme, mich mit Unbekannten zu unterhalten.

— Ich engagiere mich gerne für ein Projekt, solange ich es gemeinsam mit anderen tun kann.

— Ich kann andere gut zum Mitarbeiten/Mitmachen bei Projekten und Aktivitäten überreden.

— Beim Zusammensein mit anderen gewinne ich neue Energien. Ich bin nicht gern lange allein.

— Ich bin immer bereit, mich mit großer Begeisterung auf neue Aktivitäten zu stürzen.

— Ich sehe im allgemeinen nur die positive Seite der Dinge.

— Es fällt anderen nie schwer zu erraten, wie ich mich fühle.

— Ich habe keine Probleme, meine Meinung über irgendwelche Dinge/Themen auszudrücken.

- Ich genieße es, in einer großen Menschengruppe im Mittelpunkt zu stehen.
- Ich habe viele Freunde.
- Ich bin nicht immer so organisiert, wie ich es eigentlich sein sollte. Ich habe oft Probleme damit, ein Projekt zu Ende zu bringen. Ich springe häufig von einer Aktivität zur nächsten.
- Ich probiere sehr gerne neue Wege aus. Ich habe oft kreative und phantasievolle Ideen.

6. Das S – der stetige Typ

Es war seine Art, mit den Katzen zu spielen, die Barbara davon überzeugte, daß Buck ein guter Vater sein würde. „So zärtlich, wie er mit ihnen umging – er war so sanft und vorsichtig." Es gab aber noch mehr, was ihr an ihm gefiel: „Er ist zuverlässig. Er ist für dich da. Man kann sich auf ihn verlassen. Und er ist liebevoll." Barbara wuchs in einer Familie auf, in der Gefühle nicht offen gezeigt wurden. Als Buck das erste Mal zu ihr sagte: „Ich liebe dich!", brachte sie es nicht fertig, zu ihm die gleichen Worte zu sagen. Sie erzählte mir: „Ich wollte, daß er aufhört, so oft 'Ich liebe dich' zu mir zu sagen!"

Der Fels in der Brandung

Auch Sie kennen wahrscheinlich Menschen wie Buck. Menschen mit hohem S-Anteil sind der Fels in der Brandung. Sie sind der emotionale Ruhepunkt in Büro und Familie. Man fühlt sich in ihrer Nähe einfach wohl.

Sieben hervorstechende Eigenschaften des S

Sieben Eigenschaften des S:

- Treu: Sie gehen mit uns durch dick und dünn. Sie erdulden viel, sind aufopferungsbereit und loyal. Sie bleiben bei einer Aufgabe, bis diese erledigt ist, und sind für ihr jeweiliges Alter erstaunlich konsequent. Ist diese an sich positive Eigenschaft zu ausgeprägt, kann ein hohes S leicht eigensinnig werden.

1. treu,

- Team-Mensch: Stetige Menschen sind aufopferungsbereit, rücksichtsvoll und ganz für das Team da, sei es in der Familie oder am Arbeitsplatz. Sie sind kooperativ und bevorzugen es, keine Entscheidungen zu treffen, die den Status quo verändern könnten.

2. kooperativ,

- Sie bevorzugen Bekanntes: Menschen mit einem hohen S-Anteil brauchen die Sicherheit einer Struktur und der Routine. Deshalb wollen sie, daß bestimmte Aufgaben zu ganz bestimmten Zeiten und in einer bestimmten Reihenfolge getan werden. Sie fühlen sich dann am wohlsten, wenn sie Aufgaben erledigen können, die sie bereits gewohnt sind und die sie zuvor schon auf die gleiche Weise gemacht haben. Sie mögen unvorhersehbare Veränderungen oder Überraschungen nicht und brauchen viel Zeit, um sich an Veränderungen anzupassen, die sich nicht vermeiden lassen. Sie mögen Veränderungen deshalb nicht, weil diese ihr Gefühl der Sicherheit gefährden. Aus diesem Grund bestehen sie häufig hartnäckig darauf, daß die Dinge so beibehalten werden, wie sie sind. Für die stetigen Menschen ist Stabilität innerhalb der Familie von sehr großer Bedeutung.

3. hält am Bestehenden fest,

- Anderen dienen: Das oberste Ziel der stetigen Menschen ist es, anderen zu helfen. Sie warten nicht, bis sie darum gebeten werden. Sie finden ihr Glück

4. dient anderen,

darin, die Bedürfnisse anderer zu erfüllen. Oftmals wollen sie lieber einem anderen folgen, als selbst die Führung zu übernehmen.

5. bescheiden, • Bescheiden: Menschen mit starken S-Merkmalen stehen nicht gerne im Rampenlicht oder im Mittelpunkt. Sie geben nicht mit ihren Erfolgen an, und obwohl sie das Gefühl brauchen, daß sie geschätzt werden, wollen sie nicht, daß um ihre Person ein großer Wirbel gemacht wird. Sie achten darauf, daß ihr Verhalten anderen gegenüber höflich, zurückhaltend und doch freundlich ist. Sie wollen nicht als stolz oder aufdringlich gelten. Wenn ihrer Person zu viel Aufmerksamkeit geschenkt wird, vor allem in der Öffentlichkeit, fühlen sie sich unwohl.

6. harmonie- • Setzt sich für andere ein: Stetige Menschen sind in ihren Beziehungen
bedürftig, herzlich und locker. Ihr höchstes Ziel ist es, die Harmonie einer Beziehung zu bewahren, weshalb sie auch die Fehler anderer tolerieren. Wenn sie andere auf ihre Fehler hinweisen, tun sie dies selten auf eine grobe Weise. Sie haben möglicherweise nicht ganz so viele Freunde wie das hohe I, sind aber sehr loyal und setzen sich für ihre Freunde ein. Sie tragen in der Brieftasche immer einen Stapel Familienfotos mit sich. Ihre Beziehungen zu anderen sind eng und dauern ein ganzes Leben.

7. pragmatisch. • Pragmatisch: Menschen mit hohem S-Wert gehen Aufgaben praktisch an und gehen Schritt für Schritt vor. Bevor sie handeln, denken sie gründlich nach. Sie möchten wissen, wie die Dinge zu tun sind und zwar von Anfang bis zum Schluß. Wegen ihrer praktischen Denk- und Handlungsweise sind die meisten Menschen der Ansicht, daß es leicht ist, mit ihnen zusammen zu leben oder zu arbeiten.

Gute Unter- Stetige Menschen besitzen die natürliche Fähigkeit, andere zu beraten,
stützer, Zuhörer und können andere sehr gut unterstützen. Sie zeigen Mitgefühl und sind gute
und Friedens- Zuhörer. Sie sind gute Diplomaten und Friedensstifter. Sie verabscheuen auf-
stifter ... dringliches oder aggressives Verhalten. Sie leiden darunter, wenn sie von anderen unpersönlich behandelt werden. Ihre wichtigste Frage ist: „Wie wird
... werden leicht das, was Sie mir da vorschlagen, mich selbst, meine Arbeit, meine Familie
ausgenutzt. und mein Leben verändern?" Ihre größte Stärke ist, daß sie zuverlässig und kooperativ sind und anderen Unterstützung bieten. Ihre größte Schwäche ist, daß sie von anderen leicht ausgenutzt werden können. Sie sind oft zu sensibel. Außerdem weigern sie sich häufig, sich zu verändern, auch wenn diese Veränderung für sie selbst das Beste wäre.

Ein Beispiel aus der Bibel

Die Bibel beschreibt uns Abraham als einen Mann, der sehr viel vom Verhalten eines hohen S zeigt. In 1. Mose 13 z.B. wird beschrieben, wie er mit seiner Frau Sarah und seinem Neffen Lot an einer Stelle namens Bethel siedelt. Weil beide Männer sehr große Herden besaßen, war es für die beiden schwer, zusammenzubleiben, ohne daß sich die Hirten Abrahams und die Hirten Lots untereinander stritten. So schritt Abraham, der Friedensstifter, ein und sagte: „Laß doch nicht Zank sein zwischen dir und mir und zwischen meinen und deinen Hirten; denn wir sind Brüder. Steht dir nicht alles Land offen? Trenne dich doch von mir! Willst du zur Linken, so will ich zur Rechten, oder willst du zur Rechten, so will ich zur Linken." (1. Mose 13,8-9)

Abraham – ein Stetiger.

Und jetzt frage ich Sie: Wie hätte sich ein ausgeprägtes D wie Paulus in dieser Situation wohl verhalten? Vielleicht so: „Schau mal, Lot, du reist mit mir, nicht wahr? Ich trage also die Verantwortung. Ich habe dir einen Gefallen getan, als ich dir erlaubt habe, mitzukommen. Es wäre also besser für dich, du würdest deine Herden von meinen Herden fernhalten. Sprich mit deinen Männern und mach ihnen das klar, sonst . . .!"

Wie wäre Paulus wohl mit Lot umgesprungen?

Abraham jedoch war dazu bereit, Lot die Wahl zu überlassen, welche Gegend er für sich haben wollte. Lot suchte die Gegend aus, die er für sich als die beste betrachtete – die üppigen, grünen und wasserreichen Gebiete am Jordan, bei Sodom und Gomorra – und zog Richtung Osten. Abraham vollzog keine großen Veränderungen und lebte weiterhin in Kanaan. Er verhielt sich wie ein richtiges S: Er wollte Frieden stiften, und er wollte das Beste für alle Beteiligten.

Stetige Eltern

Eltern mit einem hohen S-Anteil bieten ihren Kindern ein starkes Gefühl der Sicherheit. Sie sind ganz darauf ausgerichtet, die Bedürfnisse ihrer Kinder zu erfüllen, oft auf Kosten ihrer eigenen Person. Sie kümmern sich sehr zärtlich um ihre Kinder, vor allem, solange sie Babys sind. Sie schenken ihren Kindern große Aufmerksamkeit und achten auf ihre Sicherheit.

S-Eltern sind opferbereit.

Sie geben ihren Kindern ein starkes Familienzugehörigkeitsgefühl. Sie schaffen ein herzliches, gemütliches und unterstützendes Zuhause, bei dem die Menschen und die Familientraditionen der wichtigste Faktor sind. Stetige Eltern führen auch gerne neue Familientraditionen ein.

Das Wichtigste ist die Familie.

Herausfinden, was einer braucht, bevor er es selbst merkt.

Meine Mutter war ein hohes S. Für sie hatten das Zuhause und die Familie höchste Priorität. Sie war liebevoll, sorgte sich um uns und hatte ein feines Gespür für meine Wünsche und die meines Vaters. Sie ging nicht gerne Risiken ein und hatte es gerne, wenn die Dinge im Gleichgewicht waren. Ich wuchs in einem sicheren und friedlichen Zuhause auf. Wir verbrachten unsere Abende gemeinsam auf der Couch und genossen das Zusammensein in aller Ruhe und Beschaulichkeit.

Meine Mutter liebte es, anderen zu dienen – es war ihre besondere Gabe. Es machte ihr besonders viel Spaß, herauszufinden, was ein anderer Mensch brauchte, noch bevor er selbst überhaupt wußte, was er wollte. Wenn mein Vater und ich im Wohnzimmer saßen und fernsahen, kam sie herein und fragte: „Möchtet ihr etwas zu trinken haben?"

Ich überlegte dann und sagte: „Jetzt, wo ich darüber nachdenke, fällt mir ein, daß eine Cola gar nicht so schlecht wäre." Und bevor die nächste Szene des Films vorbei war, stand sie schon da und brachte uns zwei Gläser Cola. Sie bediente uns von vorne bis hinten.

Ja, und heute habe ich meine Frau Karen (ein hohes G). Sie kümmert sich darum, daß ich das bekomme, was ich will – aber mit *meinen eigenen* Händen und meinen eigenen Füßen. Das hat sie von *ihrer Mutter*. Als Karen und ich noch nicht verheiratet waren, saßen wir eines Abends bei ihren Eltern und sahen fern. Als ich im Verlauf des Abends zu Karen (in Gegenwart ihrer Mutter) sagte: „He, hättest du nicht Lust, mir etwas zu trinken zu bringen?", schaute ihre Mutter mich an, stand auf, kam zu mir herüber, nahm mich beim Arm und zeigte mir den Vorratsraum und den Kühlschrank, damit ich mir die Dinge dort selbst holen könnte, die ich wollte.

Beliebt wegen ihrer Stetigkeit und Ausdauer.

Als ich zur Universität ging, begann meine Mutter wieder im Rathaus zu arbeiten. Die Menschen, mit denen sie dort zusammenarbeitete, schätzten ihre Stetigkeit und ihre Ausdauer und daß sie sich an ihrem Arbeitsplatz so sehr einsetzte. Als sie 1984 starb, kamen Hunderte von Menschen zu ihrer Beerdigung, die mir alle sagten, wie sehr sie ihren sensiblen und ehrlichen Charakter gemocht hatten.

Gott als Vorbild

An keiner Stelle der Bibel wird so deutlich wie in Psalm 23, daß Gott ein stetiger Vater ist. Dieser bekannte Psalm beschreibt das ruhige und friedliche Verhältnis, zu dem uns Gott führen will:

Auch Gott hat S-Anteile:

> „Der HERR ist mein Hirte,
> mir wird nichts mangeln.
> Er weidet mich auf einer grünen Aue
> und führet mich zum frischen Wasser.
> Er erquicket meine Seele.
> Er führet mich auf rechter Straße um seines Namens willen.
> Und ob ich schon wanderte im finstern Tal,
> fürchte ich kein Unglück;
> denn du bist bei mir,
> dein Stecken und Stab trösten mich.
> Du bereitest vor mir einen Tisch
> im Angesicht meiner Feinde.
> Du salbest mein Haupt mit Öl
> und schenkest mir voll ein.
> Gutes und Barmherzigkeit werden mir folgen mein Leben lang,
> und ich werde bleiben im Hause des Herrn immerdar."

Psalm 23: „Der Herr ist mein Hirte ..."

An anderen Stellen in der Bibel wird Gott als unser Helfer beschrieben (Psalm 33,20; 46,2; 121,1; 124,8; Jesaja 41,10; Hebräer 13,6), als unser Erlöser (Psalm 103,4), unser Tröster (2. Korinther 1,3-4) und als unser Freund (Johannes 15,13-15). Alle diese Bibelstellen beschreiben die stetige, gütige und liebende Natur Gottes.

Gott als Helfer, Erlöser, Tröster, Freund

Als Antwort auf das unterstützende Verhalten Gottes, unseres Vaters, können wir dem Versprechen in Klagelieder 3,22-26 vertrauen und unsere Hoffnungen in seine Hand geben:

Gott ist verläßlich und treu.

> „Die Güte des Herrn ist's, daß wir nicht gar aus sind,
> seine Barmherzigkeit hat noch kein Ende,
> sondern sie ist alle Morgen neu,
> und deine Treue ist groß.
> Der Herr ist mein Teil, spricht meine Seele;
> darum will ich auf ihn hoffen.
> Denn der Herr ist freundlich dem, der auf ihn harrt,
> und dem Menschen, der nach ihm fragt.
> Es ist ein köstlich Ding, geduldig sein
> und auf die Hilfe des Herrn hoffen."

Gefahren des stetigen Erziehungsstils

Wo S-Eltern
Probleme haben

Eine allgemeine Schwäche der Menschen mit einem hohen S-Anteil ist, daß sie ihre Bedürfnisse zu sehr an die Bedürfnisse anderer anpassen.

Sie sind aus-
nutzbar ...

Sie sorgen sich so sehr darum, daß andere glücklich sind, und haben so große Angst davor, eine Beziehung zu verlieren, daß sie sich oft von anderen ausnutzen lassen.

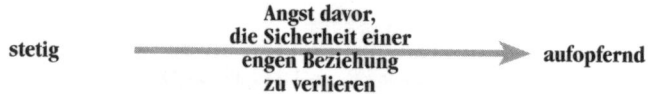

| stetig | **Angst davor,**
die Sicherheit einer
engen Beziehung
zu verlieren | aufopfernd |

... oder lassen
sich sogar
betrügen.

Ein Freund erzählte mir neulich von einem Ehepaar, das er betreute. Die Frau hatte ein Verhältnis, und ihr Mann wußte davon. Er sagte: „Es gefällt mir zwar nicht, aber ich will, daß sie glücklich ist!" Mein Freund war sehr überrascht. Wie konnte dieser Mann einfach so mit ansehen, wie seine Frau ihn betrog?

Mein Freund betrachtete dann das DISG-Profil dieses Mannes und fand heraus, daß er ein extremes S war. Daraufhin sagte er zu diesem Mann: „Ich weiß, daß es Ihr Wunsch ist, andere glücklich zu machen, aber das geht zu weit. Wenn Sie Ihre Frau wirklich lieben, werden Sie es nicht akzeptieren, daß sie Sie mit einem anderen Mann betrügt." Es stellte sich dann heraus, daß das zu selbstlose Verhalten des Mannes seine Frau dazu veranlaßte zu denken, daß ihm ihre Ehe egal sei.

Kinder von
S-Eltern bleiben
unselbständig.

Wenn diese Geschichte auch ein bißchen außergewöhnlich ist, so zeigt sie uns doch die Gefahren einer zu großen Selbstaufopferung. Stetige Eltern geben sich oft so viel Mühe, alle Bedürfnisse ihrer Kinder zu erfüllen, daß sie den Reifungsprozeß ihrer Kinder verzögern. Diese müssen dann, wenn sie erwachsen sind, ganz unvorbereitet ihr Leben selbst in die Hand nehmen.

Foster Cline und Jim Fay beschreiben in ihrem ausgezeichneten Buch *Parenting with Love and Logic* (Erziehung mit Liebe und Logik) solche Eltern als „Helikopter-Eltern":

„Manche Eltern denken, Liebe zu ihren Kindern bedeutet, daß sich ihr Leben ganz um das ihrer Kinder dreht. Immer wenn es Ärger gibt, schweben sie heran und retten ihre Kinder. Sie bringen ständig vergessene Pausenbrote und Hausaufgaben zur Schule, sie holen ihre Kinder unaufhörlich aus der Klemme. Nicht ein Tag vergeht, an dem sie ihren Sohnemann nicht vor etwas beschützen – im allgemeinen vor einer Lernerfahrung, die der Kleine gebraucht oder verdient hätte. Sobald die

Kleinen ein SOS-Signal geben, stürzen die sich ständig in der Nähe aufhaltenden Helikopter-Eltern heran und retten ihre Kinder vor Lehrern, Spielkameraden und anderen Gefahren."

Die Autoren schreiben weiter, wie diese „liebenden" Eltern, die denken, daß sie ihrem Kind so den Weg zum Erwachsensein bahnen, ihre Kinder in Wirklichkeit für einen jahrelangen Kampf vorprogrammieren. Denn diese Kinder treffen völlig unvorbereitet auf die Herausforderungen des Lebens.

S-Eltern beschützen ihre Kinder - oft vor wichtigen Erfahrungen!

Ich kenne eine Helikopter-Mutter, die ihre Kinder nicht mit den Kindern der Nachbarschaft spielen läßt, weil sie Angst davor hat, daß sich ihre Kinder einen Schnupfen holen könnten. Und während sie ihre Kinder so vor Bazillen behütet, hemmt sie ihre soziale und emotionale Entwicklung.

Ein anderes Problem bei stetigen Eltern ist, daß sie zu schnell Ja sagen, um Streit zu vermeiden. Sie wollen um jeden Preis den Frieden erhalten.

S-Eltern sind oft zu nachgiebig.

Kind:	„Mama, kaufst du mir diese roten Schuhe?"
Mutter:	„Nein, Chelsea. Darüber haben wir doch schon geredet. Du brauchst ein Paar weiße Schuhe für dein Sonntagskleid und ein Paar schwarze für die Schule. Heute können wir nur ein Paar Schuhe kaufen, entweder weiße oder schwarze."
Kind:	(laut und aufgeregt): „Ich will aber die roten!"
Mutter:	„Nein, wir haben nicht genügend Geld für zwei Paar Schuhe."
Kind:	„Ich hasse dich. Du kaufst mir nie das, was ich will."
Mutter:	„Solche häßlichen Dinge sagt man nicht. Du weißt, daß du mich nicht haßt. Und außerdem solltest du etwas leiser reden. Die Leute schauen schon zu uns herüber."

Kind:	(noch viel lauter): „Ich hasse dich wirklich, und es ist mir egal, wer zuhört."
Mutter:	„Schon gut, beruhige dich wieder. Wir kaufen die roten Schuhe, aber nur dieses eine Mal. Und du mußt mir versprechen, daß du außer den Schuhen nichts anderes mehr möchtest."
Kind:	„Okay. Ich verspreche es!"

„Schon gut. Du kriegst deinen Willen, aber dann sei still!"

Andere nehmen die Opferbereitschaft irgendwann als selbstverständlich hin.

Wenn man Kindern immer wieder erlaubt, Grenzen zu übertreten, ist dies auf lange Sicht für die Kinder schädlich. Kinder, deren Eltern immer auf ihre Wünsche eingehen, können von ihnen zu abhängig werden und sind es oft noch, wenn sie schon lange erwachsen sind.

Und noch eine Sache: Stetige Eltern, die zu sehr auf die Wünsche ihrer Kinder eingehen und dabei ihre eigenen Wünsche vernachlässigen, haben große Probleme damit, anderen ihre Gefühle mitzuteilen, vor allem, wenn sie sich erschöpft oder ausgenutzt fühlen. Da diese Eltern daran gewöhnt sind, persönliche Opfer zu bringen, um die Bedürfnisse anderer zu erfüllen, fressen sie ihre Unzufriedenheit in sich hinein, wenn sie das Gefühl haben, daß sie keine Anerkennung erhalten. Sie haben oft das Gefühl, daß ihr Einsatz von anderen einfach als etwas Selbstverständliches angesehen wird.

Darauf sollten S-Eltern achten:

Was aufopfernde Eltern brauchen

- Gefühle zeigen, besonders Ärger,

- Kommunikation: Zeigen Sie Ihre Gefühle offener. Sagen Sie, wenn Sie sich über etwas ärgern, anstatt Ihre Gefühle und Ihren Frust in sich hineinzufressen. Seien Sie entschlossener, halten Sie sich strikt an die Regeln, die Sie für sich selbst festgelegt haben.

- Initiative übernehmen,

- Tempo: Es gibt Zeiten, in denen Sie ein höheres Tempo zeigen und sich so aus ihrer Sicherheitszone herauswagen müssen. Übernehmen Sie häufiger die Initiative, wenn es erforderlich ist.

- die Kinder mit Schwierigkeiten selbst fertig werden lassen,

- Prioritäten: Ihre Liebe und Sorge für Ihre Familie sind vorbildlich. Erlauben Sie es sich jedoch nicht, zum ständigen Retter zu werden, der die Kinder immer wieder aus dem Schlamassel zieht. Geben Sie Ihren Kindern die Gelegenheit, die natürlichen Konsequenzen ihrer Handlungen kennenzulernen. Damit Ihre Kinder zu verantwortungsbewußten Erwachsenen heranwachsen, ist es unerläßlich, daß sie lernen, mit den Schwierigkeiten fertigzuwerden, in die sie sich selbst hineinmanövriert haben. Wie oft Sie Ihr Kind in einer solchen Situation sich selbst überlassen sollten, hängt vom Alter und vom Verhaltensstil Ihres Kindes ab.

- Veränderungen: Erkennen Sie, daß Veränderungen unvermeidbar sind. Familien ziehen um, Kinder werden erwachsen und ziehen aus . . . die Dinge bleiben einfach nicht gleich. Bewahren Sie sich die Vergangenheit anhand von Traditionen, Sammlungen und Erinnerungsstücken, und haben Sie keine Angst vor richtigen und nötigen Veränderungen.

- das Positive an Veränderungen entdecken,

- Umgang mit sich selbst: Es ist nicht ungeistlich oder lieblos, sich Zeit für sich selbst zu nehmen. Planen Sie mindestens ein Ereignis pro Woche ein, bei dem Sie Ihren emotionalen Tank wieder auffüllen können, den Sie für andere so gerne leeren.

- einmal pro Woche: Zeit für sich selbst nehmen!

Stetige Kinder

Eine Sache, um die Sie sich bei Kindern mit einem hohen S-Anteil keine Sorgen machen müssen, ist, ob sie auch Freunde haben. Sie schließen zwar nicht so schnell Freundschaften wie initiative Kinder, suchen sich aber ihre Freunde gut aus und haben einige wenige sehr gute Freunde. Stetige Kinder sind ruhig, gelassen und machen sich Gedanken darüber, wie sie anderen eine Freude bereiten können. Sie sind bei anderen Kindern beliebt, weil sie sich gerne anpassen. Wenn Sie ein stetiges Kind haben, werden andere Eltern wahrscheinlich oft zu Ihnen sagen: „Ihr Kind versteht sich so gut mit unseren, und es ist so pflegeleicht, wenn es bei uns zu Besuch ist!"

S-Kinder haben einige, gute Freunde . . .

Stetige Kinder sind gerne Teil einer Gruppe, weshalb sie beim Sport sehr gute Team-Spieler sind. Da stetige Kinder ein niedriges Tempo haben, gehen sie an neue Projekte nicht schnell heran, sondern bevorzugen es, methodisch vorzugehen.

. . . und sind gern ein Teil einer Gruppe.

Stetigen Kindern sollte man immer genau erklären, wie man bestimmte Dinge tut. Es wäre nicht der richtige Weg, einem stetigen Kind einfach zu sagen, es solle belegte Brote richten, und es dann sich selbst zu überlassen. Nehmen Sie sich ein paar Minuten Zeit und zeigen Sie ihm Schritt für Schritt, wie es das tun soll. Beim nächsten Mal wird es sich genau an diesen Ablauf halten. Dies ist ein sehr wichtiger Punkt, den sich jeder Lehrer bewußt machen sollte. Es passiert sehr häufig, daß stetige Kinder schlechte Arbeiten abliefern, und zwar nur deshalb, weil sie nicht wissen, wie sie diese Aufgaben genau machen sollten, und weil sie möglicherweise zu schüchtern sind oder es ihnen zu peinlich ist, zu fragen.

Erklären Sie S-Kindern genau das „Wie!"

Stetige Kinder können mit festen, genau definierten Abläufen, die zur Routine geworden sind, sehr gut leben. Sie fühlen sich am wohlsten und sichersten, wenn sie sich in einer vertrauten Umgebung befinden. Sie befürchten Veränderungen des Status quo und setzen sich dafür ein, daß die Dinge „beim alten" bleiben. Sie lieben keine Überraschungen oder Unterbrechun-

S-Kinder müssen auf Veränderungen vorbereitet werden . . .

gen bei den Dingen, die sie gewohnt sind. Ständige Veränderungen, Durcheinander und Krisen verursachen bei stetigen Kindern eine große innere Unruhe. Sie sollten es bereits lange vorher wissen, wenn größere Veränderungen bevorstehen. So leiden stetige Kinder sehr viel mehr unter familiärer Instabilität als andere Kinder. Sie empfinden einen ungeheuren Streß, wenn die Ehe ihrer Eltern nicht in Ordnung ist.

Viele Eltern sagen, daß ihre stetigen Kinder leicht zu erziehen sind. Eine große Herausforderung für die Eltern ist es hierbei, die Tatsache, daß ihr Kind immer nachgibt, nicht auszunutzen.

... brauchen familiäre Geborgenheit,

Stetige Kinder kommen mit allen Menschen gut zurecht und fühlen sich vor allem mit beziehungsorientierten Eltern wohl. Stetige Kinder haben manches Mal innerlich zu kämpfen, wenn beide Eltern hohe Ds oder Gs sind oder wenn sie in einem sehr stark aufgabenorientierten Umfeld leben. Sie brauchen enge Beziehungen, um sich entwickeln zu können.

... sind ausnutzbar.

Unsere Freundin Sandra Merwin ist Lehrerin, Familienberaterin und Autorin. Sie kennt eine Unmenge Anekdoten von Erlebnissen mit Kindern der verschiedenen DISG-Verhaltensstile. Um die Ruhe und Gelassenheit stetiger Kinder zu illustrieren, erzählte sie mir die Geschichte von Jim, der gerne in die Basketballmannschaft seiner Schule aufgenommen werden wollte. Seine Eltern wußten, daß er ein guter Spieler war, und als er nach dem Probetraining heimkam und sagte, daß er nicht in die Mannschaft aufgenommen worden war, waren sie geschockt. Als sie ihn fragten, was passiert war, erzählte Jim, daß jeder der Anwärter für die Basketballmannschaft einen Wurf auf den Korb frei hatte. Dieser Wurf entschied, ob er in die Mannschaft aufgenommen wurde. Und Jim verfehlte bei diesem Wurf den Korb.

S-Kinder ziehen sich bei Streß zurück ...

Seine Eltern waren sprachlos. Wie konnte ein Trainer mit einem so verrückten Test feststellen, wer ein guter Spieler war? Sogar Michael Jordan könnte unter solchen Umständen seinen einzigen Versuch verfehlen. Später erfuhren sie, daß der Trainer diesen einen Wurf dafür verwendete, um den Kampfgeist der Spieler zu testen und festzustellen, wieviel den einzelnen daran lag, in die Mannschaft aufgenommen zu werden. Diejenigen Spieler, die den Trainer um eine weitere Chance gebeten hatten, durften es noch einmal versuchen. Aber Jim fand sich einfach mit seinem Schicksal ab und verließ das Spielfeld.

... und finden sich mit ihrem Schicksal ab.

Etwas später bekam Jim doch noch die Chance, seinen Traum wahrzunehmen. Er wurde in die zweite Basketballmannschaft seiner Universität aufgenommen und hatte die Gelegenheit zu beweisen, daß auch stetige Kinder Kampfgeist besitzen. Schon wenige Wochen später spielte er in der ersten Basketballmannschaft seiner Universität.

Stetige Kinder mögen keine Veränderungen. Sie ändern nicht gerne ihre

Zeitplanung, und die Aussicht, in ein anderes Haus oder eine andere Stadt zu ziehen, verursacht ihnen großen Streß. Ein Mädchen, deren Eltern beide hohe Ds mit einem hohen Tempo sind, die Veränderungen lieben, schrieb in einer Hausaufgabe: „Niemand in meiner Familie will mehrmals hintereinander das gleiche tun. Ich dagegen liebe es, immer wieder dieselben Dinge zu tun. Meine Mutter ist unaufhörlich mit sehr vielen Dingen beschäftigt. Ich mag es nicht, wenn ich viele Dinge auf einmal zu tun habe. Jeden Abend gehen wir irgendwo anders hin oder machen irgend etwas. Wenn ich groß bin, werde ich nicht ständig irgendwo hingehen oder irgend etwas anderes machen." Dieses arme Mädchen fühlte sich von seiner Familie wie ausgepreßt. Keiner nahm sich die Zeit, ihre Bedürfnisse zu verstehen.

„Niemand will mehrmals das gleiche tun - außer mir!"

S-Kinder brauchen Ruhe, Nähe und Geduld, um sich zu öffnen.

Hier sind einige Hinweise, wie Sie stetigen Kindern helfen können, ihre Fähigkeiten optimal zu entwickeln:

Zum Umgang mit S-Kindern:

- Bieten Sie stetigen Kindern ein so gesichertes und ausgeglichenes Zuhause wie möglich. Verringern Sie die Anzahl unvorhergesehener Veränderungen, indem Sie sie im voraus auf die Veränderungen vorbereiten. Denken Sie immer daran, daß stetige Kinder sehr viel Zeit brauchen, um sich auf Veränderungen vorzubereiten. Zwingen Sie sie nicht, schnelle Entscheidungen zu treffen oder sich zu schnell an etwas anzupassen.

- Geborgenheit und Ruhe bieten,

- Geben Sie stetigen Kindern möglichst die Gelegenheit, ihre Gefühle auszudrücken.

- Gefühle ausdrücken lassen,

- Helfen Sie stetigen Kindern, sich Ziele zu setzen, und belohnen Sie sie mit echter Anerkennung.

- mit ihnen Ziele besprechen,

- Geben Sie stetigen Kindern Ihre persönliche Unterstützung und sprechen Sie ihnen Mut zu.

- viel Unterstützung geben,

- Versuchen Sie auf alle Fälle, Ihre Versprechen zu halten. Sollte irgend etwas dazwischenkommen, das Sie daran hindert, ein Versprechen zu halten, müssen Sie Verständnis für die Enttäuschung des stetigen Kindes zeigen. Zeigen Sie ihm, daß es Ihnen leid tut und daß Sie mitfühlen. Bestehen Sie auf keinen Fall darauf, daß Ihr stetiges Kind vernünftig oder logisch reagieren soll.

- Versprechungen einhalten,

- Beantworten Sie die „Wie"-Fragen der stetigen Kinder. Rechnen Sie damit, daß Sie ihnen den Ablauf einer Sache Schritt für Schritt erklären müssen.

- Schritt-für-Schritt-Erklärungen geben,

- Seien Sie herzlich und persönlich, wenn Sie stetige Kinder bitten, eine Aufgabe für Sie zu erledigen.

- herzlich und persönlich sein,

- Helfen Sie stetigen Kindern, Entscheidungen zu treffen, indem Sie ihnen schon früh die verschiedenen Auswahlmöglichkeiten nennen. Wenn Sie von ihnen gefragt werden, was Sie an ihrer Stelle tun würden, so antworten Sie: „Ich weiß es nicht genau. Was meinst du denn?"

- Hilfestellung bei Entscheidungen geben,

- nicht laut und
böse sprechen,
- nicht dominie-
rend werden,
- nicht Ent-
scheidungen
abnehmen,
- keine
Zustimmung
erzwingen.

• Achten Sie auf Ihren Ton. Wenn Sie laut und böse reagieren, verschließen sich stetige Kinder innerlich.

• Seien Sie weder dominierend noch fordernd.

• Treffen Sie nicht die Entscheidungen für Ihre Kinder. Zeigen Sie ihnen, wie sie Entscheidungen selbst treffen können.

• Zwingen Sie stetige Kinder nicht dazu, Ihre Meinung zu teilen; sie geben dann lieber nach, anstatt ihre eigenen Wünsche auszudrücken. Sie unterdrücken ihre Gefühle und zeigen diese erst später.

Sind Sie ein hohes S?

Die Checkliste:
„Typisch S!"

Sie finden hier eine Liste der Verhaltensmuster, die für ein hohes S charakteristisch sind. Denken Sie einmal über Ihr Verhalten und Ihr Verhältnis zu anderen Menschen nach. Kennzeichnen Sie diejenigen Aussagen, die Ihrer Meinung nach auf Sie zutreffen:

− Ich helfe Menschen gerne, wenn ich sehe, daß sie etwas brauchen.

− Ich bin ein guter Zuhörer; ich kann Leute, die aufgebracht sind, sehr gut beruhigen.

− Ich brauche eine Weile, um mich an Veränderungen zu gewöhnen; ich mag es lieber, wenn sich die Dinge nicht verändern.

− Im allgemeinen bin ich ein leicht umgänglicher Mensch.

− Wenn ich mich über etwas aufrege, behalte ich normalerweise meine Gefühle für mich.

− Ich pflege solide und lang anhaltende Freundschaften.

− Ich besitze die Fähigkeit, kurzfristig zu planen.

− Andere Menschen beschreiben mich als einen geduldigen Menschen, der sich nur selten beklagt. Normalerweise finde ich immer einen Weg, um Konflikte zu umgehen und den Frieden aufrechtzuerhalten.

− Menschen mit einem schnelleren Tempo werden schnell ungeduldig mit mir, weil ich ein langsameres Tempo besitze.

− Ich liebe keine Aufgaben, bei denen ich selbst überlegen muß, wie etwas getan wird. Wenn mir jemand zeigt, wie ich etwas tun soll, dann mache ich es auch gut.

− Andere Menschen fühlen sich in meiner Nähe im allgemeinen sehr entspannt.

− Oft habe ich ein zu weiches Herz.

− Ich kann auch gut führen, wenn es sein muß, aber im Normalfall folge ich lieber einem anderen.

- Ich bin gerne Teil eines Teams.
- Ich liebe ehrlich gemeintes Lob, werde jedoch leicht verlegen, wenn meiner Person zu viel Aufmerksamkeit geschenkt wird.
- Ich bin ein zuverlässiger Arbeiter. Ich nehme meine Arbeit sehr ernst.
- Es fällt mir oft schwer, schnelle Entscheidungen zu treffen.

7. Das G – der gewissenhafte Typ

Gs sind komplexe Menschen/Persönlichkeiten.

Von den vier primären Verhaltensstilen ist der gewissenhafte möglicherweise der komplexeste. Hohe Gs sind zurückhaltend und ruhig – und doch passiert unter dieser ruhigen Oberfläche oft sehr viel mehr, als die meisten Menschen wahrnehmen.

Hier sind einige Kommentare, die ich von anderen oft über die hohen Gs höre:

Vom Verhalten eines G wird man oft überrascht ...

„Er ist so ruhig, wenn man ihn zum erstenmal trifft. Wenn man ihn dann aber besser kennenlernt, erkennt man, daß er ein sehr interessanter Mensch ist."

„Bei Diskussionen in der Klasse beteiligt sie sich nie, aber an ihren Hausaufgaben kann ich erkennen, daß sie vom Thema mehr verstanden hat als die Kinder, die die ganze Zeit reden."

... weil sie nicht gleich alles zeigen.

„Ich habe gar nicht gewußt, daß sie so kreativ ist."

„Er kommt mir oft so gefühlskalt vor. Deshalb war ich sehr überrascht, als ich sah, wie liebevoll er mit seiner Frau und seinen Kindern umgeht."

Der erste Eindruck genügt nicht.

„Oft sitzt er bei unseren Besprechungen zwei Stunden lang da, ohne ein einziges Wort zu sagen. Er hört sich jede Meinung zu unserem Problem genau an. Und wenn er dann am Ende seine Meinung sagt, hat er meist die beste Lösung parat."

„Manches Mal denke ich, sie mag mich nicht. Aber dann kann sie auch wieder so herzlich und freundlich sein. Es ist schwer, aus ihr schlau zu werden."

Weil die hohen Gs von Natur aus sehr reserviert sind, sollte man beim Umgang mit ihnen immer daran denken, daß folgender Satz auf keinen Fall auf sie zutrifft: „What you see is what you get" (Was du siehst, ist das, was du bekommst). Der erste Eindruck genügt meist nicht, um diesen Verhaltensstil gut zu kennen.

Gs suchen Lösungen oft in sich selbst.

Die hohen Gs sind äußerst aufgabenorientiert, fähig, kompetent und qualitätsbewußt. Sie sind in sich zurückgezogene Menschen, die gerne allein sind und gerne unabhängig arbeiten.

Diese Unabhängigkeit entsteht aus einer gewissen inneren Stärke, d.h. der Neigung, zuerst in sich selbst nach Energiequellen und Ideen zu suchen. Diese Veranlagung erweckt bei anderen Menschen oft den Eindruck von Selbstvertrauen, Selbstsicherheit, Selbstdisziplin und Selbstbezogenheit.

Da sie emotional sehr zurückhaltend sind, behalten gewissenhafte Menschen ihre Gefühle für sich, anstatt sie anderen mitzuteilen. Sie sind sehr vorsichtig beim Aufbau neuer Beziehungen und warten normalerweise, bis der andere die Initiative übernimmt.

Sieben hervorstechende Eigenschaften des G

Sieben Eigen-schaften des G:

- Gs setzen sich hohe Maßstäbe: Sie messen ihre Person und ihr Verhalten an einem strengen und anspruchsvollen inneren Maßstab. Das, wofür sie mit ihrem Namen bürgen, muß von außerordentlicher Qualität sein. Wenn die hohen Gs ihren inneren Maßstäben nicht genügen können, verspüren sie Angst- und Schuldgefühle. Daß sie ihre selbst festgelegten Standards nicht erreichen können, ist oft der Grund für ein mangelndes Selbstvertrauen. Sie haben Angst davor, daß andere ihre Arbeit kritisieren könnten, und arbeiten sehr hart, um dies unter allen Umständen zu verhindern.

1. hohe Maß-stäbe,

- Menschen mit hohem G-Anteil konzentrieren sich auf wichtige Details: Sie schenken ihnen sehr große Aufmerksamkeit und erwarten dies auch von anderen. Sie wollen, daß ihre Aufgaben und Projekte perfekt sind bis ins Detail, ohne Fehler oder Mängel. Weil sie so viel Wert aufs Detail legen, sind sie nur selten im Unrecht.

2. legen Wert auf Details,

- Selbstdiszipliniert: Die hohen Gs nehmen ihre Arbeit ernst und setzen ihre Anstrengungen intensiv und zielstrebig ein. Selbstdisziplin ist für sie ein unerläßliches Instrument auf dem Weg zu Erfolg und guten Leistungen.

3. selbst-diszipliniert,

- Vorsichtig: Gewissenhafte Menschen bewegen sich auf allen Gebieten ihres Lebens vorsichtig, kalkulierend und wohlüberlegt. Sie meiden Risiken und neigen nicht zu wilden Exzessen. Sie tun nichts, ohne sich sicher zu sein, daß sie Qualitätsarbeit leisten. Es fällt ihnen nicht leicht, anderen ihre Gefühle mitzuteilen. Aus diesem Grund erscheinen sie ihren Mitmenschen oft kühl oder reserviert.

4. vorsichtig und reserviert,

- Analytisch: Gs werden von ihrem Kopf regiert. Sie untersuchen eine Situation und erstellen dann einen Aktionsplan, bevor sie handeln. Sie konzentrieren sich mehr auf das Denken als auf das Handeln; mehr auf Fakten als auf Gefühle. Sie sind sehr objektiv, lassen sich nur selten von Gefühlen und Launen leiten und handeln fast nie impulsiv.

5. analytisch,

- Sehr intuitiv: Da ausgeprägte Gs unaufhörlich Daten sammeln und verarbeiten, besitzen sie die Fähigkeit, Menschen und Situationen mit einer auf Logik basierenden Intuition genau einzuschätzen.

6. intuitiv,

- Gewissenhafte Menschen machen die Dinge genau richtig: Aufgrund ihrer analytischen Veranlagung treffen sie zuerst eine Entscheidung, welches der „richtige" Weg ist, bevor sie eine Aufgabe erledigen. Sie vertrauen darauf, daß ihr Weg der beste ist egal ob es sich um eine Investition in Millionenhöhe handelt oder darum, eine Geschirrspülmaschine einzuräumen. Gs können gut zwischen „richtig" und „falsch" unterscheiden, haben aber Schwierigkeiten, sich zwischen zwei „richtigen" oder „guten" Dingen zu entscheiden.

7. denken und erst dann handeln!

Gs bieten anderen nur sehr vorsichtig ihre Freundschaft an. Ihr oberstes

Qualität geht
vor Freund-
schaft.

Ziel ist es, die Qualität ihrer Arbeit zu gewährleisten. Hierbei sind die Menschen, die an dieser Aufgabe beteiligt sind, nicht so wichtig. Menschen und Freundschaften sind für hohe Gs zwar auch wichtig, stehen jedoch nicht an erster Stelle.

Gs scheuen
unüber-
sichtliche
Situationen ...

Da ausgesprochen gewissenhafte Menschen sehr reserviert sind, wenn sie mit anderen zusammen sind, muß man sie erst lange drängen und bitten, bevor sie vor anderen eine Rede halten oder eine Aufgabe übernehmen. Ihr natürlicher Verhaltensstil hält sie davon ab, mutig die Führung zu übernehmen. Dies bedeutet aber nicht, daß sie es nicht könnten. Es bedeutet einfach, daß es sie sehr viel mehr Energie kostet, weil sie ihre „Sicherheitszone" verlassen müssen.

... entscheiden
überlegt ...

Gs treffen Entscheidungen langsamer, weil sie die „richtigen" Entscheidungen treffen wollen. Sie gehen vorsichtig und überlegt vor und sammeln zuerst alle Fakten. Sie berücksichtigen auch die winzigsten Details und überdenken alle Möglichkeiten. Wenn sie aber einmal eine Entscheidung getroffen haben, dann lassen sie sich nicht mehr davon abbringen. Eine erstaunliche Eigenschaft der hohen Gs ist es, daß sie oft Schwierigkeiten damit haben,

... können aber
schlecht
abschalten:

abzuschalten und einzuschlafen. Um nicht im Bett zu liegen und alle Dinge zu analysieren, die ihnen durch den Kopf gehen, müssen die Gs bereits eine Stunde, bevor sie ins Bett gehen, versuchen, ihren „mentalen Computer" auszuschalten.

Eine Freundin erzählte mir, wie sie nach einem besonders anstrengenden Tag erschöpft ins Bett fiel. Ihr Mann fragte sie: „Was hast du morgen vor?" Sie antwortete ihm: „Fragst du das nur, um dich mit mir zu unterhalten, oder willst du es wirklich wissen? Ich möchte noch nicht über morgen nachdenken, solange ich es nicht muß."

Ihr Mann sagte: „Oh, ich wollte nur ein bißchen mit dir reden. Ich muß es nicht wissen."

Die Gedanken
bleiben wach.

Aber schon war es zu spät. Ihre Gedanken waren wieder wach, und sie hatte Schwierigkeiten einzuschlafen.

Genau - oder
pingelig?

Die größten Stärken der hohen Gs sind ihre Genauigkeit, Zuverlässigkeit, Unabhängigkeit, Organisation und ihr Durchhaltevermögen. Ihre größten Schwächen sind, daß sie oft pingelig sein können, sehr kritisch oder übertrieben vorsichtig.

Ein Jahr lang
Schuhe
ausgesucht!

Eine Bekannte erzählte mir, daß ihr Mann mehr als ein Jahr brauchte, um sich für die Schuhe zu seinem Anzug zu entscheiden. Sie machte sich nun große Sorgen, weil er beabsichtigte, ein neues Auto zu kaufen. Sie sagte: „Wenn er schon für die Schuhe ein Jahr gebraucht hat, wird das neue Auto wahrscheinlich erst dann in der Garage stehen, wenn der Halleysche Komet wieder an der Erde vorüberzieht."

Ein Beispiel aus der Bibel

Als Gott seine Gebote in Stein festschreiben wollte, wählte er sich hierfür Mose aus, ein hohes G. Er schrieb diese Gesetze für das Volk Israel ganz genau nieder und erklärte ihnen die Bedeutung dieser Gesetze. Wenn wir einmal die detaillierten historischen Beschreibungen der fünf Bücher Mose und die Fülle an Gesetzen (lesen Sie doch einmal das dritte Buch Mose) betrachten, wird uns deutlich, daß hier ein Mensch mit einer sehr analytischen und organisierten Denkweise nötig war, um die Gesetze Gottes aufs genaueste zu bewahren und weiterzugeben.

Mose als G

Gott gewann die Aufmerksamkeit Moses auf ganz andere Weise als bei Paulus. Auf der Straße nach Damaskus zwang Gott Paulus mit einem blendenden Licht in die Knie. Bei Mose verwendete er auch ein Licht, aber ein kleines, flackerndes auf einem Hügel. Wie es für ein G typisch ist, war seine Neugier geweckt, und er ging hin, um diese Stelle zu untersuchen.

Gott macht Mose neugierig ...

In 2. Mose 3 erklärt Gott Mose ganz detailliert – genau so, wie dies ein hohes G braucht – seinen Plan mit dem Volk Israel. Er erklärt Mose, warum er handelt (Vers 7), er gibt Mose eine Beschreibung seines Plans (Vers 8) und erläutert, welche Rolle Mose selbst in diesem Plan spielen wird (Vers 10). Gott erklärt Mose ganz detailliert, wer und was sein Volk aus der Gefangenschaft erretten wird und warum und wie es errettet wird.

... und gibt ihm detaillierte Erklärungen.

Mose stellte viele Fragen zu der Aufgabe, die er erfüllen sollte, und Gott beantwortete geduldig jede einzelne Frage. Aber Mose brauchte eine spezielle Rückversicherung, daß alles so ablaufen würde, wie es geplant war. In 2. Mose 4 finden wir drei Zeichen Gottes, die er Mose gab:

Mose hatte 1000 Einwände, und ...

— Er verwandelte einen Stab in eine Schlange.

... Gott ging darauf ein.

— Er verwandelte Moses gesunde Hand in eine aussätzige Hand und machte sie wieder gesund.
— Er verwandelte Wasser aus dem Nil in Blut.

Und Mose gingen die Ausreden aus. Dennoch wollte er dem Pharao nicht allein gegenübertreten. Deshalb brachte Mose – ganz typisch für ein G – noch ein weiteres Argument vor, warum er für diese Aufgabe nicht geeignet sei: er sei kein guter Redner! Gott begann die Geduld zu verlieren, aber erlaubte Mose, seinen Bruder Aaron mitzunehmen, damit dieser für ihn rede.

Die Geschichte Moses und die Geschichten der anderen Personen in der Bibel, die wir in den vorangegangenen Kapiteln kennengelernt haben, zeigen uns, daß Gott mit unterschiedlichen Menschen unterschiedlich umgeht. Gott scheint die Motivationen und Bedürfnisse eines jeden Verhaltensstils zu kennen und sein Verhalten an diese anzupassen. Dies ist auch die Art, wie er bei jedem einzelnen von uns handelt.

Gott wird jedem einzelnen gerecht!

Gewissenhafte Eltern

G-Eltern legen Wert auf ..."Richtigkeit"...

Eltern mit einem hohen G-Anteil sehen ihre erste Pflicht darin, sicherzustellen, daß ihre Kinder „richtig" werden. Sie lehren ihre Kinder, wie wichtig es ist, daß sie ihr Bestes geben und nach außerordentlich guten Leistungen streben – Qualitäten, die wahrhaftig zu bewundern sind. Sie wollen, daß ihre Kinder ihr Potential voll ausschöpfen und die nötigen Fähigkeiten für alles das besitzen, was sie tun.

... und halten ihre Kinder zum Forschen an.

Gewissenhafte Eltern ermutigen ihre Kinder, zu lernen, zu untersuchen und zu all den Dingen Fragen zu stellen, die sie interessieren. Sie bevorzugen es, auf einer tieferen, analytischeren Ebene mit ihren Kindern über bestimmte Themen zu diskutieren. Sie erklären gerne die Gründe für eine bestimmte Entscheidung. Sie ermutigen ihre Kinder dazu, nachzudenken, bevor sie handeln.

Sie lehren gern.

System und Sorgfalt

Die hohen Gs sind gute Zuhörer - besonders dann, wenn ihnen ihre Kinder oder ihr Partner Informationen geben, die sie für ihre Entscheidungen verwenden können. Sie sind nur schwer erregbar und können in einer friedlichen Umgebung sehr effektive Eltern sein. Aufgrund ihrer Bedürfnisse, Dinge genau zu erklären, erscheinen sie ihren Kindern wie Lehrer. Besonders Kinder mit einem hohen I- oder D-Wert erhalten oftmals mehr Informationen, als sie hören wollen.

Aufgrund ihrer reservierten Art erscheinen gewissenhafte Menschen manchmal gefühllos oder kühl. Die hohen Gs behalten ihre innersten Gefühle und ihre tiefsten Gedanken lieber für sich.

Meine Frau Karen ist ein ausgesprochenes G mit einem ebenfalls hohen S-Anteil. Sie ist sehr viel vorsichtiger, als ich es bin. Deshalb herrscht bei uns zu Hause eine große Ausgeglichenheit. Wenn wir in Urlaub fahren, macht sie eine lange Liste von all den Dingen, die wir brauchen. Bevor sie anfängt zu packen, geht sie ins Kaufhaus und kauft all die kleinen Dinge, die man zum Reisen braucht. Jeder Koffer und jede Tasche, die wir mitnehmen, ist an unserer Schlafzimmerwand aufgereiht und wartet darauf, gefüllt zu werden. Ich nenne sie oft die Familienpilotin, weil sie für jeden von uns zuerst einen sauber zusammengefalteten Kleiderstapel auf dem Bett errichtet und diesen erst dann in die Koffer packt.

Eher nimmt sie zuviel mit, als daß sie was vergißt.

Bei der Planung überlegt sie gründlich, was wir alles brauchen, damit dieser Urlaub erfolgreich wird – wo wir übernachten werden, welche Bekleidung wir für jedes Ereignis brauchen, Medizin für alle Fälle. Sie scheint es richtig zu genießen, alles zu planen und zu organisieren. Manchmal habe ich das Gefühl, daß wir zuviel mitnehmen, aber nur selten vergißt sie irgend etwas, das wir gebraucht hätten.

Sogar unsere Kinder verstehen ihren Verhaltensstil. Chads Lehrerin bat ihn einmal, ihr über seine Familie und sich selbst zu erzählen. Das erste, was er sagte, war: „Meine Mutter ist eine Planerin. Sie plant immer alles sehr genau, was sie tut. Ich bin kein Planer. Ich nehme die Dinge immer so, wie sie kommen."

Sie ist eine Planerin.

Im Laufe der Jahre habe ich Karens vorsichtige Art immer mehr schätzen gelernt. Einmal wollte ich ein gebrauchtes Auto kaufen. Ich wollte einen Honda Prelude und fand ein sehr schönes Exemplar mit wenigen gefahrenen Kilometern. Als ich nach Hause kam und Karen davon erzählte, sagte sie zu mir: „Schön, daß du gefunden hast, was du wolltest. Das einzige, was ich gerne hätte, ist, daß du es in eine Werkstatt bringst und untersuchen läßt, ob es keine größeren Mängel hat."

„Laß das Auto untersuchen, bevor du es kaufst!"

Ich wollte dieses Auto unbedingt haben und mich deshalb wirklich nicht lange mit solchen Dingen aufhalten. Also sagte ich: „Der Verkäufer des Autohauses hat mir versichert, daß dieses Auto keine Mängel hat. Und außerdem habe ich es genau angesehen und alles ausprobiert." Daraufhin meinte sie: „Ich habe nicht gesagt, daß du das Auto nicht kaufen sollst. Ich würde mich einfach nur sicherer fühlen, wenn du es zuerst inspizieren lassen würdest." Ich habe dann schließlich zugestimmt und den Wagen in die Werkstatt gebracht. Um es kurz zu machen: Das Auto hatte wirklich große Mängel, und der Automechaniker in dieser Werkstatt zeigte mir, mit wieviel Sorgfalt man

85

versucht hatte, über diese Mängel hinwegzutäuschen. Er sagte folgendes: „Herr Boyd, ich weiß, Sie wollen dieses Auto unbedingt haben. Aber ich würde es nicht kaufen. Ich denke, daß es nicht sicher ist." – Ich habe keinen Zweifel: Gott wußte, wir brauchten Karens vorsichtige und umsichtige Art, um unsere Familie zu beschützen.

G-Eltern argumentieren mit Vernunft ...

Eltern mit einem hohen G-Anteil vermeiden Konflikte und Konfrontationen. Sie versuchen, falsches Verhalten durch Logik und Vernunft zu korrigieren. Sie bevorzugen Strafen wie „Zeit zum Nachdenken" und ähnliche Einschränkungen, um so ihre Kinder dazu zu bewegen, darüber nachzudenken, was sie falsch gemacht haben.

... und achten auf Grenzen.

Gewissenhafte Eltern sind der Überzeugung, daß die Liebe auch ihre Grenzen hat, und achten im allgemeinen viel mehr auf existierende Grenzen.

Gott als Vorbild

Auch Gott hat G-Anteile: Er ruft zur Disziplin ...

Obwohl unser Gott ein Gott der Gnade und des Erbarmens ist, korrigiert er seine Kinder und ruft sie zur Disziplin, wenn sie ihr Leben unabhängig von ihm leben wollen. Aber seine Ermahnungen kommen immer aus seinem liebevollen Herzen, denn er weiß, was für uns letztlich das Beste ist: auf seinen Wegen zu wandeln, und seiner Wahrheit zu folgen. In Hebräer 12,6-11 ist dies auf folgende Weise beschrieben:

... und fordert zur Beachtung von Grenzen auf.

„Denn wen der Herr liebhat, den züchtigt er, und er schlägt jeden Sohn, den er annimmt. Es dient zu eurer Erziehung, wenn ihr dulden müßt. Wie mit seinen Kindern geht Gott mit euch um; denn wo ist ein Sohn, den der Vater nicht züchtigt? Seid ihr aber ohne Züchtigung, die doch alle erfahren haben, so seid ihr Ausgestoßene und nicht Kinder. Wenn unsere leiblichen Väter uns gezüchtigt haben und wir sie doch geachtet haben, sollten wir uns dann nicht viel mehr unterordnen dem geistlichen Vater, damit wir leben? Denn jene haben uns gezüchtigt für wenige Tage nach ihrem Gutdünken, dieser aber tut es zu unserm Besten, damit wir an seiner Heiligkeit Anteil erlangen. Jede Züchtigung aber, wenn sie da ist, scheint uns nicht Freude, sondern Leid zu sein; danach aber bringt sie als Frucht denen, die dadurch geübt sind, Frieden und Gerechtigkeit."

Als Antwort auf den korrigierenden Erziehungsstil unseres Vaters müssen wir zugestehen, wo wir falsch gehandelt oder uns unklug verhalten haben. Er verlangt auch, daß wir für die Wahrheit seines Wortes offen sind und uns von ihm belehren lassen.

In 2. Timotheus 3,16-17 erfahren wir:

> „Denn alle Schrift, von Gott eingegeben, ist nütze zur Lehre, zur Zurechtweisung, zur Besserung, zur Erziehung in der Gerechtigkeit, daß der Mensch Gottes vollkommen sei, zu allem guten Werk geschickt."

Gott leitet uns zu einem klugen Lebensstil an.

Die Bibel lehrt uns den richtigen Weg, wie wir in der Beziehung zu Gott und zu anderen leben sollen. Sie ermahnt uns und zeigt uns, wo wir vom rechten Weg oder von seiner Wahrheit abgekommen sind. Sie korrigiert uns und zeigt uns, wie wir auf den rechten Weg zurückkommen können und wie wir richtig leben. Sie zeigt uns, wie wir es vermeiden können, denselben Fehler noch einmal zu machen, und führt uns auf dem Weg zu einem klugen Leben. Unser himmlischer Vater hätte uns kein hilfreicheres und umfassenderes Buch schenken können.

Gefahren des gewissenhaften Erziehungsstils

Wenn Eltern mit starken G-Merkmalen sich von der Angst regieren lassen, einen Fehler zu machen, können sie leicht zu übertriebenem Perfektionismus neigen.

Wo G-Eltern Probleme haben:

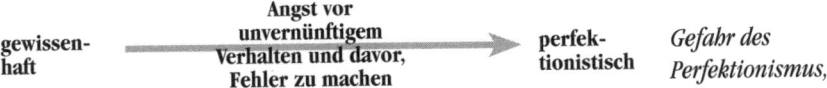

gewissen- haft	**Angst vor unvernünftigem Verhalten und davor, Fehler zu machen** ⟶	**perfek- tionistisch**

Gefahr des Perfektionismus,

Perfektionistische Eltern wollen, daß Aufgaben auf die „richtige" Weise erledigt werden. Sie dulden keine Abweichung von diesem Weg. Sie versuchen, die Kontrolle zu behalten, indem sie ihre Kinder dazu veranlassen, sich mit ihren hohen Standards zu identifizieren. Da sie so hohe Maßstäbe ansetzen, achten sie bei ihrer Erziehung vor allem darauf, daß ihre Kinder gute Leistungen erbringen. In ihren Augen sind nur diejenigen Eltern gute Eltern, deren Kinder sich einem ganz genau vorherbestimmten Plan anpassen.

entmutigen ihre Kinder durch zu hohe Standards.

Sie sind sehr ernst, kontrolliert und methodisch und halten sich an ihre Regeln. Es fällt ihnen schwer, auf emotionaler Ebene einen Bezug zu ihren Kindern herzustellen. Sie haben häufig Angst vor menschlicher Nähe und schrecken deshalb auch vor zu großer Nähe zu ihren Kindern zurück.

Eine perfektionistische Mutter sagte mir einmal, sie hätte nicht das Gefühl, ihren Kindern erst noch sagen zu müssen, daß sie sie liebt. „Ich brauche ihnen das nicht zu sagen. Sie müßten eigentlich wissen, daß ich sie liebe, nach all dem, was ich für sie getan habe."

Gewissenhafte Eltern haben Angst davor, Fehler zu machen, und vor allem davor, als „schlechte" Eltern dazustehen. Wie die autoritären Eltern finden auch die perfektionistischen immer etwas, das man beim nächsten Mal besser machen könnte. Zu ihren Kindern sagen sie dann: „Das hast du gut gemacht, *aber* . . ."

Dieses Gefühl, nie den Anforderungen der Eltern entsprechen zu können, kann auf Dauer das Selbstwertgefühl des Kindes zerstören. Es kann dazu führen, daß das Kind aufgibt und sich sagt: „Es hat keinen Sinn, wenn ich es wieder versuche. Ich werde es sowieso nie gut genug machen können." Die Einstellung der gewissenhaften Eltern wird hier ganz deutlich: Entweder du machst es richtig, oder du läßt es ganz.

Was perfektionistische Eltern brauchen

Um ihre Fähigkeiten bei der Erziehung ihrer Kinder zu ergänzen, sollten gewissenhafte Eltern einige Stärken der initiativen und stetigen Eltern einsetzen.

Diese Stärken werden gewissenhafte Eltern vor Perfektionismus bewahren und es ihnen ermöglichen, mehr Freude an ihren Kindern zu haben, ihre Kinder als Menschen zu betrachten, anstatt sich nur auf ihre Leistungen zu konzentrieren, und nicht alles so ernst zu nehmen.

Nicht alles so
ernst nehmen,
sondern nur das
Wesentliche!

• „Richtiges" Verhalten: Akzeptieren Sie die Tatsache, daß man nicht immer alles richtig machen kann. Das ist ganz normal. Ein ungesunder Perfektionismus kann in Ihren Kindern das Gefühl hervorrufen, daß alle ihre Versuche, Ihnen zu gefallen, fehlschlagen. Es ist nicht schlimm, wenn man hin und wieder einen Fehler macht. Und wenn Sie ein Kind haben, das gerne verschiedene Wege ausprobiert, um eine Aufgabe zu lösen, dann sollten Sie ihm hier Raum für Kreativität lassen.

- Konflikte: Stellen Sie sich Konflikten, anstatt sie zu vermeiden.
- Kommunikation: Hier sollten Sie verschiedene Dinge beachten: 1. Seien Sie offener, und zeigen Sie häufiger Ihre Gefühle. Erwarten Sie nicht von Ihrer Familie, Ihre Gedanken lesen zu können. 2. Achten Sie darauf, daß Sie die Dinge nicht über-analysieren und dann Ihre Familie mit zu vielen Erklärungen oder Details überfordern. Nicht jeder Mensch hat dasselbe Bedürfnis nach Details und gründlichem Denken wie Sie. 3. Seien Sie auch vorsichtig mit Ihren Fragen. Wenn Sie zu viele Fragen stellen, kann dies eher wie ein Verhör aussehen statt wie eine Unterhaltung. 4. Drücken Sie Ihre Mißbilligung oder Kritik vorsichtig und mit Einfühlungsvermögen aus.

Zeigen Sie den Kindern ihre Liebe!

Lassen Sie Raum zur Kreativität!

- Prioritäten: Achten Sie darauf, daß Ihnen Aufgaben, Pflichten und Projekte nicht wichtiger werden als Ihre Kinder. Es ist sinnvoll, sich an einen festen Tagesablauf zu halten, aber Pläne und Termine dürfen nie wichtiger sein als Ihre Beziehung zu Ihren Kindern. Ein hohes I würde sagen: „Lach mal! Nimm nicht alles so ernst!"

Pläne und Termine sind nie wichtiger als ihre Kinder!

- Tempo: Entspannen Sie sich und zeigen Sie beim Zusammensein mit Ihrer Familie eine größere Spontaneität.
- Ihre Fähigkeit zur Analyse: Oft können Sie den Wald vor lauter Bäumen nicht sehen. Lassen Sie sich nicht durch Ihren Drang zur Analyse lähmen.

Eine gewissenhafte Mutter erzählte mir, daß sie unaufhörlich dagegen ankämpfen muß, ihre Kinder zu oft zu korrigieren oder perfektionistisch zu sein. Sie sagte: „Dies wurde mir erst so richtig bewußt, als ich versuchte, meiner Tochter Allison das Kochen beizubringen. Allison ist ein ausgeprägtes I, und sie kocht sehr gerne. Sie hält sich nie an die Mengenangaben und Hinweise in den Kochbüchern. Sie kocht mit viel Kreativität und experimentiert gerne mit Rezepten. Es fällt mir sehr schwer, nicht einzugreifen und ihr zu sagen, wie es 'richtig' ist."

„Ich möchte immer sagen, wie es richtig ist!"

Gewissenhafte Kinder

Kinder mit einem hohen G-Anteil sind analytische Denker. Sie nehmen das Leben sehr ernst. Was immer sie tun, muß ihren hohen Standards gerecht werden.

G-Kinder machen alles mit Präzision.

Ihr Gespür für Organisation bildet sich schon früh. Sie stapeln ihre Spielsachen, legen sie in eine Reihe, machen Puzzles und lösen Aufgaben durch Präzision. Sie haben im allgemeinen einen Platz für jedes ihrer Spielzeuge, und alles ist sauber aufgeräumt. Bedenken Sie: Solchen Kindern macht es

Spaß, Ordnung zu schaffen – oder es bringt ihnen zumindest Erleichterung.

Für jede Art Spielzeug ein eigenes Fach.

Vor kurzem ging ich in Kristis Zimmer, um einige frisch gebügelte Blusen aufzuhängen. Ich sah mit Erstaunen, daß sich auf jedem einzelnen ihrer Regale nur eine ganz bestimmte Art von Spielzeug befand: Puppen auf dem einen Regal, Stofftiere auf dem nächsten, Glas- und Porzellanfiguren auf einem anderen. Jedes Fach war perfekt arrangiert.

Kristi liebt es, ihr Zimmer sauber und ordentlich zu halten. Sie hebt ihre Möbelstücke hoch und räumt alle Dinge vom Boden aufs Bett, damit meine Frau oder ich darunter gründlich saugen können.

Sie packen nur Dinge an, die gute Aussichten auf Erfolg haben.

Gewissenhafte Kinder sind Perfektionisten und tun nichts ohne gute Aussichten auf Erfolg. Als Kristi das Schreiben lernte, gab ihr Lehrer allen Schülern die Aufgabe, einen Brief an die Soldaten im Golfkrieg zu schreiben. Als erstes diktierte sie mir die Stichpunkte, über die sie schreiben wollte. Dann schrieb ich den ganzen ausformulierten Brief auf ein Blatt Papier, damit sie ihren Brief „richtig" abschreiben konnte (das waren ihre Anweisungen, nicht meine). Dann schrieb sie den Brief ab, Buchstabe für Buchstabe. Dabei strich sie jeden einzelnen meiner Buchstaben aus, nachdem sie ihn abgeschrieben hatte. Sie arbeitete mit Sorgfalt, bis der ganze Brief fertig war.

Hohe Maßstäbe: Problem für das Selbstbewußt-sein

Gewissenhafte Kinder kämpfen oft mit ihrem Selbstbewußtsein, wenn sie den hohen Maßstäben, die sie sich selbst gesetzt haben, nicht gerecht werden können. Ihr Ziel ist es, alles richtig zu machen, und sie bevorzugen es, Dinge allein zu tun. So können sie sicherstellen, daß sie die Aufgaben nach ihren Standards erledigen können.

„Schon früh bemerkte ich die Liebe zum Detail."

Dieses Interesse am Detail zeigt sich in den Zeichnungen der Kinder. Eine Mutter erzählte mir einmal: „Schon als unsere Tochter noch klein war, bemerkte ich diese Liebe zum Detail. Wenn sie ein Bild von einem Haus zeichnete, dann malte sie immer vier Treppenstufen bis zur Haustür, weil unser Haus vier Treppenstufen hat. Und wenn einmal an einem Fenster ein Scharnier fehlte, so fehlte dies auch in ihrer Zeichnung."

G-Kinder beobachten genau und wissen daher viel.

Gewissenhafte Kinder beobachten viel, sie nehmen alles in sich auf, was um sie herum passiert, und verarbeiten und bewerten das Erlebte. Sie sind oft sensibel und künstlerisch oder musikalisch begabt und haben einen erstaunlichen Informationsschatz. Dieses Wissen kann dazu führen, daß sie gegenüber Erwachsenen leicht ungeduldig werden, die dieses Wissen nicht besitzen. Sie beginnen früh zu sprechen und lernen früher als andere Kinder das Lesen. Im allgemeinen lieben es gewissenhafte Kinder, Bücher zu lesen und lange vorgelesen zu bekommen, länger, als es andere Kinder mögen.

Gegenüber anderen Menschen, die weniger logisch denken oder sich weniger an Tatsachen orientieren, können sie sehr intolerant sein. Sie neigen oft dazu, anderen Kindern den „richtigen Weg" zu zeigen.

Gefahr: Intoleranz

Gewissenhafte Kinder vermeiden zwischenmenschliche Aggressionen. Sehr oft stimmen sie lieber zu, anstatt sich über Dinge zu streiten. Sie lernen schnell, mit anderen auszukommen, indem sie herausfinden, was von ihnen erwartet wird, und sie strengen sich an, diese Erwartungen zu erfüllen. Sie scheinen anspruchslos zu sein und zeigen nicht immer, wie sie sich fühlen. Sie stellen ihre Forderungen eher indirekt als offen und direkt.

Sensibel gegenüber Erwartungen

Gewissenhafte Kinder sind sehr selbstbeobachtend. Eine initiative Mutter kam vor kurzem nach einem Workshop für Kinder ganz aufgelöst zu mir und sagte: „Jetzt erst verstehe ich meine Tochter. Sie ist ein ausgesprochenes G. Aber es tut mir weh, daß sie so ernst und traurig ist. Sie kam neulich von der Schule heim und sagte zu mir: 'Ich habe das Gefühl, daß kein Kind an meiner Schule so ist wie ich.' Es tat mir so leid für sie. Ich möchte, daß sie glücklich ist. Was kann ich tun?"

Ich sagte zu dieser Mutter, daß es das Wichtigste sei, daß sie ihre Tochter ein hohes G sein läßt. Sie solle ihr zeigen, daß es in Ordnung ist, sich über Dinge Gedanken zu machen, und ihr dann ermöglichen, langsam aus sich herauszugehen. Sie sollte mit ihrer Tochter auch nur dann über ihre Gefühle reden, wenn sie das wirklich will, und sie nicht dazu drängen, über ihre Gefühle zu reden, wenn sie lieber allein sein will.

„Du bist okay!"

Nicht zum Reden über Gefühle drängen!

Ich erklärte ihr auch, daß, wenn sie sich zu große Sorgen um ihre Tochter macht, diese sich wiederum Sorgen machen würde. Sie würde so in einen richtigen Sorgenstrudel geraten, der sie nur tiefer in ihre Grübelei ziehen würde.

G-Kinder wollen als kompetent gelten.

Gewissenhafte Kinder wollen, daß andere sie als kompetent und fähig betrachten. Weil sie immer das „Richtige" tun wollen, neigen sie dazu, alles zu analytisch zu betrachten. Oftmals sagen Erwachsene mit einem anderen Verhaltensstil zu ihnen: „Weißt du, was dein Problem ist? Du denkst zu viel!"

Wegen ihrer starken Orientierung nach innen fällt es gewissenhaften Kindern schwer, Kritik zu akzeptieren, vor allem, wenn sie das Gefühl haben, daß diese unberechtigt ist. Ein Beispiel:

Ein kleines Mädchen fuhr mit dem Fahrrad von der Schule heim und konnte wegen Straßenarbeiten nicht den Weg fahren, den sie nach dem Willen ihrer Mutter fahren sollte. Ihre Mutter war gerade auf der Straße, als sie nach Hause kam, und schimpfte mit ihr, weil sie nicht gehorcht hatte. Das Mädchen – typisch für ein hohes G – brach in Tränen aus. Es konnte seine Gefühle nicht sofort erklären und lief deshalb weinend davon. Als es seine Gefühle wieder unter Kontrolle hatte, konnte das Mädchen seiner Mutter schließlich erklären, was passiert war.

Erklären Sie das „Warum".

Gewissenhafte Kinder brauchen Gründe dafür, warum sie eine bestimmte Sache tun sollen. Ihre vielen „Warum"-Fragen können den Eltern oftmals auf die Nerven gehen. Gewissenhafte Kinder sind sehr neugierig. Deshalb brauchen sie die Gelegenheit zum Experimentieren, um Dinge herauszufinden und Antworten auf ihre „Was wäre, wenn . . ." und „Was würde passieren, wenn . . ."-Fragen zu finden.

- Locken Sie gewissenhafte Kinder vorsichtig aus ihrem Schneckenhaus mit Fragen wie: „Was denkst du oder fühlst du gerade?" Überlegen Sie jedoch gut, wann Sie dies tun, und dringen Sie nicht in ihre Privatsphäre ein.

- Geben Sie gewissenhaften Kindern die Gelegenheit, Qualitätsarbeit zu leisten. Drängen Sie sie nicht. Wenn sie ins Stocken geraten, dann nur, weil sie diese Aufgabe „richtig" tun wollen.

  Lassen Sie ihnen Zeit für Qualität!

- Lehren Sie gewissenhafte Kinder Toleranz bei Unvollkommenheit.
- Betonen Sie die Persönlichkeiten gewissenhafter Kinder, nicht ihre Leistungen. Zeigen Sie ihnen, wie sehr Sie sie als Menschen schätzen, und nicht allein für das, was sie erreichen.

  Zeigen Sie Wertschätzung ihrer Person!

- Halten Sie Ihre Versprechen und zeigen Sie Durchhaltevermögen bei wichtigen Details.
- Seien Sie direkt und offen, und bleiben Sie beim Thema.

  Geben Sie keine unüberlegten Versprechungen!

- Wenn Sie anderer Meinung sind, dann sollten Sie ganz genau erklären, warum. Beantworten Sie immer die Frage nach dem „Warum". Geben Sie gewissenhaften Kindern die Gelegenheit, selbst Fragen zu stellen, und geben Sie ihnen detaillierte Erklärungen.
- Ermöglichen Sie es gewissenhaften Kindern, allein zu sein, um ihre Energien zu sammeln. Geben Sie ihnen genügend Zeit, um enttäuscht zu sein, wenn sie ihren eigenen Standards nicht gerecht werden konnten, bevor Sie ihnen dann Trost und Mut zusprechen.

  Lassen Sie sie oft genug allein!

- Unterstützen Sie die nachdenkliche und analytische Art gewissenhafter Kinder. Sie handeln oder reden nie, ohne sich zuvor genau überlegt zu haben, was sie sagen oder tun.
- Zeigen Sie gewissenhaften Kindern Anerkennung für ihre Arbeit. Seien Sie bei Ihrem Lob sehr spezifisch. Sie fühlen sich durch breitgefächertes, allgemeines Lob wie „Gute Arbeit!" oder „Das hast du super gemacht!" nicht sehr ermutigt. Beschreiben Sie genau, was gut war, wie z.B.: „Ich habe gesehen, daß du dich sehr angestrengt und sehr viel geübt hast, um dieses Musikstück auf dem Klavier zu lernen."

  Loben Sie spezifisch und detailliert!

- Geben Sie gewissenhaften Kindern nie das Gefühl, ihre Sorgen, Fragen oder Probleme seien dumm oder unwichtig.
- Drängen Sie gewissenhafte Kinder nicht zu Entscheidungen.
- Sagen Sie immer ganz klar, was von ihnen erwartet wird.

  - Nehmen Sie ihre Fragen ernst!

- Schreien Sie gewissenhafte Kinder nicht an, und drohen Sie ihnen nicht in einem lauten oder verärgerten Ton. Sie ziehen sich sonst zurück und stimmen zwar äußerlich ihrer Meinung zu, tief innen aber planen sie den nächsten Schritt.

  - Wer schreit und droht, „verliert" das G-Kind.

- Bieten Sie gewissenhaften Kindern keine falschen Anreize, damit sie etwas tun. Gewissenhafte Kinder lassen sich nicht manipulieren und durchschauen Ihre Absicht sofort.

• Zeigen Sie sich nicht zu emotional, wenn Sie gewissenhafte Kinder von etwas überzeugen wollen. Halten Sie sich an Fakten und zuverlässige Quellen.

• Geben Sie gewissenhaften Kindern genügend Zeit, um nachzudenken, bevor Sie eine Antwort erwarten.

• Vermeiden Sie es, gewissenhafte Kinder zu unterbrechen, wenn sie in eine Aufgabe vertieft sind.

• Geben Sie gewissenhaften Kindern „Rituale", an die sie sich halten können.

• Bevor Sie gewissenhafte Kinder ins Bett schicken, sollten Sie ihnen die Gelegenheit geben, „ihr Gehirn abzuschalten". Bei manchen Kindern ist ein Buch vorzulesen sehr hilfreich. Helfen Sie ihnen dabei, den Tag noch einmal zu überdenken. Helfen Sie ihnen, Erfolge und Mißerfolge zu untersuchen, und treffen Sie Entscheidungen für sie, damit Ihre gewissenhaften Kinder nicht die ganze Nacht wachliegen und nachdenken.

• Achten Sie darauf, daß Sie Ihre Maßstäbe nicht zu hoch anlegen. Die persönlichen Maßstäbe Ihrer Kinder sind bereits hoch genug. Deshalb sollten Sie Ihre Kinder nicht auch noch mit Ihren Maßstäben belasten.

Sind Sie ein hohes G?

Sie finden hier eine Liste der Verhaltensmuster, die für das G charakteristisch sind. Denken Sie einmal über Ihr Verhalten und Ihr Verhältnis zu anderen Menschen nach. Kennzeichnen Sie diejenigen Aussagen, die Ihrer Meinung nach auf Sie zutreffen:

— Ich konzentriere mich gerne darauf, Dinge richtig zu tun.

— Ich kann meine Sachen sehr gut organisieren.

— Genauigkeit ist für mich sehr wichtig.

— Ich habe großen Respekt vor Regeln und Autoritäten.

— Ich setze mir selbst hohe Maßstäbe – oft zu hohe.

— Andere Menschen betrachten mich als einen formellen, reservierten und ernsten Menschen.

— Es ist manchmal schwer, mir etwas recht zu machen.

— Ich brauche alle Fakten und Informationen, die ich bekommen kann, bevor ich eine Entscheidung treffe.

- Ich mache nur sehr ungern Fehler.
- Ich bin ein guter Planer. Ich kann große Projekte in kleine Einheiten einteilen.
- Ich analysiere die Dinge in Gedanken sehr gründlich.
- Wenn ich unter Druck stehe, versuche ich, Konfrontationen zu vermeiden.
- Manche Menschen sagen wahrscheinlich, ich sei langsam; ich dagegen bevorzuge den Ausdruck „methodisch".
- Ich behalte meine Gefühle für mich und zeige sie nur in Situationen, in denen ich mich sehr wohlfühle.
- Ich bin im allgemeinen taktvoll, diplomatisch und höflich.

8. Erforschen Sie Ihr Kind

Nicht die Methode ist wichtig, sondern Ihr Kind.

Wenn man Bücher wie dieses liest, birgt das auch eine Gefahr in sich: die Gefahr, die alle Bücher über Erziehung in sich bergen.

In meinem Arbeitszimmer habe ich mehr als fünfzig Bücher über Kindererziehung. So wie Sie, will auch ich das Beste für meine Kinder, und ich lese Bücher, höre Kassetten und nehme an Seminaren teil, um mehr zu lernen. Die Gefahr aber besteht darin, daß ich zu einem Erforscher der verschiedenen Erziehungsmethoden werde anstatt zu einem Erforscher meiner Kinder.

DISG bietet Ihnen eine Sprache.

Was dieses Buch Ihnen mehr als alles andere vermitteln will, ist, daß Sie Ihre Kinder erforschen müssen. Das DISG-Modell gibt Ihnen eine Sprache, um die Verhaltensstile Ihrer Kinder zu entdecken und darüber zu reden, so daß Sie den jeweiligen Verhaltensstil Ihrer Kinder als wertvoll betrachten lernen, anstatt ihn als Bedrohung oder Mangel zu sehen.

Manche Kinder zeigen ausgeprägte Tendenzen.

Nachdem Sie die vier vorangegangenen Kapitel gelesen haben, haben Sie wahrscheinlich eine gute Vorstellung Ihres primären Verhaltensstils. Sie haben sich möglicherweise auch schon Gedanken darüber gemacht, ob Ihr Kind ein D (dominant), ein hohes I (initiativ), ein ausgeprägtes S (stetig) oder eher ein G (gewissenhaft) ist.

Manche Kinder zeigen gleich eine ausgeprägte Verhaltensvorliebe ...

Manche Eltern haben keinerlei Probleme damit, zu bestimmen, welchen Verhaltensstil ihr Kind hat.

Sie beschreiben ihr Kind mit Aussagen wie:

„Sie war so ein liebes Baby. Sie hat uns nie irgendwelchen Ärger bereitet."

„Er kann nicht eine Minute stillsitzen. Er stürzt sich in alle Dinge Hals über Kopf hinein – große Schlammpfützen eingeschlossen."

„Schon am ersten Tag wußte ich, daß dieses Kind einmal Anwalt werden würde. Er diskutiert über alles und jedes."

... manche probieren erst Verschiedenes aus.

„Unsere beiden Kinder sind völlig gegensätzlich. Unsere Tochter sitzt stundenlang allein in ihrem Zimmer und spielt mit ihren Puppen, und für unseren Sohn ist das Alleinsein eine Strafe."

Dies bedeutet aber nicht, daß der Verhaltensstil eines Kindes schon von Geburt an sichtbar sein muß. Manches Mal kann man den bevorzugten Verhaltensstil eines Kindes erst feststellen, wenn es sechs oder acht Jahre alt ist oder sogar noch älter.

Es gibt mehrere Gründe, warum es so schwierig sein kann, den Verhaltensstil eines Kindes festzustellen:

Ihr Kind befindet sich noch in der „Entwicklungsphase": Es durchläuft während seiner Entwicklung unterschiedliche Phasen, in denen es verschiedene Verhalten ausprobiert, um herauszufinden, wie diese zu ihm passen. Es will wissen, ob sein Handeln mit seinem Denken und Fühlen übereinstimmt. Als Folge dessen wiederholt Ihr Kind diejenigen Verhaltensweisen, bei denen es sich wohlfühlte, und vermeidet diejenigen, die ihm Probleme bereiteten oder als nicht natürlich erschienen. Auf diese Weise entwickelt Ihr Kind Verhaltensmuster, je nachdem, welches Verhalten zu ihm paßt und welches nicht. Eltern, die versuchen, den Verhaltensstil ihres Kindes zu bestimmen, können hierdurch sehr verwirrt werden.

Wenn Ihr Kind älter wird, sehen Sie es immer häufiger in nur einem bestimmten Umfeld: Wenn Ihr Kind älter wird, verbringt es immer mehr Zeit mit Freunden oder in der Schule. In diesen unterschiedlichen Umgebungen kann es sich unterschiedlich verhalten. Es ist möglich, daß Ihr Kind sein Verhalten an die unterschiedlichen Bedürfnisse unterschiedlicher Situationen anpaßt oder im Umgang mit verschiedenen Personen verschiedene Verhaltensmuster zeigt.

Ich bin als Einzelkind aufgewachsen und war zu Hause immer brav und unproblematisch. In der Schule jedoch spielte ich in einer Rockband und war der Klassenclown. Ich spielte der Klasse ganze Theaterstücke vor, und wenn wir einen Vertretungslehrer hatten, tat ich so, als wäre ich ein Austauschschüler aus Spanien.

Die Umgebung beeinflußt den jeweiligen Verhaltensstil.

Als meine Eltern von meinem Verhalten in der Schule erfuhren, konnten sie es nicht glauben. "Wer soll das gemacht haben? Unser Sohn?" Ganz offensichtlich war mein Verhaltensstil in der Schule ein ganz anderer als zu Hause. Wenn ich zu Hause war, paßte ich mein Verhalten an und war meinen Eltern ein gehorsamer Sohn.

Sie sind Ihrem Kind möglicherweise zu nahe, um es objektiv beurteilen zu können: Ihnen ist möglicherweise noch nicht klar, wie Ihr eigener Verhaltensstil Ihr Urteil beeinflussen kann. Sie übersehen vielleicht ganze Aspekte des Verhaltens Ihres Kindes, weil Ihre Hoffnungen, Träume oder Ängste Ihr Bild trüben.

Vorsicht vor dem „blinden Fleck"!

Ihr Kind besteht aus einer vielschichtigen Kombination der verschiedenen Verhaltensstile: Es ist eine Mischung aller DISG-Verhaltensstile mit unterschiedlicher Intensität. Die meisten Menschen haben einen primären DISG-Verhaltensstil und noch einen oder zwei sekundäre DISG-Verhaltensstile. Vermeiden Sie es also, Ihr Kind in einen einzelnen Verhaltensstil hineinzudrängen.

Kein Mensch hat nur einen Stil.

Dies passierte uns z.B. mit unserem Sohn Chad. Wir wußten, daß er ein Kind mit hohem D-Anteil ist, aber lange Zeit übersahen wir, daß er eigentlich auch ein sehr initiatives Kind ist. Karen und ich sind beide ergebnisorientiert, deshalb fiel uns unser eigener Verhaltensstil an Chad auf und hinderte uns, andere Elemente wahrzunehmen.

Erst nahmen wir an Chad nur das „D" wahr.

Später erkannten wir dann diese ganz andere Seite an Chad, für die wir zuvor blind gewesen waren. Er konnte zu einer Gruppe Jungen, die er nicht kannte, einfach dazustoßen und anfangen zu erzählen. Wir bemerkten, daß seine Tendenz, uns oft zu unterbrechen und Fragen zu stellen, wenn wir ihm bei seinen Hausaufgaben halfen, nicht allein daher kam, daß er versuchte, uns zu kontrollieren, sondern weil es sein ehrliches Bedürfnis war, mit uns zu reden. Und diese Erkenntnis veränderte unser Bild von Chad radikal.

Lassen Sie Ihrem Kind die Möglichkeit, immer wieder anders zu sein!

Also, was soll ich sagen? Zwängen Sie Ihre Kinder nicht in ein bestimmtes Verhalten hinein. Kommen Sie nicht voreilig zu dem Schluß, es sei alles klar. Ziel dieser Informationen ist es, Ihnen ein Instrument zu geben, mit dessen Hilfe Sie die einzigartigen Stärken Ihres Kindes entdecken und ihm dabei helfen können, sie zu entwickeln. Wir wollen Sie unterstützen, Ihrem Kind zu helfen, seinen Lebens-"Stil" zu entdecken, so daß es, wenn es älter ist, von diesem Kurs nicht abkommt.

Schritte zur Erforschung Ihrer Kinder

Beginnen Sie die Erforschung Ihrer Kinder mit den folgenden Schritten:

Beobachten Sie Ihr Kind in verschiedenen Situationen.

1. Beobachten Sie Ihr Kind in so vielen verschiedenen Situationen wie möglich: Achten Sie auf Verhaltensmuster. Beobachten Sie Ihr Kind beim Spielen auf dem Spielplatz, in der Schule und im Park. Wie verhält es sich gegenüber anderen Kindern und Erwachsenen? Wie verhält es sich gegenüber Unbekannten? Was tut es, um sich zu entspannen? Was interessiert Ihr Kind besonders? Welche Aufgaben übernimmt es gerne? Welche Phantasien und was für eine Vorstellungskraft besitzt es?

Wenn Sie Ihr Kind beobachten, dann sollten Sie nicht nach Verhaltensweisen suchen, die Sie dirigieren oder korrigieren können. Beobachten Sie es einfach. Wenn Sie ein aufgabenorientierter Mensch sind (ein hohes D oder G), wird dies für Sie eine große Herausforderung darstellen.

Hören Sie offen auf die Meinung anderer.

2. Fragen Sie andere Menschen nach ihrer Meinung: Fragen Sie die Eltern des besten Freundes oder der besten Freundin Ihres Kindes und seine Lehrer. Fragen Sie Freunde und entferntere Familienmitglieder, welches Verhalten sie bei Ihrem Kind entdecken können. Hören Sie ganz offen zu. Wenn Sie Ihr Kind erforschen wollen, müssen Sie damit rechnen, daß Sie möglicherweise ein Bild von Ihrem Kind erhalten, das zu Ihrem bisherigen Bild überhaupt nicht paßt.

3. Machen Sie sich ein vorläufiges Bild: Entwickeln Sie aus den Informationen, die Sie so erhalten haben, eine Hypothese. Dann müssen Sie abwarten und beobachten. Stimmt der Verhaltensstil, den Ihr Kind zeigt, mit dem, was Sie über seinen DISG-Verhaltensstil wissen, überein? Was ist gleich? Was ist anders? Welches Bild haben die Lehrer von Ihrem Kind? Bitten Sie den Klassenlehrer Ihres Kindes, den Fragebogen am Ende dieses Kapitels auszufüllen, und vergleichen Sie die Ergebnisse mit Ihren Antworten. Wo sind Sie gleicher Meinung und wo nicht?

Legen Sie Ihr Kind nicht endgültig fest.

4. Achten Sie auf sekundäre Verhaltensstile: Lesen Sie sich alle Beschreibungen zu den Verhaltensstilen genau durch und vergleichen Sie, welche der Beschreibungen auf Ihr Kind zutrifft. Sie werden wahrscheinlich feststellen, daß Ihr Kind neben seinem primären Verhaltensstil auch einen oder mehrere sekundäre Verhaltensstile besitzt.

Achten Sie auf sekundäre Verhaltensstile.

5. Seien Sie offen für Veränderungen des Verhaltensstils Ihres Kindes: Eine Sache ist gewiß: Ihr Kind wächst und verändert sich unaufhörlich. Geben Sie ihm die Chance, sich selbst zu entwickeln, und versuchen Sie nicht, es in irgendeine Form hineinzudrängen. Versuchen Sie nie, Ihr Kind so zu verändern, daß es in einen bestimmten Verhaltensstil hineinpaßt. Verwenden Sie das DISG-Modell, um zu verstehen und zu schätzen, daß Gott jeden Menschen anders gemacht hat. Verwenden Sie es, um das Wachstum Ihres Kindes nach seinen Neigungen zu unterstützen.

Seien Sie offen für Veränderungen.

6. Hören Sie auf Ihren Ehepartner: Es ist nicht ungewöhnlich, daß Mutter und Vater ihr Kind auf ganz unterschiedliche Weise sehen. Warum? Weil ihr Umgang mit diesem Kind ganz unterschiedlich sein kann.

Der Juniorchef eines Unternehmens z.B. sah seinen Sohn als hohes D, während seine Frau ihn als ausgeprägtes S betrachtete. Der Vater war immer nach Feierabend und am Wochenende mit seinem Sohn zusammen. Ihre Beziehung war ergebnisorientiert – es gab Dinge, die erledigt werden mußten, und Veranstaltungen, zu denen man hinfahren mußte - also sah er seinen Sohn in diesem Licht. Die Beziehung zur Mutter, einer Hausfrau, bestand auf einer sehr viel persönlicheren Ebene. Sie sah ihren Sohn als kooperativ und umgänglich. Sie kamen zu dem Schluß, daß ihr Sohn eine Kombination beider Verhaltensstile besaß.

Sprechen Sie mit Ihrem Lebenspartner.

7. Verwenden Sie einen Fragebogen: Viele Eltern haben mir gesagt, daß der unten abgedruckte Fragebogen für sie ein nützliches Instrument war, um ihre Kinder besser kennenzulernen. Profile und Fragebögen helfen Ihnen dabei, eine Hypothese über den Verhaltensstil Ihres Kindes aufzustellen.

Nutzen Sie Fragebogen und das DISG-Kinderprofil!

Wie können Sie Ihr Wissen über den Verhaltensstil Ihres Kindes bei der Erziehung einsetzen? Das ist eine sehr gute Frage. Die Antwort? Tun Sie dies sehr, sehr vorsichtig.

In Psalm 127,3 lesen wir: „Siehe, Kinder sind eine Gabe des Herrn, und Leibesfrucht ist ein Geschenk." Jedes dieser Geschenke wurde von Gott mit einzigartigen Gaben ausgestattet. Wenn wir dieses einzigartige Design verstehen, dann können wir innerhalb dieses Rahmens unser Kind erziehen, „auf dem Weg, den es gehen soll". So werden Sie zu Partnern Gottes, indem Sie Ihrem Kind dabei helfen, seine gottgegebenen Fähigkeiten zu entwickeln und einzusetzen. In den folgenden vier Kapiteln erfahren Sie, wie Sie dies tun können.

Während Sie den folgenden Fragebogen ausfüllen, sollten Sie sich zwei Dinge stets vor Augen halten:

1. Das DISG-Modell beschreibt Verhaltenstendenzen. Es wurde absichtlich als ein breitgefächertes Instrument konzipiert, das das verallgemeinerte Verhalten der Menschen beschreibt. Es kann kein vollständiges Bild einer Persönlichkeit bieten. Es will Menschen nicht in Schubladen stecken.

2. Verhaltensforscher sagen uns, daß jeder Mensch zwei motivierende Faktoren besitzt: seine Bedürfnisse und seine Wertvorstellungen. Dieser Fragebogen beschäftigt sich ausschließlich mit diesen beiden Faktoren.

Das Verhaltensstil-Inventar Ihres Kindes

Tragen Sie den Namen Ihres Kindes hier ein :_____

Bewerten Sie jede der untenstehenden Vierergruppen mit den Zahlen (4) für „am ehesten" bis (1) für „am wenigsten". Überlegen Sie, welches Verhalten aus dieser Vierergruppe Ihrer Meinung nach am ehesten auf Ihr Kind zutrifft und welches am wenigsten.

1.

a. Dieses Kind hat einen sehr starken Willen und ist sehr hartnäckig. Es weiß, was es will und setzt sich dafür ein, es auch zu bekommen.

b. Dieses Kind kommt nie zur Ruhe. Es will immer Spaß und Vergnügen haben, auch dann, wenn die Zeit zum Spielen eigentlich schon vorbei ist und es Zeit wird zum Schlafengehen.

c. Dieses Kind ist normalerweise immer gut gelaunt. Man sieht es sehr viel öfter lachen als weinen.

d. Bei einem ersten Kontakt mit Fremden wendet dieses Kind sich ab und klammert sich an seine Eltern. Es braucht lange, um neue Menschen zu akzeptieren. Seine erste Reaktion ist, sich zurückzuziehen. Danach gewöhnt es sich langsam an die neue Situation.

2.
a. Dieses Kind handelt schnell und unabhängig und macht Dinge gerne allein.

b. Dieses Kind durchlebt sehr viele emotionale Höhen und Tiefen. Es lebt seine Gefühle aus und hat einen Hang zum Dramatischen.

c. Dieses Kind ist im allgemeinen sehr ruhig und umgänglich. Seine Reaktionen sind immer sehr gemäßigt und mild.

d. Dieses Kind liebt die Zurückgezogenheit und seine Privatsphäre. Oft scheint es ein Einzelgänger zu sein und keinen Kontakt zu anderen Kindern zu wollen.

3.
a. Dieses Kind ist normalerweise nicht sehr empfänglich für Zärtlichkeiten.

b. Dieses Kind zeigt in fast allen Lebenslagen Optimismus und Enthusiasmus.

c. Dieses Kind ist selten begeistert davon, neue Dinge oder Wege auszuprobieren, es bevorzugt eher Altbekanntes.

d. Dieses Kind stellt viele Fragen und möchte genügend Zeit haben, um Dinge gründlich zu überdenken, bevor es eine Entscheidung trifft.

4.
a. Dieses Kind ist im allgemeinen sehr aktiv. Es erforscht Neues und geht gerne Risiken ein.

b. Dieses Kind kann gut auf Unbekannte zugehen und ist gerne mit anderen Menschen zusammen.

c Dieses Kind arbeitet gerne mit anderen zusammen und kommt gut mit ihnen aus.

d. Dieses Kind verhält sich neuen Situationen gegenüber zögernd und vorsichtig.

5.
a. Dieses Kind ist nur schwer zu führen und sucht sich die Menschen, denen es folgt, genau aus.

b. Dieses Kind springt von einer Aktivität zur nächsten, oft ohne die einzelnen Aktivitäten zu beenden.

c Dieses Kind gibt sehr schnell nach, wenn es dazu gedrängt wird. Es kopiert die Verhaltensweisen, Regeln und Angewohnheiten anderer bis zur Übertreibung.

d. Dieses Kind sucht nur ein geringes Maß an körperlicher Bewegung.

6.

a. Dieses Kind ist leicht erregbar und schreckt vor Gewalt nicht zurück, um zu erreichen, was es will.

b. Dieses Kind ist oft unorganisiert, unordentlich und vergißt häufig, ihm übertragene Aufgaben zu erledigen.

c. Dieses Kind kommt mit plötzlichen Veränderungen nur sehr schwer zurecht. Es kann sehr hartnäckig sein in seinem Drängen, daß die Dinge so bleiben, wie sie sind. Es will, daß alles ruhig und friedlich ist.

d. Dieses Kind reagiert auf ungünstige Situationen sehr ruhig und kontrolliert. Seine Stimmung ist im allgemeinen sehr milde. Seine innere Reaktion kann oft sehr viel stärker sein.

7.

a. Dieses Kind ist von einem sehr starken Konkurrenzdenken geprägt.

b. Dieses Kind scheint sich zu viele Sorgen darüber zu machen, was alle anderen Leute tun.

c. Dieses Kind verabscheut Streit und vermeidet Konfrontationen.

d. Dieses Kind wirkt oft sehr ernst oder traurig.

8.

a. Dieses Kind sagt, was es denkt und was es will. Es kann grob oder verletzend sein, wenn es anderen mitteilt, wen oder was es nicht mag.

b. Dieses Kind redet unaufhörlich. Dieses Kind liebt es, von seinen Erfolgen und Freunden zu erzählen. Es besitzt eine große Überzeugungskraft, wenn es andere von dem überzeugen möchte, was es selbst will.

c. Dieses Kind hört normalerweise mehr zu, als daß es selbst redet.

d. Dieses Kind stellt zahlreiche, oft komplexe Fragen über genaue Einzelheiten. Es braucht sehr detaillierte Erklärungen.

Auswertung

Tragen Sie die von Ihnen vergebenen Punkte in die untenstehende Tabelle ein. Addieren Sie nun die Punkte in jeder einzelnen Spalte. Diejenige Spalte, in der Sie die höchste Punktzahl erreichen, spiegelt den primären Verhaltensstil Ihres Kindes wider.

1.a. _____	1.b. _____	1.c. _____	1.d. _____
2.a. _____	2.b. _____	2.c. _____	2.d. _____
3.a. _____	3.b. _____	3.c. _____	3.d. _____
4.a. _____	4.b. _____	4.c. _____	4.d. _____
5.a. _____	5.b. _____	5.c. _____	5.d. _____
6.a. _____	6.b. _____	6.c. _____	6.d. _____
7.a. _____	7.b. _____	7.c. _____	7.d. _____
8.a. _____	8.b. _____	8.c. _____	8.d. _____

Summe

a. _____ b. _____ c. _____ d. _____

(a. = D; b. = I; c. = S; d. = G)

Weiterführende Untersuchungen

Unsere Kinder zu erforschen ist eine nie endende Aufgabe. Jeder Tag bietet uns zahlreiche Gelegenheiten und Ereignisse, durch die wir mehr über unsere Kinder erfahren. Indem Sie Ihre Kinder genau beobachten und ihnen gut zuhören, werden Sie viele kleine Hinweise entdecken, die Ihnen helfen zu erkennen, wer Ihre Kinder sind und wie Sie sie auf den richtigen Weg führen können. Sie sollten dabei folgende wichtige Fragen bedenken:

— Hat Ihr Kind ein hohes oder ein niedrigeres Tempo?
— Gilt das primäre Interesse Ihres Kindes seinen Aufgaben oder anderen Menschen?

- Ist Ihr Kind eher ein Erzähler oder ein Zuhörer?
- Welche speziellen Dinge können Ihr Kind motivieren?
- Welches sind seine größten Ängste?
- Was bereitet Ihrem Kind den größten Ärger, den größten Frust?
- Worüber redet Ihr Kind sehr häufig?
- Welches Verhalten und welche Aktivitäten zeigt Ihr Kind häufig?

Wenn Sie Ihre Kinder erforschen wollen, müssen Sie auch mit Ihren Kindern darüber sprechen, welches Bild Sie von ihnen haben. Machen Sie es sich zur Gewohnheit, jeden Tag Fragen zu stellen, die freie Antworten erlauben, wie z.B.:

- Was hat dir heute am besten gefallen?
- Was hat dir heute am meisten mißfallen?
- Was war das Schönste, das heute in der Schule passiert ist?
- Was war das Traurigste, das heute in der Schule passiert ist?
- Was magst du an . . . am liebsten? Was ist dein Lieblings-. . .?

Fragen wie diese helfen Ihnen nicht nur, das Denken, Handeln und Fühlen Ihres Kindes besser zu verstehen – sondern Sie werden mit der Zeit auch eine genauere Vorstellung vom Verhaltensstil Ihres Kindes bekommen.

Teil 3

Aufbauen

9. Wie alles zusammenpaßt

Wie viele andere Menschen bin auch ich mit Familienserien wie „Die Cosby-Show" und „Alf" aufgewachsen. Ich schaue sie mir immer noch an, aber es gibt auch etwas, das mich an ihnen stört: Sie scheinen alle so gleich zu sein!

Und dabei geht es mir nicht darum, wie dies in den Medien oft bemängelt wird, daß in diesen Serien das traditionelle Bild einer intakten Familie vermittelt wird, bei dem beide Elternteile zusammenleben. Darüber bin ich sogar froh. Mich stört, daß die Eltern und Kinder in diesen Serien alle so gleich sind. Um es einmal in der Sprache dieses Buches zu sagen: Sie zeigen alle den gleichen Verhaltensstil.

Denken Sie doch einmal darüber nach. Die Eltern und Kinder der Serien scheinen alle vorhersagbar, aufrichtig, umgänglich und beziehungsorientiert zu sein. Sie sind alle extrem stetige Menschen. Die Mütter der Serien zeigen gleichzeitig immer auch ein gewissenhaftes Verhalten: Ihre Wohnungen sind immer makellos sauber, und alles ist bestens organisiert. Alle Personen in diesen Fernsehfamilien vertragen sich gut. Wenn es Konflikte gibt, oder wenn die Kinder in Schwierigkeiten geraten, analysieren die Eltern das Problem ganz ruhig und finden eine Lösung – und das alles in dreißig Minuten.

Jetzt, wo Karen und ich selbst Eltern sind, haben wir festgestellt, daß sich das Verhalten unserer Vorbilder aus den Familienserien auf unser Leben nicht sehr gut übertragen läßt. Der Grund hierfür ist nicht nur, daß sich Karen weigert, beim Kochen ein hübsches Kleid mit Perlenkette zu tragen, wie es die Mütter in den Familienserien tun. Bei uns zu Hause scheinen Familienstreitereien sehr viel intensiver und nur sehr viel schwerer lösbar zu sein.

Die Realität ist, daß jede Familie sich aus den unterschiedlichsten Menschen zusammensetzt. Während Sie dieses Buch durchlesen, erkennen Sie wahrscheinlich, daß Ihr Partner und Sie ganz unterschiedliche Verhaltensstile haben und daß Ihr Verhalten sich auch von dem Ihrer Kinder unterscheidet. Jeder von uns hat spezielle Vorlieben und Abneigungen. Wir haben

In Fernsehserien zeigen alle Kinder den gleichen Verhaltensstil ...

... und die Eltern lösen alle Probleme in 30 Minuten.

In Wirklichkeit sind die Menschen viel verschiedener.

unterschiedlich starke Gefühle und ein unterschiedliches Maß an Energien. Einige von uns reagieren heftiger, andere sind eher entspannt. Wir sehen Dinge verschieden und verstehen unterschiedliche Dinge, selbst wenn wir dieselbe Geschichte hören.

„Früher hatte ich 6 Theorien über Kindererziehung - heute habe ich 6 Kinder ...!"

Ich nehme an, daß auch in der Familie des Grafen von Rochester im 17. Jahrhundert verschiedene Verhaltensstile aufeinandertrafen und ihn zu folgender Bemerkung veranlaßten: „Bevor ich heiratete, hatte ich sechs Theorien darüber, wie man Kinder erzieht. Jetzt habe ich sechs Kinder und keine Theorie." Welche Eltern könnten nicht den Wahrheitsgehalt dieses Satzes bestätigen?

Nichts macht uns hilfloser, als täglich mit Kindern umzugehen – besonders, wenn wir zu diesen Kindern keinen Bezug finden oder sie nicht verstehen können.

Wie gut passen Sie und Ihre Kinder zusammen?

In den vorangegangenen Kapiteln haben Sie gelernt, Ihren Verhaltensstil und den Ihrer Kinder zu verstehen. Ich habe Ihnen ein paar Tips gegeben, wie Sie mit dominanten, initiativen, stetigen und gewissenhaften Kindern am effektivsten umgehen können.

Wie gut passen unsere Verhaltensstile zusammen?

Jetzt ist es an der Zeit, daß ich Ihnen handfeste und praktische Hinweise gebe, wie Sie Ihr Kind nach seinem von Gott gegebenen Design erziehen können. Die erste Frage, die wir hier betrachten müssen, ist: Wie gut paßt mein Verhaltensstil zu dem meiner Kinder?

Dieses Gebiet wurde von Dr. Stellas Chess und Dr. Alexander Thomas genauestens untersucht. In ihrem Buch *Know Your Child* (Kenne dein Kind) beschreiben sie die Beziehung zwischen Eltern und Kindern mit dem Ausdruck „gutes Zusammenspiel". Das ist dann der Fall, wenn jedes Familienmitglied das Gefühl hat, daß es sich gut mit den anderen Familienmitgliedern verträgt.

Gegenseitige Anpassung bewirkt gutes Zusammenspiel.

Erst wenn die Eltern ihre Forderungen und Erwartungen an das Temperament, die Fähigkeiten und die Charakterzüge ihres Kindes anpassen, hat das Kind das Gefühl, daß es in die Familie paßt. Dieses gute Gefühl fördert die Stärken eines Kindes und hilft ihm dabei, natürliche Grenzen und Verwundbarkeiten zu überwinden.

Hier sind einige wichtige Quellen von Streß.

„Schlechtes Zusammenspiel" können wir jedoch dann beobachten, wenn die Eltern jedes Kind gleich behandeln und sich in ihrem Erziehungsstil nicht an das Kind anpassen. Das daraus resultierende schlechte Gefühl verursacht bei dem Kind großen Streß, der die gesunde Entwicklung des Kindes gefährden kann.

Eltern, die aktiv und abenteuerlustig sind und ihr Kind zum Mitmachen drängen, können ein ruhiges, passives Kind, das gerne zu Hause bleibt, einfach überfordern. Vorsichtigere Eltern können die Abenteuerlust und Risikobereitschaft eines sehr aktiven Kindes unnötig einschränken oder unterdrücken. Ein stetiges Kind, dessen Eltern Perfektion verlangen, dem Kind aber keine Anerkennung, Zuneigung und Liebe unabhängig von Leistungen geben können, wird sehr unglücklich sein. Einem initiativen Kind, das sich sehr leicht ablenken läßt, kann es sehr schwerfallen, wenn seine Eltern darauf bestehen, daß es sich über eine längere Zeit und ohne Unterbrechung auf eine Aufgabe konzentriert. Eltern, die plötzliche und ungeplante Veränderungen lieben, können die Unsicherheit eines Kindes vergrößern, das viel Zeit braucht, um sich auf Veränderungen einzustellen.

Wie gut haben Sie Ihren Erziehungsstil an jedes Ihrer Kinder angepaßt? Wenn Sie mehr als ein Kind haben, ist Ihnen wahrscheinlich schon aufgefallen, daß Sie sich mit dem einen Kind besser verstehen als mit dem anderen. Das ist nicht ungewöhnlich.

Es ist normal, daß Sie das eine Kind besser verstehen als das andere.

Tinas erstes Kind, Nathan, war ein, wie wir es nennen, sehr „unkompliziertes" Kind. Seit dem Tag, an dem sie ihn vom Krankenhaus heimbrachte, schienen sie einfach zueinander zu passen. Sie verstand seine Stimmungen und hatte den gleichen Rhythmus wie er. Wenn er weinte, wußte sie sofort, ob der Grund dafür eine nasse Windel, Hunger oder irgendein Schmerz war, und sie wußte sofort, was sie tun mußte.

Bei ihrem zweiten Kind, Lauren, war das ganz anders. Lauren war sehr viel fordernder als Nathan, und wenn sie weinte, schien es, als ob Tina sie überhaupt nicht mehr beruhigen könnte. Als Baby war sie sehr viel schwieriger zufriedenzustellen, und als Kleinkind steckte sie voller Energie und Aktivität. Heute, als Teenager, besteht sie mehr als je zuvor auf ihrer Individualität.

Tina konnte sich nie erklären, warum sie sich mit Nathan besser verstand als mit Lauren, bis sie lernte, die Verhaltensstile ihrer Kinder zu verstehen. Sowohl Tina als auch Nathan sind beide ein hohes S, während Lauren ein ausgesprochenes D ist. Deshalb ist es ganz natürlich, daß Tina Nathan besser versteht – er ist ihr sehr viel ähnlicher. Sie muß lernen, ihren natürlichen Verhaltensstil im Umgang mit jedem ihrer Kinder zu berücksichtigen. Und das tut sie auch. Sie hat die starke Persönlichkeit ihrer Tochter schätzen gelernt, obwohl deren dominante Art in ihrer Familie immer noch große Wellen schlagen kann.

Berücksichtigen Sie den Verhaltensstil aller Beteiligten.

Auch in unserer eigenen Familie stellten Karen und ich gleich zu Beginn einige Unterschiede fest. Wir wußten, daß wir uns anpassen mußten.

Chad, ein
lebhaftes ...

Chad, unser erstes Kind, ist ein hohes D, mit sehr vielen I-Merkmalen. Sogar als Kleinkind schlief er nur selten eine Nacht durch. Um fünf Uhr morgens stand er fix und fertig da, um etwas zu unternehmen. Er brauchte ständig unsere Aufmerksamkeit und wollte nicht allein spielen.

Ich weiß noch, wie ich Chad eines Abends ins Bett brachte, als er knapp zwei Jahre alt war. Ich sprach ein Gute-Nacht-Gebet, küßte ihn und ging aus dem Zimmer. Noch bevor ich in meinem Sessel saß und die Fernbedienung in die Hand nehmen konnte, stand er schon in der Tür. Ich brachte ihn zurück ins Bett und sagte ihm, er solle dort auch bleiben, aber eine Minute später stand er wieder in der Tür.

... und ent-
schlossenes
Kind.

Und so ging es eine ganze Stunde weiter. Es ging sogar so weit, daß ich, wenn ich Chads Zimmer verließ, einfach einen Schritt auf die Seite machte, um ihn dann sofort wieder am Kragen zu packen, wenn er aus dem Zimmer kam. Das nennt man Entschlossenheit.

Ich war ebenso entschlossen, diesen Kampf nicht zu verlieren. Schließlich machte ich ihm durch meine Hartnäckigkeit meine Absichten klar – und am nächsten Abend begann das Ganze von neuem.

Diese Art von Kindern nennen James Dobson und andere Familienforscher „eigensinnige," „schwierige," oder „störrische" Kinder. Andere nennen sie auch „Mütter-Killer"!

Kristi, immer
ruhig und
korrekt.

Und dann war da noch Kristi. Sie war ruhig, zurückhaltend, nachgiebig und ziemlich unabhängig. Manchmal haben wir sie einfach „verloren". Wir wußten, daß sie nicht allein hinausgehen würde, und so suchten wir sie im Haus und fanden sie versteckt hinter irgendeiner Tür, wo sie mit ihren Puppen spielte oder Playmobil-Männchen in einer Reihe aufstellte. Als sie älter wurde, hielt sie in ihrem Zimmer eine perfekte Ordnung. Dies war ihre Art, wie sie die Dinge tat – immer korrekt.

Als Chad noch ein Baby war, saß ich abends auf der Couch, mit ihm auf dem Schoß. Ich wippte und schaukelte ihn hin und her, bis er schließlich einschlief. Ich probierte diese Methode auch bei Kristi. Sie aber wollte davon nichts wissen. Sie wand sich und wehrte sich. Sie war glücklich und zufrieden, wenn man sie in ihr Bettchen legte und sie allein und in Ruhe einschlafen ließ.

Callie, mal so,
mal so.

Unsere andere Tochter, Callie, ist wieder anders. Sie zeigt eine Mischung aus allen Verhaltensstilen. Manchmal spielt sie lieber allein, aber sie sitzt auch gerne bei der ganzen Familie auf der Couch. Sie liebt es, auf meinem Schoß zu sitzen und fernzusehen oder zu lesen. Es ist ihr ganz egal, was sie tut – die Hauptsache ist, daß sie bei mir sitzt. Sie ist liebevoll und zärtlich, aber sie kann auch sehr stur sein. Jedes unserer Kinder ist also einzigartig, und diese Unterschiede kann man in vielen Situationen sehen.

Neulich hörte ich einen schrecklichen Schrei aus der Küche. Ich dachte, Callie hätte sich ihren Finger mit einem Messer abgeschnitten oder etwas ähnliches. Ich rannte also in die Küche. Alle drei Kinder tanzten um den Küchentisch und sangen: „Eine Tarantel! Eine Tarantel!" Eine winzige Spinne krabbelte an der Wand entlang, und sie schlugen nach ihr und besprühten sie mit Deo.

Ein Schrei aus der Küche ...

Ich bin offiziell für das Ungeziefer bei uns zu Hause zuständig. Karen und die Kinder lokalisieren es, und ich bringe es um. Also zog ich meinen Schuh aus und erschlug die Spinne. Das Ergebnis war ein häßlicher Blutfleck an der Wand.

... und die Folgen!

Chad, unser dominanter Sohn, sagte: „Fast daneben!"

Callie (hohes S) fragte: „Ist sie wirklich tot, Papi?"

Kristi (ausgeprägtes G) sagte: „Du weißt, daß man kein Geschöpf Gottes töten darf. Du hättest sie in den Garten bringen sollen."

Karen (hohes G und S) sagte: „Schau mal, was du getan hast. So eine Schweinerei!"

Und ich (hohes D und I) sagte zu Karen: „O ja, eine schreckliche Schweinerei. Das ist dein Zuständigkeitsbereich!"

Familien-Management

Karen und ich haben erfahren, daß wir, um unsere Kinder gemäß ihrer einzigartigen Verhaltensstile zu erziehen und die von Gott gewünschte Harmonie und Einheit in unserer Familie zu verwirklichen, unseren Erziehungsstil in einigen sehr wichtigen Punkten anpassen müssen.

Familiäre Harmonie fällt nicht vom Himmel.

Es ist sehr wichtig, sich den Bedürfnissen und Wünschen anderer zu beugen, um das Chaos in der Familie zu verringern, und es den Kindern zu ermöglichen, ein gesundes Selbstvertrauen zu gewinnen.

In Psalm 133,1 heißt es: „Siehe, wie fein und lieblich ist's, wenn Brüder einträchtig beieinander wohnen." Aber dieses Glück fällt nicht vom Himmel. Wir müssen daran arbeiten. Es ist sehr schwer für Familien mit vielen verschiedenen Persönlichkeiten, eine Einheit zu bilden, wenn die Mitglieder nicht wissen, warum es so oft zu Unstimmigkeiten kommt. Sie müssen lernen, mit unterschiedlichen Menschen unterschiedlich umzugehen.

Die Bibel lehrt uns, unsere Familien richtig zu führen. In 1. Timotheus 3,4-5 wird beschrieben, wie wichtig es ist, daß derjenige, der in der Kirche ein Führungsamt übernehmen will, seiner Familie richtig vorsteht. Er soll jemand sein, „der seinem eigenen Haus gut vorsteht und gehorsame Kinder hat in aller Ehrbarkeit. Denn wenn jemand seinem eigenen Haus nicht vor-

Erst die Familie, dann die Gemeinde gut leiten.

zustehen weiß, wie soll er für die Gemeinde Gottes sorgen?" Das ist eine sehr gute Frage.

Individueller Führungsstil.

Ein Geschäftsführer sollte die Bedürfnisse und Motivationen seiner Mitarbeiter kennen. Er paßt seinen Führungsstil an jeden Mitarbeiter an, damit dieser seine besten Leistungen bringt. Während der eine ständige Aufsicht und Ermutigung braucht, braucht der andere einfach eine Herausforderung und die Freiheit, diese Aufgabe nach seinen Vorstellungen zu erledigen.

Effektive „Familienmanager" müssen sich an das gleiche Prinzip halten. Ihr Verständnis für die unterschiedlichen Verhaltensstile in Ihrer Familie wird Ihnen dabei helfen, Ihre Familie effektiv zu führen.

Den Erziehungsstil anpassen

Sie können sich nicht grundlegend ändern ...

... aber Sie können Ihr Verhalten freiwillig und vorübergehend anpassen.

Der Gedanke, Ihren Erziehungsstil an verschiedene Kinder anzupassen, mag Ihnen nicht realisierbar erscheinen. Denn: ist dies nicht auch Ihr natürlicher Verhaltensstil? Ich will damit nicht sagen, daß Sie zu einem anderen Menschen werden sollen. Denn Sie können Ihre ursprüngliche, von Gott gegebene Natur nicht verändern. Sie können aber freiwillig vorübergehend und bewußt Ihr Verhalten an die Bedürfnisse anderer Menschen anpassen, um eine gegenseitig zufriedenstellende Beziehung aufzubauen.

Bei den meisten Menschen ist das Problem, daß sie den Verhaltensstil anderer erst einmal verstehen müssen. Dann, wenn sie davon überzeugt sind, daß sie ihr Verhalten ändern müssen, werden sie es auch tun. Andere Menschen könnten ihr Verhalten zwar anpassen, wollen dies aber nicht tun. Vielleicht sind sie zu egoistisch, um sich dafür einzusetzen, eine reife Beziehung aufzubauen. Vielleicht sind sie auch einfach zu faul. In beiden Fällen führt eine solche Beziehung zur Isolation und zu einem Gefühl der emotionalen Distanz. Wieder andere würden ihr Verhalten gerne anpassen, können es aber nicht. Irgendein Erlebnis in ihrem Leben hält sie davon ab, anderen gegenüber die Liebe zu zeigen, die diese dringend brauchen. Oder aber es mangelt ihnen an emotionaler Reife, oder sie besitzen nicht die nötigen sozialen Fähigkeiten. Diese Menschen brauchen besondere Hilfe und Beratung.

Wenn Sie aber dieses Buch lesen, sind Sie wahrscheinlich dazu bereit, es doch einmal zu versuchen. In diesem Fall möchte ich Ihnen einige Vorschläge machen, wie Sie Ihren Erziehungsstil anpassen können:

Jeder Mensch trägt eine „Brille" -

1. Erkennen Sie, wie Ihre eigene Sicht der Dinge Ihr Bild vom Umgang mit anderen trüben oder verfärben kann.

Die meisten Probleme bei menschlichen Beziehungen begründen sich in einer unterschiedlichen Auffassung der Dinge – zwei oder mehr Personen bewerten die gleiche Situation auf unterschiedliche Weise.

Ihr Bild von Ihren Kindern ist beeinflußt von Ihren Bedürfnissen und Wertvorstellungen, Ihrem Bild von sich selbst, von gemachten Erfahrungen, Vorurteilen, Vorlieben und Abneigungen und von Ihrem Verhaltensstil. In manchen Fällen können diese Einflüsse hilfreich sein. Wenn Sie glauben, was die Bibel über die natürliche Selbstsucht der Menschen sagt, kann auch dieses Wissen Ihr Handeln beeinflussen, wenn Sie z.B. ins Wohnzimmer kommen und Ihre Kinder sich gerade über das Fernsehprogramm streiten und jeder der beiden Ihnen eine andere Version davon erzählt, wer heute das Programm auswählen darf.

Aber Ihre persönliche Sicht der Dinge kann auch ein Hindernis sein. In manchen Fällen kann Ihr Verhaltensstil Sie daran hindern, den wahren Grund eines Konflikts zu verstehen. Ihre Sicht der Dinge kann verhindern, daß Sie auf unterschiedliche Situationen angemessen reagieren. Sie beeinflußt das, was Sie von Ihren Kindern und von anderen Menschen erwarten, und am häufigsten hindert sie Sie daran zu verstehen, warum andere sich so verhalten, wie sie es tun.

- werden Sie sich Ihrer „Brille" bewußt!

Der natürliche dominante Verhaltensstil meines Freundes Bill hilft ihm zwar in seiner Firma, wo er Geschäftsführer ist, bringt ihn aber bei seinem zehnjährigen Sohn Kirk nicht weiter. Kirk ist ein hohes I; er lebt von dem Zusammensein mit anderen Menschen und nicht davon, Aufgaben zu erledigen.

Die Fehler eines D-Vaters ...

Bill hat für seinen Sohn Kirk eine Liste seiner täglichen Pflichten erstellt. Dabei behandelt er Kirk wie die Mitarbeiter seines Büros. Bill sagt ihm, was er tun soll, und erwartet von Kirk, daß er die Aufgabe allein erledigt. Das ist ja auch die Weise, auf die Bill am liebsten arbeitet. Er mag es, wenn ihm sein eigener Vorgesetzter sagt, was er tun soll, und ihm dann freie Bahn läßt!

... gegenüber einem I-Kind ...

Bill ist also frustriert und verärgert, wenn er von der Arbeit nach Hause kommt und Kirk seine Pflichten nicht erfüllt hat. Er denkt, Kirk hätte kein Verantwortungsgefühl und sollte nicht so viel Zeit mit seinen Freunden vertrödeln. Was er aber nicht erkennt, ist die Tatsache, daß Kirk viele Dinge gerne mit seinem Vater gemeinsam machen würde. Er möchte, daß ihm die Arbeit Spaß macht.

... und wie das Kind reagiert:

Mit seinem Vater zusammenzusein hat für Kirk in seiner internen „Liste der wichtigen Dinge" höchste Priorität. Er macht Dinge möglicherweise absichtlich falsch, um seinen Vater dazu zu zwingen, ihm bei seinen Aufgaben zu helfen. Selbst wenn er bestraft wird, kann er so doch die Aufmerksamkeit seines Vaters auf sich ziehen.

Es sucht die Nähe!

111

2. Lernen Sie, an Ihrem Kind die Stärken zu sehen, nicht die Schwächen.

Lernen Sie die Stärken der Kinder erkennen ...

... und schätzen.

Unsere natürliche Veranlagung ist genau entgegengesetzt: Wir beurteilen die Menschen nach ihren Schwächen. Weil ihr Verhalten und ihr Bild der Situation nicht mit dem unsrigen übereinstimmt, gehen wir automatisch davon aus, daß unser Weg der „richtige" ist. Ein initiativer Vater ist möglicherweise der Überzeugung, daß seine gewissenhafte Tochter zu viel Zeit mit Lesen und Nachdenken verbringt. Anstatt ihre Fähigkeit zum Nachdenken als Stärke zu betrachten, sagt er, sie sei zu analytisch und zu weit entfernt von der wirklichen Welt. Eine Mutter mit einem hohen G-Anteil, die sehr viel Wert auf Ordnung und Sauberkeit legt, kann am Boden zerstört sein, weil ihr stetiger Sohn sich nicht so sehr um Sauberkeit kümmert, wie er es in ihren Augen eigentlich tun sollte. Diese Eltern neigen dazu, ihre Kinder unaufhörlich zu kritisieren.

Wie ich in Kapitel 15 näher beschreiben werde, entwickeln auch viele Eheleute diese Gewohnheit im Laufe der Zeit. Sie konzentrieren sich viel zu sehr auf die negativen Seiten ihres Partners, anstatt die positiven Seiten zu sehen. Für diese Paare wäre es sehr hilfreich, herauszufinden, wie sie ihre Verhaltensstile aufeinander abstimmen könnten, und so gemeinsam auf ihre Stärken zu bauen.

Vielleicht will Gott Ihre Familie durch die Stärken Ihres Kindes ergänzen?

Genauso ist es bei Eltern. Wenn Sie Ihr Kind erforschen, bedeutet dies gleichzeitig, daß auch Sie von Ihrem Kind lernen können. Haben Sie jemals daran gedacht, daß Gott Ihrem Kind möglicherweise ganz spezielle Stärken gegeben hat, die Ihnen und Ihrer Familie helfen könnten? Für viele Eltern (vor allem für Eltern von sehr jungen Kindern) ist dies ein unvorstellbarer Gedanke, weil sie noch nicht weit genug in die Zukunft geschaut haben.

Angenommen, Sie sind eine stetige Mutter und haben einen sechsjährigen dominanten Sohn. Es ist sehr gut möglich, daß er zur Zeit sehr fordernd und voller Energie ist und Ihnen den letzten Nerv raubt. Aber denken Sie einmal darüber nach, wie es wäre, wenn er jetzt siebzehn wäre, und Ihr Mann und Sie würden mit einer Grippe eine ganze Woche im Bett liegen. Wer würde dann die Verantwortung für den Haushalt übernehmen – das Essen kochen, einkaufen gehen und dafür sorgen, daß Ihre anderen Kinder rechtzeitig zur Schule kommen?

Jahrelange Kritik verhindert ...

... das Ausüben der Stärke, wenn's drauf ankommt!

Und plötzlich sehen Sie Ihren Sohn in einem ganz anderen Licht. In dieser Situation sind Sie plötzlich auf seinen dominanten Verhaltensstil angewiesen. Sie brauchen seine Tatkraft. Wenn Sie seinen Verhaltensstil aber jahrelang kritisieren, ist es sehr gut möglich, daß ihm das nötige Vertrauen oder der nötige Antrieb fehlt, um einzuspringen und zu helfen, wenn er gebraucht wird.

112

3. Passen Sie Ihr Verhalten an die Bedürfnisse Ihres Kindes an, ohne davon auszugehen, daß Ihr Kind dieselben Bedürfnisse hat wie Sie selbst: Finden Sie heraus, wie Sie Ihr Kind ermutigen können, wodurch es motiviert wird und wie Sie am besten mit ihm kommunizieren können. Gehen Sie nicht einfach davon aus, daß Ihr Kind so behandelt werden will, wie Sie selbst am liebsten behandelt werden wollen.

Nicht alles, was Ihnen gefällt ...

... gefällt auch Ihrem Kind!

Ich habe in diesem Kapitel bereits von meinem Freund Bill, dem dominanten Geschäftsführer, und seinem initiativen Sohn Kirk erzählt. Bill muß seinen Erziehungsstil so ausrichten, daß er öfter etwas gemeinsam mit seinem Sohn unternimmt. Kirk muß lernen, wie er seine Pflichten allein erfüllt, aber Bill muß ihm möglicherweise eine Zeitlang dabei helfen. Dies würde Kirk das Gefühl dafür geben, wie es ist, eine Aufgabe zu Ende zu bringen – eine Sache, die Bill wichtig ist – und ihm außerdem die Gelegenheit geben, mit seinem Vater zusammenzusein.

Bill muß gegen seine natürliche Angst ankämpfen, daß Kirk ihn ausnutzen will. Er muß diese Angst bewußt ablegen, in dem Wissen, daß Kirk nicht versucht, seinen Vater zu manipulieren, sondern aus seinem natürlichen Verhaltensstil heraus handelt.

Ängste und Vorbehalte bewußt ablegen!

Christine ist eine ausgesprochen initiative alleinerziehende Mutter. Ihre Wochenenden sind immer völlig ausgefüllt mit Aktivitäten. Ihr Sohn Mark, ein hohes G, ist gerne allein und braucht viel Zeit, um sich an neue Situationen und neue Menschen zu gewöhnen. Ihm würde eine Veranstaltung pro Wochenende genügen, während die vielen Pläne seiner Mutter ihm ein großes Maß an Streß bereiten.

Eine I-Mutter ...

... mit einem G-Kind:

Christine versteht nicht, warum Mark weniger oft mit Menschen zusammensein will als sie. Sie denkt, er sei nicht am Zusammensein mit anderen interessiert. „Das einzige, was ihn interessiert, ist, zu Hause zu sitzen und Bücher zu lesen oder mit ein paar Freunden auf der Straße zu spielen. Wenn er nicht mehr aus dem Haus geht und andere Menschen trifft, wird er zu einem langweiligen Kind werden, an dem das Leben vorbeigeht."

Was der Mutter hilft ...

Mark litt im vergangenen Jahr häufig an heftigen Kopfschmerzen. Christine konnte hier den Zusammenhang nicht erkennen. Sie dachte, es wäre das beste für ihn, wenn er mit anderen Menschen zusammenkäme. Denn das ist ja auch das Mittel, das bei ihr wirkt.

... schadet dem Kind!

Alle Kinder müssen lernen, Selbstbewußtsein zu entwickeln, sich an ungewohnte Umgebungen und neue soziale Erfahrungen anzupassen. Christine muß Mark vielleicht einen Anreiz dafür geben, mehr mit anderen Menschen zusammenzukommen. Sie muß ihm aber auch, mit Rücksicht auf seinen Verhaltensstil, die Gelegenheit geben, dies in seinem eigenen Tempo zu tun. So schwer es auch für sie sein mag: sie muß ihr Tempo herabsetzen und

So ist's richtig.

die Anzahl ihrer Aktivitäten am Wochenende verringern. Mit der Zeit wird sich Mark stark genug fühlen, Veränderungen zu akzeptieren, auch wenn seine natürliche emotionale Reaktion weiterhin ein Gefühl des Unbehagens bleibt.

Das Beispiel Jesu

Dieses Konzept, den eigenen Verhaltensstil an die Bedürfnisse eines anderen anzupassen, wurde uns von unserem Herrn gezeigt. In Johannes 11 erfahren wir vom Tod und der Auferweckung des Lazarus. Als Lazarus krank war, sandten seine Schwestern Martha und Maria einen Botschafter zu Jesus. Jesus blieb noch zwei Tage dort, wo er war. Als er sich schließlich nach Betanien aufmachte, war Lazarus bereits tot.

Als Martha, eine aufgabenorientierte Frau mit einem hohen Tempo, hört, daß Jesus kommt, läuft sie hinaus, um ihm entgegenzugehen. Maria, mit einem niedrigeren Tempo und beziehungsorientiert, bleibt zu Hause.

Jesus fordert Martha heraus ... Martha sagt deutlich, was sie denkt: „Herr, wärst du hier gewesen, mein Bruder wäre nicht gestorben." In den folgenden Sätzen spricht Jesus mit ihr und stellt ihr eine herausfordernde Frage.

Danach geht sie ins Haus und sagt ihrer Schwester Maria, daß Jesus gekommen ist. Maria sagt genau dasselbe zu Jesus, was zuvor auch Martha zu ihm gesagt hat: „Herr, wärst du hier gewesen, mein Bruder wäre nicht gestorben."

... während er bei Maria Mitgefühl zeigt: Jesus reagiert auf diese Aussage nicht wie bei Martha – er stellt Maria keine herausfordernde Frage. Statt dessen zeigt er großes Mitgefühl. Als Jesus Maria weinen sieht, wird er zornig und sehr betrübt, und am Grab des Lazarus weint auch er.

Jesus ist der Meister der individuellen Anpassung. Zwei verschiedene Menschen stellen die gleiche Frage, aber Jesus reagiert unterschiedlich. Die dominante Martha brauchte eine Herausforderung. Die stetige Maria brauchte Mitgefühl. Jesu Modell, den eigenen Verhaltensstil an die Bedürfnisse des anderen anzupassen, ist die Basis gottesfürchtiger Kindererziehung.

Eltern-Kind-Kombinationen

War Ihre Eltern-Kind-Kombination schon dabei? Am Ende dieses Kapitels finden Sie mehrere Seiten, die Ihnen dabei helfen können, Ihren Verhaltensstil an die Bedürfnisse Ihrer Kinder anzupassen. Sind Sie z.B. ein hohes S und Ihr Kind ist ein D, werden Sie auf diesen Seiten erfahren, wie Sie mit Ihrem Kind am effektivsten umgehen können.

Für jede Eltern-Kind-Kombination können sie Informationen zu den folgenden drei Aspekten finden:

- Stärken: Wenn wir Ähnlichkeiten und Unterschiede verstehen, akzeptieren und schätzen lernen, hat jede Eltern-Kind-Kombination bestimmte Vorteile.
- Konflikte: Jede Eltern-Kind-Kombination hat natürliche Konfliktbereiche. Diese Konflikte entstehen aufgrund von Unterschieden bei Tempo, Prioritäten, Perspektiven, Entscheidungsfindung, Kommunikation und Umgang mit Veränderungen.
- Strategien: Wenn wir die natürliche Dynamik einer jeden Eltern-Kind-Kombination verstehen, können wir konkrete Schritte unternehmen, damit sich Eltern und Kind gut verstehen.

*Stärken,
Konflikte,
Strategien*

Immer wieder konnte ich in meinen Workshops und Seminaren bei Eltern diesen Aha-Effekt sehen, nachdem sie die Ähnlichkeiten und Unterschiede zwischen sich selbst und ihren Kindern verstanden hatten. Wenn Eltern die natürlichen Stärken und Konfliktbereiche ihrer Eltern-Kind-Kombination verstanden haben, sind sie viel eher dazu bereit, ihren Erziehungsstil entsprechend anzupassen.

Der Aha-Effekt

Einer der Väter sagte neulich: „Jetzt verstehe ich auch, warum meine Frau und meine vierzehnjährige Tochter sich immerzu streiten. Sie sind beide dominant. Noch komplizierter wird es, weil auch ich ein hohes D bin, das heißt, wir sind drei Menschen, die alle die Kontrolle übernehmen wollen."

Eine Mutter, die sich selbst und ihren Mann als „sehr energische" Menschen beschrieb, erzählte, daß sie sich über das Verhalten ihres Sohnes immer sehr wunderte. Sie sagte: „Bis jetzt konnten wir es einfach nie verstehen, warum es so schwierig war, unseren Sohn für irgend etwas zu motivieren. Er ist immer hilfsbereit und sehr angenehm, und er bereitet uns nur selten irgendwelche Probleme. Aber wir schaffen es einfach nicht, ihn dazu zu bringen, die Initiative zu übernehmen."

*„Unser Sohn
ist immer
angenehm,
unternimmt
aber nie etwas!"*

Bevor Sie sich die folgenden Seiten durchlesen, sollten Sie sich etwas bewußt machen:

1. Jede Eltern-Kind-Kombination ist einzigartig. Die Informationen der folgenden Seiten werden Ihnen eine große Hilfe sein, aber es ist möglich, daß sie nicht genau auf Ihre Situation zutreffen. Es geht hier nicht um Zauberformeln, sondern darum, die Dynamik der Beziehung zwischen Ihnen und Ihrem Kind zu erklären und Ratschläge zu geben, mit denen Sie experimentieren können.

*Die Dynamik
der Beziehung
verstehen ...*

2. *Manche Eltern-Kind-Kombinationen verleiten eher zu einem ineffektiven Erziehungsstil* (autoritär, nachgiebig, aufopfernd, perfektionistisch).

... und effektiver erziehen lernen. Wenn Sie sich die kritischen Punkte bewußt machen, wird es Ihnen leichter fallen, Ihren effektiven Erziehungsstil beizubehalten und die positiven Seiten der anderen Verhaltensstile, wenn nötig, in Ihren natürlichen Verhaltensstil aufzunehmen.

Lesen Sie zuerst die Informationen zu denjenigen Kombinationen, die in Ihrer Familie vorkommen. Vergessen Sie nicht, auch die Abschnitte zu eventuellen sekundären Verhaltensstilen durchzulesen. Beantworten Sie sich beim Lesen die folgenden Fragen: Was trifft auf unsere Beziehung zu und was nicht? Auf welchen Gebieten sollte ich sofort handeln und etwas verändern? Wo gleichen wir uns? Wo sind wir verschieden? Wo passen wir gut zusammen, und wo fliegen die Fetzen?

Lassen Sie Ihr Kind an DISG teilhaben! Ich möchte Ihnen auch vorschlagen, Ihren Kindern das Modell der Verhaltensstile zu erklären und ihnen die Informationen zu Ihrer speziellen Eltern-Kind-Kombination vorzulesen. Erinnern Sie an bestimmte Situationen, wo Stärken oder Unstimmigkeiten ganz offensichtlich zu erkennen waren. Fragen Sie Ihr Kind nach seiner Meinung und nach Lösungsmöglichkeiten oder Vorschlägen, wie diese Strategien gemeinsam umgesetzt werden könnten. Lassen Sie alle an einem besseren Verständnis innerhalb der Familie mitarbeiten.

Einfache Formeln: verlockend, aber realitätsfern Jetzt ist es an der Zeit, daß Sie sich auf Ihr Kind konzentrieren, um herauszufinden, wie Sie im täglichen Leben mit seinem Verhaltensstil am besten zurechtkommen können. Vergessen Sie nicht, daß dies nur Richtlinien sind, keine Maßstäbe. Klare Formeln sind immer sehr verlockend, aber das Leben ist nicht so einfach, vor allem, wenn es um die Beziehung zwischen Eltern und Kindern geht. Suchen Sie sich das heraus, was auf Ihre Situation zutrifft und setzen Sie es ein. Vergessen Sie den Rest. Nur Sie selbst können wissen und entscheiden, was auf Sie und Ihr Kind zutrifft.

Dominante Eltern + dominante Kinder

Stärken: Erfolgreich bei gleichen Zielen *Stärken:* Solange Sie und Ihr Kind dieselben Wünsche und Ziele haben, ist alles friedlich, und Sie können gemeinsam in Teamarbeit viel erreichen. Ihr gemeinsamer Drang, Ergebnisse zu erzielen, kann sehr positiv und effektiv sein.

Konflikte: Machtkämpfe ... *Konflikte:* Machtkämpfe darüber, wer die Kontrolle besitzt, sind die häufigste Ursache für Reibereien und Streitigkeiten. Da beide Seiten sehr ehrgeizig

116

sind, wollen beide diesen Kampf um jeden Preis gewinnen, keiner möchte nachgeben oder aufgeben. Sie denken: Wenn ich ihm den kleinen Finger gebe, nimmt er gleich die ganze Hand, und in den meisten Fällen haben Sie sogar recht. Wenn Sie es jedoch nicht schaffen, Kompromisse zu schließen, kann Ihr Zuhause zu einem Schlachtfeld werden.

... und auch mangelnde Kompromißbereitschaft

Strategien:

Strategien:

- Erzwingen Sie keine Entscheidungen. Drohen Sie nicht, und stellen Sie kein Ultimatum.
- Gleichen Sie Ihre Kontrollgebiete aus, indem Sie Ihrem Kind Bereiche überlassen, in denen es die Kontrolle übernehmen kann.
- Geben Sie Ihrem Kind so oft wie möglich die Gelegenheit, eine Entscheidung zu treffen. Zum Beispiel: „Möchtest du dein Zimmer jetzt aufräumen oder wenn diese Fernsehsendung zu Ende ist?"

Wo möglich, Selbständigkeit erlauben;

- Halten Sie ihm keine Strafpredigten.
- Geben Sie ihm, wenn erforderlich, möglichst direkte, kurze Befehle: „Sarah, dein Zimmer!"
- Sprechen Sie mit Ihrem Kind über die größten Konfliktbereiche. Setzen Sie sich mit ihm zusammen, arbeiten Sie Regeln aus und halten Sie sich an diese Regeln. Dadurch wächst das Verantwortungsbewußtsein Ihres Kindes, und es lernt, Grenzen zu verstehen und zu respektieren. Diskutieren Sie nicht mit einem dominanten Kind. Wenn Sie dies tun, hat es den Kampf gewonnen, weil es ihm dann gelungen ist, Ihre Emotionen und Reaktionen zu kontrollieren.

nicht diskutieren!

Dominante Eltern + initiative Kinder

Stärken: Beide besitzen ein großes Selbstvertrauen und ein hohes Tempo. Ihr Kind wird verzweifelt versuchen, Ihnen zu gefallen und deshalb Ihrer Führung (manchmal auch nur scheinbar) folgen.

Stärken: ähnlich hohes Tempo

Konflikte: Ihr Drang, Ergebnisse zu erzielen, kann leicht durch die „Ich nehme das Leben, wie es kommt"-Einstellung Ihres Kindes durchkreuzt werden. Es kann häufig zu Konflikten kommen, wenn Ihr Ziel, Dinge zu erreichen, und das Ziel Ihres Kindes, Spaß am Leben zu haben und mit Freunden zusammenzusein, aufeinanderprallen. Sie können sehr ärgerlich werden über die Unorganisiertheit Ihres Kindes und seine Gewohnheit, Aufgaben nicht zu Ende zu bringen.

Konflikte: Kind sucht Gesellschaft, ist nicht so zielstrebig.

Strategien:

- Akzeptieren Sie, daß dieses Kind nie Ihre Zielorientiertheit besitzen wird. Deshalb ist es trotzdem nicht schlechter.
- Sorgen Sie dafür, daß die Arbeit Spaß macht. Erledigen Sie möglichst viele der Aufgaben und Pflichten gemeinsam mit Ihrem Kind.
- Bieten Sie Anregungen, wie es Worte in die Tat umsetzen könnte. Schreiben Sie die Details dessen auf, was Sie von ihm erwarten. Achten Sie darauf, daß Sie Regeln einfach und verständlich formulieren und diese leicht zu befolgen sind.
- **Zeigen Sie Begeisterung, wenn Ihr Kind lange Geschichten erzählt.** Diese Fähigkeit sollte man unterstützen – vielleicht wird es sich eines Tages sein Geld damit verdienen.

- Schenken Sie ihm viel Lob, Zuneigung und Anerkennung.
- Akzeptieren Sie die Gefühle Ihres Kindes, aber bestehen Sie auch auf Fakten.
- Mit Ihrer Stärke, unter Druck standfest zu bleiben, können Sie Ihrem Kind ein sehr gutes Vorbild sein, da es mit Gruppenzwang nicht sehr gut umgehen kann.

Dominante Eltern + stetige Kinder

Stärken: Sie führen gern, ihr Kind folgt gern. Es wird sich in Ihrer Nähe sicher fühlen, so lange Sie ein kontrolliertes und ausgeglichenes Verhalten zeigen.

Konflikte: Das stetige Kind ist leicht eingeschüchtert, wenn Sie zu heftig reagieren. Es nimmt Ihre Reaktion sehr persönlich. Eltern mit einem hohen D-Anteil, die sehr oft „hart rangehen", mißverstehen häufig die Weichherzigkeit und Gelassenheit Ihres stetigen Kindes und stempeln es als „schwach" ab. Dies kann bei dem Kind zu Problemen mit dem Selbstbewußtsein führen.

Strategien:

- Erwarten Sie nicht von Ihrem Kind, daß es sich selbst überlegt, wie es eine Aufgabe erledigen soll. Sagen Sie ihm ganz genau, Schritt für Schritt, was es tun soll. Es möchte Ihnen gefallen, also möchte es auch wissen, wie Sie eine Sache getan haben wollen.
- Achten Sie darauf, wie Sie etwas sagen. Dieses Kind ist sehr sensibel und kann durch spontane negative Bemerkungen oder Wutanfälle sehr leicht verletzt werden.

- Drängen Sie es nicht in einen harten Wettbewerb.
- Vergleichen Sie dieses Kind nie mit einem anderen Kind. Es empfindet dies als entmutigend und gibt unter Umständen weitere Versuche auf.
- Stetige Kinder müssen das Gefühl haben, ihren Eltern ganz nahe zu sein. Um Ihrem Kind das nötige Zugehörigkeitsgefühl zu geben und das Gefühl, daß es akzeptiert wird, müssen Sie über Ihren Schatten springen und viel Zeit mit Ihrem Kind verbringen und ihm sehr viel Zuneigung schenken.

Dominante Eltern + gewissenhafte Kinder

Stärken: Da beide aufgabenorientiert sind und gerne unabhängig arbeiten, treffen die jeweiligen Interessen hier zusammen. Als Team können Sie mit Ihrer Führung und der Detailorientierung Ihres Kindes viel erreichen.

Stärken: gemeinsam sachorientiert.

Konflikte: Sie selbst stürzen sich schnell auf ein neues Projekt, während dieses Kind sich die Dinge zuerst einmal im Detail überlegen möchte. Alle beide wollen Ergebnisse erzielen, aber während Ihr Kind möchte, daß die Dinge „richtig" getan werden, wollen Sie, daß sie schnell getan werden. Dieses unterschiedliche Tempo ist die hauptsächliche Konfliktquelle. Ihre Tendenz, die Kontrolle zu übernehmen, könnte dieses Kind entmutigen, da es unter Druck nicht arbeiten kann.

Konflikte: verschiedenes Tempo - schnell oder gründlich?

Strategien:
- Werden Sie nicht ungeduldig. Drängen Sie es nicht.
- Geben Sie ihm genügend Zeit, um Entscheidungen zu treffen.
- Lassen Sie diesem Kind genügend Zeit, um alle Fakten und Daten zu sammeln und die Dinge „richtig" zu tun.
- Seien Sie vorsichtig mit Kritik. Während Sie selbst durch Kritik motiviert werden, nimmt Ihr Kind sie sich sehr zu Herzen. Sein Selbstbewußtsein kann dadurch leiden. Gefühllose Bemerkungen oder Aggressionen machen es handlungsunfähig.
- Seien Sie dazu bereit, die „Wie?"-Fragen dieses Kindes zu beantworten, und geben Sie ihm detaillierte Informationen, ohne die Geduld zu verlieren.
- Akzeptieren und unterstützen Sie sein vorsichtiges Vorgehen. Erwarten Sie nicht, daß es so gern Risiken eingeht wie Sie.
- Hören Sie Ihrem Kind zu. Es hat sich im Normalfall das, was es tut, genauestens überlegt.

Strategien: Geduld, keine Aggressionen, nur sehr dosiert Korrektur.

Initiative Eltern + dominante Kinder

Stärken:
motivieren sich
gegenseitig

Stärken: Initiative Eltern sind begeistert von den Stärken ihrer dominanten Kinder, geben mit ihren Erfolgen an und teilen mit ihnen das Rampenlicht. Sowohl initiative Eltern als auch dominante Kinder fühlen sich stark und unternehmungslustig und suchen unaufhörlich nach Aktivitäten. Sie wollen beide als Gewinner dastehen. Das häufige Lob initiativer Eltern motiviert das dominante Kind, das bewundert werden will.

Konflikte:
Eltern gestatten
zuviel, um
akzeptiert zu
bleiben.

Konflikte: Initiative Eltern brauchen das Gefühl, daß sie von ihren Kindern geliebt werden, und tendieren dazu, ihren Kindern deshalb zuviel zu erlauben. Auch wenn dominante Kinder gewisse Freiheiten und Entscheidungsmöglichkeiten brauchen, müssen ihnen klar definierte Grenzen gesetzt werden, deren Einhaltung von den Eltern überwacht wird. Wenn die initiativen Eltern nicht aufpassen, kann es leicht passieren, daß das dominante Kind die Kontrolle in der Familie übernimmt.

Strategien:
Konsequenz,
Direktheit ...

Strategien:

- Setzen Sie klare Grenzen und halten Sie an diesen fest. Wenn Ihr Kind die Regeln bricht oder die Grenzen überschreitet, müssen Sie die vorher festgelegten Konsequenzen und Strafen auch durchziehen.

- Denken Sie daran: Dieses Kind nutzt jede Ihrer Unachtsamkeiten oder mangelndes Durchsetzungsvermögen für sich aus. Es ist jederzeit dazu bereit, die Führung zu übernehmen.

... und Bereit-
schaft zur Kon-
frontation!

- Haben Sie keine Angst vor Konfrontationen. Rechnen Sie jederzeit damit!

- Seien sie kurz und bündig, wenn Sie das Verhalten des Kindes korrigieren. Dominante Kinder wollen und brauchen keine langen Erklärungen. Geben Sie ihm kurze Anweisungen und machen Sie ihm klar, daß es diese zu befolgen hat.

- Machen Sie sich bewußt, daß dieses Kind Sie häufig aus Ihrer „Sicherheitszone" herausdrängen wird und daß das für Sie emotional zermürbend sein kann.

Initiative Eltern + initiative Kinder

Stärken:
Hier geht's
immer locker
und lustig zu!

Stärken: Beide sind vom Leben begeistert und optimistisch, sind gern mit anderen Menschen zusammen, haben gern viel Spaß, wollen andere beeindrucken und verteilen ihr Lob und ihre Anerkennung sehr freigiebig. Wenn einer der beiden einen Fehler macht, nehmen sie es ganz locker und vergeben schnell.

Konflikte: Weil sowohl initiative Kinder als auch initiative Eltern sehr emotional sind, kann es sein, daß sie sich um die Aufmerksamkeit anderer streiten. Eifersucht zwischen einer initiativen Mutter und einer initiativen Tochter ist nicht selten. Da beide sehr impulsiv sind, können das Durchhaltevermögen bei Verantwortungen und die finanzielle Disziplin in der Familie zu einem Problem werden.

Konflikte: Eifersucht und fehlende Disziplin.

Strategien:

- Hören Sie Ihrem initiativen Kind zu. Es redet genauso gern und viel wie Sie.

- Ihre Tendenz, Ihrem Kind zuviel zu erlauben, kann bei ihm zu einem noch größeren Mangel an Verantwortungsbewußtsein führen. Lernen Sie, einige der Stärken des dominanten und des gewissenhaften Erziehungsstils in Ihr Verhalten aufzunehmen, um effektiver erziehen zu können.

- Denken Sie daran, daß dieses Kind Details genauso wenig mag wie Sie selbst. Machen Sie klar, wer für was verantwortlich ist. Sie können dafür sorgen, daß dies zu einem Spaß wird, indem Sie ein Spiel daraus machen.

- Legen Sie Grenzen fest, und setzen Sie diese mit Disziplin durch. Widerstehen Sie dem Bedürfnis, Ihrem Kind aus der Patsche zu helfen, wenn es sich nicht an die Regeln gehalten hat. Das wird nicht einfach sein, aber es ist nötig, damit es zu einem kompetenten und verantwortungsbewußten Erwachsenen heranwachsen kann.

Strategien: Zuhören, Regeln festlegen,

konsequent bleiben

Initiative Eltern + stetige Kinder

Stärken: Initiative Eltern genießen die gelassene, angenehme Art des stetigen Kindes. Initiative Eltern reden gerne, und stetige Kinder hören gerne zu. Sie kommen sehr gut miteinander aus.

Stärken: I redet, S hört zu.

Konflikte: Die meisten Probleme zwischen initiativen Eltern und stetigen Kindern treten aufgrund des unterschiedlichen Tempos auf. Die initiativen Eltern genießen ein schnelles, aufregendes Leben, und das ist genau das, was das stetige Kind vermeiden will. Das hohe I liebt Lärm und Durcheinander, das hohe S sucht Ruhe. Das hohe I liebt Spontaneität, Abwechslung und schnelle Veränderungen. Das ausgeprägte S dagegen gewöhnt sich nur langsam an Veränderungen, liebt Routine und verabscheut Überraschungen.

Konflikte: I liebt Spontaneität, S liebt Ruhe.

Strategien:
Zeit geben, die
Scheu akzeptie-
ren - und um
Hilfe bitten

Strategien:

- Schrauben Sie Ihr Tempo etwas zurück. Geben Sie ihrem Kind die Gelegenheit, in seinem eigenen, niedrigeren Tempo zu reagieren.
- Geben Sie ihm genügend Zeit, um Entscheidungen zu treffen.
- Dämpfen Sie Ihren Enthusiasmus. Bringen Sie das stetige Kind nicht in Verlegenheit, indem Sie seine Erfolge vor anderen zu sehr preisen. Bieten Sie ihm Unterstützung und Ermutigung lieber im familiären Bereich anstatt vor anderen.
- Zeigen Sie ihm ehrliches Lob und ehrliche Anerkennung.
- Akzeptieren Sie die Scheu Ihres Kindes und die Tatsache, daß es bei neuen Menschen oder Ereignissen nur langsam auftaut.
- Warnen Sie es, wann immer dies möglich ist, vor bevorstehenden Veränderungen, und erklären Sie ihm, was sich wie verändert.
- Stellen Sie ihm häufiger Fragen, und hören Sie seinen Antworten genau zu.
- Bitten Sie es um seine Hilfe, um Aufgaben zu erledigen. Das stetige Kind liebt das Gefühl, daß sein Beitrag geschätzt wird und erwünscht ist.

Initiative Eltern + gewissenhafte Kinder

Stärken: Sie können sehr viel voneinander lernen, weil die Stärken des einen die Schwächen des anderen ausgleichen. Das gewissenhafte Kind kann lernen, die Dinge nicht so ernst zu nehmen und mehr Freude am Leben zu haben. Und Ihr Kind kann Ihnen dabei helfen, Dinge analytischer zu durchdenken.

Konflikte: Die Unterschiede zwischen beiden können häufig zu Mißverständnissen führen. Sie selbst reden gerne, aber Ihr Kind braucht Zeit, um allein zurechtzukommen. Weil Sie sich so sehr auf Worte konzentrieren, ist es möglich, daß Sie die indirekte Art Ihres Kindes, seine Anliegen mitzuteilen, übersehen.

Strategien:

- Hören Sie zu, um Ihr Kind besser zu verstehen. Seien Sie wachsam für Nuancen in den Äußerungen Ihres Kindes. Es verwendet Worte nur sehr spärlich, und jedes Wort hat eine Bedeutung.
- Dämpfen Sie Ihre emotionalen Reaktionen und Ihren Enthusiasmus. Konzentrieren Sie sich mehr auf Fakten und seien Sie objektiver, vor allem bei Konflikten.

- Erkennen Sie, daß der Drang des gewissenhaften Kindes nach Perfektionismus genau so tief sitzt wie Ihr Bedürfnis, Spaß zu haben. Es kann sich Fehler nicht einfach „von der Seele lachen".
- Ermöglichen Sie Ihrem Kind, allein zu sein, um seine Enttäuschung zu überwinden, wenn es mit seiner Arbeit den eigenen Maßstäben nicht gerecht werden konnte.
- Drängen Sie es nicht. Geben Sie ihm genügend Zeit, um Qualitätsarbeit zu leisten.
- Schenken Sie ihm echtes Lob und echte Anerkennung für seine Arbeit. Beschreiben Sie ganz genau, was es gut gemacht hat, statt allgemein „Gute Arbeit!" zu sagen oder „Klasse!" oder „Das hast du gut gemacht!"
- Denken Sie immer daran, daß die größte Angst gewissenhafter Menschen die Kritik an ihrer Arbeit ist. Gehen Sie behutsam und vorsichtig vor, wenn Sie Ihr Kind korrigieren. Akzeptieren Sie sein vorsichtiges Verhalten.

Feinheiten

Stetige Eltern + dominante Kinder

Stärken: Sie besitzen die Fähigkeit, diesem Kind die nötige Ermutigung zu schenken, die es bei seinen Versuchen, seine Ziele zu erreichen und seine Führungskräfte einzuüben, braucht.

Stärken: Ermutigung

Konflikte: Da dieses Kind unaufhörlich versucht, die Kontrolle zu übernehmen und immer sofort in Aktion zu treten, können stetige Eltern wie Sie, die wollen, daß die Dinge ruhig und friedlich ablaufen, sehr schnell erschöpft sein. Das größte Problem dieser Eltern-Kind-Kombination besteht im Bereich der Disziplin. Stetige Eltern sind zu nachgiebig und wollen Konflikte vermeiden, und das weiß das dominante Kind sehr genau. Es kann diese Tatsache leicht für sich ausnutzen. Sie wollen Frieden um jeden Preis, aber dies kann dazu führen, daß Ihr Kind unkontrollierbar wird.

Konflikte: S-Eltern sind zu nachgiebig.

Strategien:
- Das Kind braucht einige Gebiete, auf denen es Kontrolle ausüben kann. Stellen Sie aber sicher, daß nicht Sie von ihm kontrolliert werden. Lassen Sie sich nicht entmutigen, wenn es Sie für eine Aktivität nicht braucht. Das dominante Kind liebt es, Dinge in eigener Regie zu tun. Nehmen Sie das nicht persönlich.
- Bleiben Sie entschlossen. Zwingen Sie sich selbst, auf Ihrem Standpunkt zu bestehen. Legen Sie klare Tatsachen fest, und bestehen Sie auf Ihrer Autorität.

Strategien: Lassen Sie das Kind Dinge in eigener Regie tun - aber setzen Sie klare Grenzen!

- Seien Sie entschlußfreudig, und stehen Sie zu Ihren Entscheidungen. Denken Sie immer daran, daß dieses Kind Sie unaufhörlich prüft. Wanken Sie nicht!
- Machen Sie sich klar, daß es nicht einfach für Sie ist, einen dominanteren Erziehungsstil einzusetzen, daß dies aber nötig ist.
- Haben Sie nicht das Gefühl, Sie hätten versagt, weil Ihr Kind so anders ist als Sie selbst. Ihr Kind ist aufgrund seiner Veranlagung so, wie es ist.

Stetige Eltern + initiative Kinder

Stärken:
Sie kommen gut miteinander aus.

Stärken: Sie können gut miteinander auskommen, denn Sie selbst verbringen Ihre Zeit lieber in Ruhe, und Ihr Kind kann Ihnen dafür die Unterhaltung bieten. Sie schenken einander Lob und Anerkennung, die beide brauchen, um sich gut zu fühlen.

Konflikte:
Das Kind hat ein höheres Tempo.

Konflikte: Mit dem Tempo dieses Kindes Schritt zu halten, kann für Sie eine Herausforderung sein. Ihr Kind liebt Veränderungen und bewegt sich wie eine Rakete von einer Aktivität zur nächsten. Sie selbst wollen, daß die Dinge ruhig, friedlich und nach einer gewissen Routine verlaufen.

Strategien:
Seien Sie standhaft und setzen Sie Grenzen.

Strategien:
- Sie müssen diesem Kind Grenzen setzen und standfest bleiben. Mit seiner schnellen Art zu reden schafft es das initiative Kind oftmals, Sie von etwas zu überzeugen, so daß Sie danach nur sprachlos dastehen und sich fragen, wie Sie ihm eine bestimmte Sache nur erlauben konnten.
- Nehmen Sie diesem Kind nicht zu viele seiner Pflichten ab. Es liebt die Arbeit nicht sehr, und wenn Sie nicht aufpassen, läßt es Sie alle Aufgaben an seiner Stelle erledigen. Das Kind hat so keine Gelegenheit, das nötige Verantwortungsbewußtsein zu entwickeln. Es geht unbeschwert durchs Leben und verläßt sich darauf, daß sich immer jemand um alles kümmert, und daß es sich nur darum kümmern muß, was Spaß macht.
- Helfen Sie ihm nicht aus der Patsche, wenn es seine Hausaufgaben nicht gemacht hat oder einen Termin nicht eingehalten hat. Es muß die Konsequenzen kennenlernen, die Vergeßlichkeit oder Unordentlichkeit mit sich bringen.
- Helfen Sie Ihrem Kind, organisierter zu werden, indem Sie ihm Schritt für Schritt aufschreiben, wie es eine Sache tun soll. Verwenden Sie eine „Liste der täglichen Pflichten", aber wundern Sie sich nicht, wenn Ihr Kind die Liste häufig verliert.

Stetige Eltern + stetige Kinder

Stärken: Sie haben sehr viele Gemeinsamkeiten und können zusammen eine schöne Zeit verbringen. Beide bevorzugen eine entspannte, ruhige und friedliche Atmosphäre in der Familie und setzen sich dafür ein, daß das auch so bleibt. Beide helfen einander aus, und sie genießen es, einmal nichts zu tun – den Nachmittag mit Fernsehen zu verbringen, durch ein Einkaufszentrum zu schlendern oder in einem Boot stundenlang zu angeln – ohne sich Gedanken über Zeit oder Aufgaben zu machen.

Stärken: Hier herrscht Ruhe und Frieden.

Konflikte: Das größte Problem besteht auf dem Gebiet der Kommunikation, denn beide wollen die Dinge nicht beim Namen nennen, sondern machen nur indirekte Andeutungen, und keiner will eine Entscheidung treffen. Keiner der beiden will Dinge ins Rollen bringen, die Veränderungen verursachen könnten. Wenn Sie Ihrem Kind in allem entgegenkommen, wird es zu abhängig von Ihnen sein und nicht die Fähigkeit entwickeln, selbständig zu denken und zu handeln. Da keiner den anderen kränken will, ist es oft möglich, daß verletzte Gefühle unterdrückt werden. Im Laufe der Zeit kann sich dieser Unwille, unangenehme Dinge auszusprechen, zu einem Problem entwickeln.

Konflikte: Werden unterdrückt, weil niemand Unangenehmes ansprechen will.

Strategien:

- Sorgen Sie dafür, daß Momente, in denen Sie etwas für Ihr Kind tun, sich mit Momenten, in denen Sie es ermutigen, selbst etwas für sich zu tun, die Waage halten.
- Bringen Sie häufiger etwas ins Rollen, und seien Sie entschlußfreudiger.
- Machen Sie sich klar, daß ein gewisses Maß an Konflikten und Veränderungen gesund ist. Das Leben verändert sich unaufhörlich. Versuchen Sie also nicht, Ihr Kind vor dieser Realität zu beschützen.
- Veranlassen Sie Ihr Kind dazu, Ihnen zu sagen, wie es sich fühlt und teilen Sie ihm auch ehrlich mit, wie Sie sich fühlen. Kehren Sie negative Gefühle nicht unter den Teppich, in der Hoffnung, daß sie von selbst verschwinden.

Strategien: Initiative, Mut zu Konflikten

Stetige Eltern + gewissenhafte Kinder

Stärken: Beide haben ein niedriges Tempo und geben dem anderen genügend Zeit, um allein zu sein. Sie genießen es, ohne viele Worte zusammenzusein. Keiner von beiden ist aufdringlich, und beide versuchen, Konflikte zu vermeiden.

Stärken: Sie können miteinander schweigen.

Konflikte: In dieser Eltern-Kind-Kombination kann das Kind durch seine kritische Art leicht die Gefühle der Eltern verletzen. Die Eltern versuchen, diese Gefühle zu unterdrücken, anstatt darüber zu reden. Zwischen der intuitiven, logischen Vorgehensweise des gewissenhaften Kindes und der gefühlsorientierten Art der stetigen Eltern kann es häufig zu Konflikten kommen. Stetige Eltern setzen sich für nahe und persönliche Beziehungen ein und machen sich deshalb oft Sorgen über die kühle und berechnende Art ihres Kindes.

Strategien:

- Akzeptieren Sie das Bedürfnis dieses Kindes nach seiner Privatsphäre. Geben Sie ihm im Falle eines Konflikts die Gelegenheit, allein darüber nachzudenken und erst später über das Problem zu sprechen.

- Nach Konflikten und Streß braucht das gewissenhafte Kind genügend Zeit für sich allein, um seine Energien zurückzugewinnen. Interpretieren Sie dies nicht als ablehnendes Verhalten.

- Drängen Sie Ihr Kind nicht in eine enge Beziehung zu Ihnen. Wählen Sie die Zeiten, in denen Sie sich mit ihm austauschen, sehr sorgfältig aus. Reden Sie darüber, wie Sie sich fühlen, und zeigen Sie Verständnis, wenn das Kind sich zurückzieht oder abschaltet.

- Bereiten Sie sich darauf vor, ihm alles genau und detailliert zu erklären. Verlieren Sie dabei nie die Geduld.

- Geben Sie ihm Zeit, um über seine Enttäuschung hinwegzukommen, wenn es seine eigenen Standards nicht erfüllen konnte.

- Schenken Sie ihm ehrliches und differenziertes Lob, und zeigen Sie Anerkennung für seine Arbeit.

- Vermeiden Sie es, auf seine kritische Art heftig zu reagieren. Zeigen Sie ihm ganz behutsam, wie es lernen kann, Mängel an sich selbst und an anderen zu akzeptieren.

Gewissenhafte Eltern + dominante Kinder

Stärken: Sowohl gewissenhafte Eltern als auch dominante Kinder sind aufgabenorientiert. Wenn sie das gemeinsame Ziel haben, eine Aufgabe zu erfüllen, können sie sehr effektiv zusammenarbeiten und sich gegenseitig helfen.

Konflikte: Wenn sich die Ziele der gewissenhaften Eltern und des dominanten Kindes unterscheiden, so kämpfen die Eltern einen aussichtslosen Kampf. Das hohe G möchte, daß die Dinge „richtig" gemacht werden, d.h. nach seinen Standards. Aber was in den Augen eines G „richtig" ist, ist für das hohe D viel zu umständlich und kompliziert. Das dominante Kind möchte die Sache auf seine Weise erledigen und schnell damit fertig werden. Das Kind trifft schnelle Entscheidungen und handelt schnell, kann dabei aber wichtige Details übersehen, die für die gewissenhaften Eltern von großer Bedeutung sind.

Strategien:

- Überlassen Sie Ihrem dominanten Kind einen Teil der Verantwortung, und vermeiden Sie es, einzugreifen, um etwas verbessern zu wollen. Dieses Kind braucht das Gefühl, Verantwortung zu tragen.
- Seien Sie großzügig mit Lob und Anerkennung. Dies wird Ihnen wahrscheinlich etwas schwerfallen, weil Sie immer einen Weg sehen, wie man es noch etwas besser hätte machen können.
- Machen Sie sich bewußt, daß es für dieses Kind sehr wichtig ist, Risiken einzugehen. Setzen Sie Grenzen deshalb nach Vernunfts- und Sicherheitskriterien.
- Akzeptieren Sie die Tatsache, daß das Leben mit einem dominanten Kind unaufhörliche Veränderungen und Herausforderungen mit sich bringt.
- Machen Sie sich bewußt, daß dieses Kind ein großes Maß an körperlicher Bewegung braucht.
- Vermeiden Sie es, mit ihm zu diskutieren: Ihre Gründe werden das Kind wahrscheinlich nicht überzeugen.
- Und vor allem: Erwarten Sie keine Perfektion. Achten Sie darauf, Ihre Maßstäbe nicht so hoch anzusetzen, daß Ihr Kind das Gefühl hat, ihnen nie gerecht werden zu können. Sogar ein hohes D gibt irgendwann einmal auf, wenn es ständig den Eindruck hat, daß es einer Aufgabe nicht gewachsen ist.

> *Strategien:*
> *Lassen Sie ihm Raum, Dinge auf seine Weise zu entfalten.*

Gewissenhafte Eltern + initiative Kinder

Stärken: Ihre Liebe zum Detail und Ihr Drang, die Dinge richtig zu tun, sind genau das, was dieses Kind braucht, um im Leben ausgeglichener und erfolgreicher zu sein. Und Ihr initiatives Kind kann Freude und frischen Wind in Ihr Leben bringen, da Sie von Natur aus ernster veranlagt sind.

> *Stärken:*
> *ideale Ergänzung*

Konflikte: Da Sie sich auf der entgegengesetzten Seite der Prioritäten/Tempo-Skala befinden, fällt es Ihnen schwer, das unaufhörliche intensive Streben Ihres Kindes nach Spaß zu verstehen. Es ist möglich, daß Ihr Kind aufgrund Ihrer hohen Standards nicht das Maß an Zuneigung und Anerkennung er-

> *Konflikte:*
> *Bekommt das Kind genügend Anerkennung?*

hält, das es so dringend braucht. Es kann sein, daß Ihr Kind deshalb bei anderen Menschen nach Anerkennung sucht.

Strategien:
Nehmen Sie Ihr
Kind wichtiger
als Ihre
Aufgaben.

Strategien:

- Bei diesem Kind müssen Sie Ihre Erwartungen ändern. Akzeptieren Sie, daß dieses Kind den Details nie dieselbe Bedeutung beimessen wird wie Sie.
- Dieses Kind lechzt nach Lob und Anerkennung. Achten Sie also auf seine Stärken, und loben Sie es bei jeder Gelegenheit, die sich Ihnen bietet.
- Haben Sie Freude an Ihrem Kind, so wie es ist, auch wenn seine Stärken sich von Ihren Stärken unterscheiden.
- Unterbrechen Sie Ihre Arbeit an einer Aufgabe oder einem Projekt lange genug, um Ihrem Kind ungeteilte Aufmerksamkeit zukommen zu lassen.
- Lauschen Sie seinen Geschichten und Erzählungen mit Begeisterung. Das initiative Kind gewinnt neue Energien beim Erzählen und wenn es sieht, daß Sie ihm aufmerksam zuhören.
- Aber was am wichtigsten ist: Drängen Sie Ihr Kind nicht zur Perfektion. Setzen Sie Ihre Maßstäbe nicht so hoch, daß es das Gefühl bekommt, es könne sie nie erreichen.

Gewissenhafte Eltern + stetige Kinder

Stärken:
langsame und
zurückhaltende
Beziehungen

Stärken: Sowohl die gewissenhaften Eltern als auch das stetige Kind gehen die Dinge langsam an und bevorzugen eine zurückhaltende, entspannte Beziehung. Gewissenhafte Eltern schätzen die angenehme, gelassene Art des Kindes, das ebenfalls versucht, laute Konflikte zu vermeiden.

Konflikte:
verschiedene
Qualitäts-
standards.

Konflikte: Es ist möglich, daß Sie frustriert sind, weil Ihr Kind die Dinge nicht ebenso genau durchdenkt, wie Sie - oder Ihre Begeisterung für Details nicht mit Ihnen teilt. Sie werden sich Gedanken darüber machen, warum Sie dieses Kind scheinbar nicht dazu motivieren können, nach denselben Qualitätsstandards zu streben, die für Sie wichtig sind.

Strategien:
Wärme und
menschliches
Interesse zeigen
statt Perfektio-
nismus.

Strategien:

- Machen Sie sich bewußt, daß Sie sich häufig auf schwierige Aufgaben konzentrieren und darauf, die Dinge richtig zu tun. Gleichen Sie dies aus, indem Sie beim Zusammensein mit Ihrem Kind erforschen, wie es sich fühlt und was in seiner Welt vor sich geht.

- Seien Sie offener, und teilen Sie Ihrem Kind häufiger Ihre Gefühle mit. Ermutigen Sie es, aus sich herauszugehen.
- Erlauben Sie Ihrem Kind den Luxus, manchmal einfach nichts zu tun. Auf diese Weise kann es seine Batterien neu aufladen und neue Energie gewinnen.
- Denken Sie daran, daß Sie genau erklären, wie Sie eine Sache getan haben wollen. Erwarten Sie nicht von einem stetigen Kind, daß es alle Details allein erarbeitet.
- Schenken Sie ihm echte Anerkennung für jede seiner Anstrengungen, auch wenn diese vielleicht nicht Ihren Standards genügen.
- Gehen Sie mit Kritik sehr vorsichtig um. Kritik kann sehr hart klingen, auch wenn das gar nicht beabsichtigt ist.
- Und vor allem: Setzen Sie Ihre Standards nicht so hoch an. Ihr Kind wird dann das Gefühl bekommen, es sei unfähig und seine Anstrengungen würden nicht geschätzt, und es wird einfach aufgeben.

Gewissenhafte Eltern + gewissenhafte Kinder

Stärken: Dies ist eine Eltern-Kind-Kombination, die Wunderkinder hervorbringt. Beide lieben es, gemeinsam an einer Aufgabe oder einem Projekt zu arbeiten, und können sich voll und ganz darauf konzentrieren, was getan werden muß. Beide neigen zur Ernsthaftigkeit. Sie haben sich der Qualität verschrieben und konzentrieren sich darauf, die Dinge richtig zu tun.

Stärken: Hier wachsen Wunderkinder heran.

Konflikte: Es kommt zu Konflikten, wenn Eltern und Kind unterschiedlicher Meinung darüber sind, wessen Weg der „richtige" Weg ist. Dann verschließen sich beide in sich selbst und planen ihren nächsten Schritt. Beide sind dazu bereit, einen „Krieg der indirekten Kommunikation" zu führen.

Konflikte: „Krieg der indirekten Kommunikation"

Strategien:
- Zeigen Sie sich offen, wenn Ihr Kind einen anderen Weg vorschlägt, um eine Aufgabe zu lösen. Seien Sie dazu bereit, Ihre Maßstäbe etwas zu beugen, um eine Aufgabe auf eine für beide annehmbare Weise zu Ende zu bringen.
- Gehen Sie vorsichtig vor, wenn Sie das Verhalten Ihres Kindes korrigieren — Sie wissen ganz genau, daß Kritik an Ihrer Arbeit eine Ihrer größten Ängste ist.

Strategien: Offenheit für andere Wege: Vorsicht bei Kritik!

- Reagieren Sie nicht zu heftig, wenn Ihr Kind Sie kritisiert.
- Zeigen Sie ein großes Maß an Zuneigung und Gefühl. So wie Sie selbst braucht auch dieses Kind das Gefühl, daß es geliebt und geschätzt wird, wobei es aber von Natur aus nicht sehr anhänglich ist.
- Und vor allem: Setzen Sie Ihre Maßstäbe nicht so hoch an, daß Ihr Kind das Gefühl hat, ihnen nie gerecht werden zu können.

10. „Spieglein, Spieglein . . ."

Wenn Susanne auf eine Party kam, stand sie immer sofort im Mittelpunkt des Geschehens. Sie war hübsch, lebhaft und sagte die skandalösesten Dinge, um andere zu schocken. Susanne war die Frau, die jeder kennenlernen wollte, und für jemanden, der im Hollywood der 30er und 40er Jahre lebte, war das ein berauschendes Erlebnis.

Susanne - eine Biographie:

immer im Mittelpunkt,

Solange sie sich erinnern konnte, hatte sich ihr Leben ums Showbusiness gedreht. Ihre Mutter war viele Jahre lang Tänzerin im Varieté gewesen, und ihre Cousins und Cousinen arbeiteten im Theater und im Filmstudio.

Susanne verstand sich nicht sehr gut mit ihrer Mutter. Wahrscheinlich hatte sie ihr nie verzeihen können, daß sie sie mit acht Jahren in einem Waisenhaus zurückließ, um mit ihrem neuen Ehemann theaterspielend durchs Land zu ziehen. Vier Jahre später holte sie ihre Mutter dort wieder ab. Während Susannes Teenagerzeit stritten sich die beiden jedoch unaufhörlich.

Streß mit der Mutter,

Susanne arbeitete als Revuetänzerin und spielte in mehreren Filmen mit. Dann wurde sie erste Tänzerin in einem berühmten Nachtclub – einer von den Clubs, die von Top-Produzenten und -Regisseuren besucht werden. Dort lernte sie die Schattenseiten Hollywoods kennen, denn der Nachtclubbesitzer hatte Beziehungen zur Mafia.

Tänzerin im Nachtclub,

Begleiterin von Mafiosi,

Es waren gefährliche Jahre. Susanne wurde von Gangstern bedroht, wenn sie sich weigerte, mit ihnen auszugehen. Sie kannte die Mädchen, die mit diesen Männern ausgegangen waren, und sie wußte auch von Mädchen, die verschwunden waren.

Schließlich fand Susanne ein neues Ventil für ihre Energie und ihren Ehrgeiz. Sie wurde Assistentin eines Regisseurs. Unter Einsatz ihrer Intelligenz und ihrer starken Persönlichkeit konnte sie gute Leistungen erzielen. Bald begannen andere Regisseure sie um ihre Mitarbeit zu bitten, und sie lernte, wie man Filme macht.

Assistentin eines Filmdirektors.

Susannes höchstes Ziel war es, selbst Produzentin zu werden. Heute verdienen Frauen wie sie Millionen in Hollywood, aber in den 40er Jahren wurde sie von niemandem ernst genommen. Sie hatte das Gefühl, als ob ihr Hindernisse in den Weg gelegt würden, von anderen Frauen, von der Filmindustrie, von den Männern. Ihre Karriere kam ins Stocken – ein schwerer Schlag für einen so ehrgeizigen Menschen.

Dann, im Alter von neunundreißig Jahren, bekam Susanne die Chance für einen Neubeginn. Sie heiratete einen Bühnenbildner und bekam bald darauf ein kleines Mädchen.

Familie – Neuanfang!

Susanne beschloß, daß ihre Tochter Cathy nicht denselben Schmerz und dieselben Niederlagen durchleben würde, die sie durchleben mußte. Sie würde es ihrer Tochter nicht erlauben, zum Showgeschäft zu gehen. Sie würde sie zu einer guten Ehefrau und Mutter erziehen, und Susanne würde ihr Vorbild sein.

Das Problem jedoch war, daß Susanne selbst nie ein richtiges Vorbild bei der Kindererziehung gehabt hatte. Sie liebte ihre Tochter, aber sie wußte nicht, was sie tun mußte. Bei ihren Versuchen, für sich selbst und ihre Tochter ein neues Leben zu gestalten, hätte sie beinahe beide zerstört.

Als Cathy größer wurde, spürte Susanne, wie ähnlich sie sich waren. Cathy hatte Susannes Intelligenz geerbt, ihre starke Persönlichkeit und ihre Fähigkeit, mit Menschen umzugehen.

Während viele Eltern versuchen, ihre Kinder nach ihrem eigenen Bild zu gestalten, reagierte Susanne negativ, wenn sie sah, daß Cathy so handelte wie sie selbst.

Cathy liebte es zu tanzen. Als Kind legte sie häufig Schallplatten auf, schob die Möbel zur Seite und tanzte zu allen Liedern. Jahrelang bettelte sie darum, Tanzunterricht nehmen zu dürfen, aber Susanne ließ es nicht zu. Ihre Tochter würde keine Tänzerin werden und damit Schluß! Sie konnte doch genausogut in den Turnverein gehen und bei der Kirchengemeinde mitmachen.

Um Cathy vor Fehlschlägen zu bewahren, hielt sie sie von allen neuen oder riskanten Dingen fern. Als Teenager beschloß Cathy, daß sie als Stuntgirl beim Film arbeiten wolle. Also brachte Susanne ein Stuntgirl mit nach Hause, das sie noch vom Film kannte, und zwei Stunden lang versuchten sie, Cathy diese „dumme" Idee auszureden. Cathy erinnert sich: „Immer, wenn ich etwas ausprobieren wollte, hörte ich die gleichen Worte: ,Es ist viel zu schwer, dort hineinzukommen.' Meine Mutter wollte verhindern, daß ich so verletzt würde, wie sie selbst verletzt worden war."

Im Laufe der Jahre versuchte Susanne alle diejenigen Verhaltensweisen an Cathy zu unterdrücken, die nicht zu der Rolle paßten, die sie für ihre Tochter ausgewählt hatte. Sie unterdrückte ihre Intelligenz und nannte sie immer „dummes Häschen". Sie wollte Cathy einreden, sie sei dumm, sie könne sich nicht um sich selbst kümmern und brauche deshalb einen Mann, der auf sie aufpaßt.

Cathy erzählte: „Sie wollte, daß ich in Sicherheit bin. Und der einzige Weg, wie sie dies erreichen konnte, war der, mein Selbstvertrauen zu zerstören. Wann immer es so aussah, als wollte ich die Initiative ergreifen und die Dinge selbst in die Hand nehmen, hat sie meine Versuche jedesmal sofort vereitelt."

Ihre Beziehung, die von Anfang an sehr gespannt gewesen war, verschlechterte sich während Cathys Teenagerjahren weiter und wurde zu einem offenen Krieg. Cathy erzählt: „Ich ging in mein Zimmer und überlegte mir die schlimmsten Dinge, die ich zu ihr sagen könnte, und sie tat das gleiche."

Alle Jahre des Versagens und des Schmerzes holten Susanne ein, und sie griff zu Alkohol und Tabletten. Mit neunzehn Jahren heiratete Cathy einen Soldaten, und Susanne organisierte eine aufwendige Hochzeit. Ihr Traum war in Erfüllung gegangen.

Nach zwei Jahren trennte sich Cathy von ihrem Mann und Susanne lag sterbend im Krankenhaus. Cathy erinnert sich immer noch an einen ihrer Besuche. Susanne, die nach einer Überdosis Tabletten erblindet war, konnte kaum noch sprechen. *Das tragische Ende ...*

Sie berührte Cathy und fragte sie mit einiger Mühe: „Du wirst nicht zu deinem Mann zurückgehen, nicht wahr?" *... und eine versöhnliche Begegnung.*

„Nein, Mutter, das werde ich nicht tun."

„Weiß er es?"

„Ja."

Dann tätschelte Susanne die Hand ihrer Tochter und sagte: „Das ist in Ordnung. Ich habe das selbst zwei- oder dreimal gemacht."

Dies ist das einzige Mal, an das Cathy sich erinnern kann, bei dem sie von ihrer Mutter Worte der Zustimmung hörte und das Gefühl hatte, akzeptiert zu sein. Ironischerweise geschah dies erst, nachdem Cathy einen Teil dieses Schmerzes selbst erlebt hatte, vor dem ihre Mutter sie zu beschützen versucht hatte. Susanne starb kurz darauf im Alter von neunundfünfzig Jahren.

Cathy sagt von sich, sie sei eine genaue Kopie ihrer Mutter. Aber es dauerte Jahre, bis sie ihr Selbstbewußtsein wiedergewonnen hatte, das Susanne zu zerstören versucht hatte. Nie war es ihr erlaubt gewesen, ganz sie selbst zu sein und sich so zu verhalten, wie es für sie bestimmt war. *Das Selbstbewußtsein wiedergewinnen*

Cathy hat inzwischen wieder geheiratet und hat zwei Kinder. Vor einiger Zeit besuchte sie die beste Freundin ihrer Mutter, Connie, um ihr Susannes Enkelkinder vorzustellen. Als Cathy sich nach dem Besuch wieder auf den Weg machte, begann Connie zu weinen. Sie sagte: „Es ist so wunderbar. Du gehst so liebevoll mit deinen Kindern um, genauso, wie es sich deine Mutter von dir immer gewünscht hatte."

Diese Abschiedsworte klangen noch lange in Cathys Ohren. Sie erinnert sich: „Diese Worte ließen mir kalte Schauer über den Rücken laufen. Ich war bestürzt, wenn ich daran dachte, daß meine Mutter schließlich doch noch Gefallen an mir gefunden hätte."

Das Spiegelbild

Der Spiegel
Ihrer Augen

Was sieht Ihr Kind, wenn es in den Spiegel schaut? Ich spreche nicht von einem Spiegel an der Wand, sondern vom Spiegel in Ihren Augen.

Sie mögen sich dessen vielleicht nicht bewußt sein, aber auch Sie sind ein Spiegel.

Neulich suchte ich morgens in allen Schubladen nach einem kleinen Handspiegel, weil ich meine Kopfhaut nach einer kahlen Stelle untersuchen wollte. Irgend jemand hatte mir erzählt, ich hätte eine kahle Stelle auf dem Kopf. Endlich fand ich den Spiegel unter einem Stapel alter Lockenwickler, Kämme, Bürsten und Haargummis. Ich hielt ihn vor mein Gesicht und erschrak augenblicklich. Ich schaute in die vergrößerte Seite des Spiegels, weshalb mich mein eigenes Gesicht in Überlebensgröße anstarrte.

Erschrecken Sie manchmal vor Ihrem Gesicht?

In dieser Vergrößerung konnte ich viel mehr Falten und Unebenheiten erkennen als mit der normalen Seite des Spiegels (die mir deshalb sehr viel lieber war). Außerdem sah mein ganzes Gesicht ungewöhnlich verzerrt und abstoßend aus. Glücklicherweise konnte ich aber die vermeintliche kahle Stelle nicht finden, und so werde ich weiterhin daran glauben, daß sie nicht existiert.

Was Sie Ihrem Kind täglich reflektieren, wird es einmal selbst über sich glauben.

So können auch Eltern für ihre Kinder ein Spiegel sein – ein Spiegel, der ihre Schwächen verstärkt und schöne Dinge in etwas Häßliches verwandelt. Das ist das Bild, daß Susanne Cathy zeigte. Und weil es das Bild war, das Cathy sah, glaubte sie schließlich auch daran, daß dies sie selbst war.

Sie sind ein Spiegel für Ihr Kind, in den es jeden Tag hineinschaut. Sie reflektieren Ihrem Kind das, was es über sich selbst glauben wird. Diese Bilder sind wie Schnappschüsse, die Ihr Kind in sein imaginäres Fotoalbum hineinklebt und die zum Fundament seiner Identität werden.

(Oder einfach:) Ein Kind sieht sich so, wie es von seinen Eltern gesehen wird.

Zu Beginn kann Ihr Kind sich nicht direkt sehen, es sieht sich nur durch die Augen der Menschen, die in seinem Leben wichtig sind. Unser Bild von uns selbst richtet sich im Normalfall nicht danach, wer wir sind, sondern danach, wie wir uns selbst sehen.

Ein Kind sieht sich selbst so, wie es von seinen Eltern gesehen wird. Als Eltern haben wir die Wahl, Akzeptanz oder Ablehnung zu reflektieren, Zustimmung oder Mißbilligung. Ob ein Kind sich wertvoll und angenommen fühlt, hängt in sehr großem Maße von dem Bild ab, daß es in Ihrem „Spiegel" sieht.

Falsche Spiegel

Während Sie sich mit dem Verhaltensstil Ihres Kindes befaßt haben, haben Sie viel über die Stärken seines Verhaltensstils erfahren. Aber wie werden Sie dieses Wissen nutzen? Ich bin immer wieder überrascht über die große Zahl von Eltern, die genau wissen, daß ihr Kind gute Leistungen bringt, die gleichzeitig aber ungeheuer viel Zeit damit verbringen, sich auf sein Versagen und seine Schwächen zu konzentrieren. In manchen Fällen wissen es die Eltern einfach nicht besser, aber meist ist es einfach eine schlechte Angewohnheit.

Ein weiteres Problem ist, daß manche Eltern denken, durch zuviel Lob könnte ihr Kind verweichlicht und verzogen werden. Wie bei den meisten Irrtümern enthält auch dieser ein Körnchen Wahrheit. Eltern haben die Aufgabe, die Fehler ihrer Kinder zu thematisieren. Wenn ein Kind immer nur gelobt wird und von seinen Eltern unaufhörlich gesagt bekommt, daß es brav ist, immer recht hat und sich nie falsch verhält, so kann dieses Kind zu einem verwöhnten, selbstsüchtigen Erwachsenen heranwachsen, dem die richtigen Moralvorstellungen fehlen und der seine eigene sündige Natur und sein Potential, Böses zu tun, nicht versteht.

Nicht nur die Schwächen sehen ...,

Unglücklicherweise neigen aber manche christlichen Eltern zum anderen Extrem: Bei ihren Anstrengungen, ihrem Kind mit seinen Schwächen, seinem Ungehorsam und seinen Sünden zu helfen, loben sie ihr Kind nur sehr selten. Es kann sich kein Gleichgewicht entwickeln, denn dem Kind wird nur Schlechtes reflektiert, und es kann nie etwas Gutes an sich erkennen. Es wächst mit einem schwachen Selbstvertrauen und in dem Glauben auf, sein Leben sei ein einziger Fehlschlag.

... trotz des „biblischen" Menschenbildes.

„Ich kann einfach nicht mit ihm Schritt halten!"

Lee ist ein dominantes Kind mit einer unerschöpflichen Energie. Er geht nie in einem normalen Tempo, er rennt. Er schafft es nicht, durch eine Tür zu gehen, ohne hinaufzuspringen und den Türrahmen zu berühren. Er ist wie ein Meteor, der den Himmel am Morgen erleuchtet und dessen Energie erst mehrere Stunden nach der Schlafenszeit verbraucht ist. Seine Eltern hingegen sind eher ruhig und zurückhaltend. Lees Mutter ist ein hohes S und sein Vater ein ausgesprochenes G.

Lee, ein D-Kind, von S- und G-Eltern verkannt:

Es scheint, als könne ihr Sohn in ihren Augen nie etwas richtig machen. Man hat den Eindruck, als schimpften seine Eltern ständig mit ihm, weil er zu viel hin und her läuft oder zu laut redet. Lee möchte seinen Eltern gefallen, aber er denkt, sie hätten an seiner Stelle lieber einen anderen Sohn.

„Es raubt mir den letztem Nerv!"

Natürlich haben sie so etwas noch nie zu ihm gesagt, aber er glaubt, daß sie das mit ihrer Reaktion auf sein Verhalten ausdrücken wollen, z.B. wenn seine Mutter ihren Freundinnen erzählt: „Ich weiß einfach nicht, was ich mit diesem Jungen tun soll. Er läuft hin und her und steht niemals still. Ich kann einfach nicht mit ihm Schritt halten. Dieses Kind raubt mir den letzten Nerv."

Lee denkt: "Mit mir stimmt etwas nicht!" Weil Lee weiß, daß er nicht so ist wie seine Eltern, beginnt er zu glauben, daß mit ihm etwas nicht stimmt. Seine Veranlagung läßt es aber nicht zu, sich einfach so zu ergeben. Deshalb läßt er seinen Frust an anderen Kindern aus. Auf dem Spielplatz kommandiert er die anderen Kinder herum. Er will, daß alles nach seinem Kopf geht, und keines der Kinder will mit ihm spielen.

Lees Eltern treffen sich mit seiner Lehrerin, und sie sagt ihnen, daß Lee sich im Umgang mit den anderen Kindern zu grob verhält. Sie sagt ihnen auch, daß Lee sehr dickköpfig ist und sich weigert, ihre Anweisungen zu befolgen. „Wenn Ihr Sohn sich etwas in den Kopf gesetzt hat, läßt er sich nicht mehr davon abbringen. Er macht die Dinge so, wie er es sich vorstellt und hört nicht auf die Vernunft."

Als die Eltern abends nach Hause kommen, drohen sie Lee, daß er bestraft würde, wenn er sich nicht bessert. Durch dieses Verhalten bekommt Lee noch mehr das Gefühl, daß er wertlos ist; und deshalb verhält er sich in der Schule noch aggressiver.

Als Teenager kann Lee seine Aggressionen und seinen Frust beim Fußball herauslassen. Er wird der beste Verteidiger seiner Mannschaft und liebt es, die anderen Spieler umzurennen. Als er älter ist, werden die Lehrer auf ihn aufmerksam und besorgen ihm ein Stipendium für eine der besten Schulen.

„Ich kann meinen Eltern keine Freude bereiten!" Lee freut sich, daß seine Eltern zu seinen Spielen kommen, aber immer noch hat er das Gefühl, daß er ihnen nur selten eine Freude bereiten kann. Sein Vater fragt ihn unaufhörlich nach seinen Noten und sagt ihm, er solle mehr Bücher lesen.

Lee hat das Gefühl, daß er wenigstens auf einem Gebiet in seinem Leben Erfolg hat. Aber dennoch steht ihm ein schwerer Weg bevor, denn eines Tages wird seine sportliche Karriere beendet sein, entweder wegen einer Verletzung oder weil er die Schule verläßt oder wegen seines Alters. Und wenn der Jubel der Zuschauer aufhört, werden die alten Bilder wiederkommen, die er in den Augen seiner Eltern gesehen hat. Und die alten Stimmen werden ihm wieder ins Ohr flüstern und ihm sagen, er sei wertlos.

Sein wirkliches Ich fühlte sich ungeliebt und abgelehnt. Das Traurige bei Lee (und vielen anderen Kindern wie ihm) ist, daß er tief innen das Gefühl hatte, daß etwas mit seiner Person nicht in Ordnung sei. Durch den Druck, den seine Eltern auf ihn ausübten, und ihre Erwartungen, hat er nie die Chance gehabt, seine wahre Persönlichkeit zu entwickeln.

So wie er wirklich war, fühlte er sich ungeliebt und abgelehnt. Weil seine Eltern seine Stärken nicht schätzten, drängten sie ihn noch viel tiefer hinein in die negativen Aspekte seines Verhaltensstils. Zu Beginn versuchte er, so zu sein, wie sie es wollten. Aber das war unmöglich. Als er versuchte, sein wahres Ich zu unterdrücken, drängten sich die negativen Seiten seines Verhaltensstil immer mehr in den Vordergrund und verursachten eine immer größere Feindseligkeit gegenüber anderen und Bedrängnis für ihn selbst. Glücklicherweise schaffen es einige Kinder wie Lee, aus diesem Teufelskreis herauszukommen. Bei anderen Kindern kann dieser Kampf zwischen dem wahren Ich und dem „erzwungenen" Ich ein Leben lang andauern.

Die Macht der elterlichen Worte

Unsere Gefängnisse, Gerichtssäle und Krankenhäuser sind voll von Menschen, die den Preis verzerrter Spiegel bezahlen. Ich hörte einmal, wie ein Baseballspieler zu einer Gruppe Gefangener sprach. Er erzählte, wie er jeden Tag nach der Schule mit seinem Vater das Werfen und Schlagen von Bällen geübt hatte. Wenn er den Ball zu hoch warf, sagte sein Vater immer zu ihm: „Junge, eines Tages wirst du in einer berühmten Mannschaft spielen." Ein anderes Mal schlug er zu fest, und der Ball zerstörte ein Fenster. Sein Vater sagte: „Mein Junge, mit so einem kräftigen Schlag wirst du eines Tages in unserer Nationalmannschaft spielen." Der Baseballspieler sagte zu den Gefangenen: „Alles, was ich bin, verdanke ich meinem Vater, der an mich geglaubt hat."

„Was ich bin, verdanke ich meinem Vater!"

Nachdem er gesprochen hatte, kam einer der Gefangenen auf ihn zu und sagte zu ihm: „Mein Vater hat dasselbe getan wie Ihrer. Aber er hat mir unaufhörlich gesagt: 'Junge, eines Tages landest du im Gefängnis.' Ich denke, ich habe seine Erwartungen erfüllt."

Elterliche Kritik führt im Normalfall zu lange andauernden emotionalen und psychischen Konflikten. Die Geschichtsbücher sind voll von Beispielen, welche verheerenden Auswirkungen solche Menschen auf die Geschichte der Menschheit hatten.

Elterliche Kritik führt zu schwerwiegenden psychischen Konflikten.

Sie können aber auch positive Auswirkungen haben. Adele Faber und Elaine Mazlish erzählen in ihrem außerordentlich interessanten Buch *How to Talk So Kids Will Listen and Listen so Kids Will Talk* (Wie man redet, so daß Kinder zuhören, und zuhört, so daß Kinder reden) folgende Geschichte, die sich in einem ihrer Seminare zugetragen hatte:

Eines Tages, nach einem Workshop über verschiedene Rollen, kam einer der Väter nach vorne und begann vor der Gruppe zu sprechen. Er sagte:

„Ich erinnere mich noch daran: Als ich ein Kind war, kam ich mit den verrücktesten Plänen zu meinem Vater. Er hörte mir immer sehr ernsthaft zu. Dann sagte er: 'Mein Junge, dein Kopf steckt zwar in den Wolken, aber deine Füße stehen fest auf dem Boden.' Und dieses Bild, das er mir da mitgegeben hat, von einem Menschen, der zwar träumt, der aber auch mit der Realität umgehen kann, hat mich mein Leben lang begleitet und mir über sehr schwere Zeiten hinweggeholfen . . . Ich habe mich gefragt, ob irgendeiner der anderen Teilnehmer wohl eine ähnliche Erfahrung gemacht hat?"

Es herrschte eine nachdenkliche Stille im Raum. Alle begannen darüber nachzudenken, ob es auch in ihrem Leben Worte gab, die sie für ihr ganzes Leben geprägt hatten. Einige erzählten uns davon:

*„Du hast
goldene Hände."*

„Als ich noch ein kleiner Junge war, erzählte mir meine Großmutter immer, ich hätte wunderschöne Hände. Wann immer ich für sie einen Faden durch ein Nadelöhr zog, oder ihre Wolle von Knoten befreite, sagte sie zu mir: „Du hast goldene Hände." Ich denke, das war einer der Gründe, warum ich beschloß, Zahnarzt zu werden."

*„Du kannst dich
selbst am besten
verbessern."*

„Mein erstes Jahr als Lehrerin war überwältigend für mich. Ich zitterte jedes Mal, wenn der Direktor kam, um in einer meiner Stunden zuzuhören. Er machte dann ein oder zwei Verbesserungsvorschläge. Danach fügte er aber immer hinzu: 'Ich mache mir keine Sorgen um dich, Ellen. Du kannst dich selbst am besten verbessern.' Ich weiß nicht, ob er wußte, was für ein Ansporn seine Worte für mich waren. Ich klammerte mich jeden Tag daran. Sie halfen mir, an mich selbst zu glauben . . ."

Fast alle Teilnehmer konnten eine ähnliche Geschichte erzählen.

Als alle gesprochen hatten, saßen wir einfach nur da und schauten einander an. Der Vater, der zu Beginn gesprochen hatte, schüttelte verwundert den Kopf. Als er sprach, sprach er in unser aller Namen:

„Wir sollten nie vergessen, welch mächtigen Einfluß unsere Worte auf das Leben eines jungen Menschen haben."

*Ein positives
Bild reflek-
tieren.*

Welches Bild reflektieren wir unseren Kindern? Was sehen sie in unseren Augen, wenn wir mit ihnen reden — oder sie bestrafen? Unser Spiegel beeinflußt nicht nur das Selbstbewußtsein unserer Kinder, sondern auch ihr Verhalten. Wenn wir unserem Kind ein positives Bild reflektieren, haben wir einen großen Einfluß darauf, wie es sich entwickelt. In den folgenden Kapiteln möchte ich Ihnen verschiedene praktische Schritte vorstellen, wie Sie Ihrem Kind dieses positive Bild reflektieren können.

11. Ein Spiegel für die Stärken Ihrer Kinder – und ihre Schwächen

Bronson Alcott war ein Philosoph und Träumer und wahrscheinlich nicht der beste Ernährer seiner Familie. Aber er schaffte es, die Herzen seiner Töchter zu erreichen und ihnen zu zeigen, daß sie etwas ganz Besonderes waren.

Neulich las ich einen seiner bemerkenswerten Briefe an seine Töchter Louisa und Elizabeth aus dem Jahre 1842. Ich habe diesen Brief etwas verändert, um ihn leichter verständlich zu machen. Achten Sie während des Lesens besonders darauf, wie er seine Töchter immer wieder lobt:

Ein bemerkenswerter Brief!

„Meine lieben Töchter,

ich denke jeden Tag an Euch und wünsche mir so sehr, Euch wiederzusehen:

Louisa, die so eifrig und hilfsbereit ist, mit ihrer Beweglichkeit und ihrer grenzenlosen Neugier, ihrem wachsamen Geist und ihrem sensiblen Herzen, das sich für alle lebenden, atmenden Dinge einsetzt . . .

„Louisa, die so eifrig und hilfsbereit ist . . ."

Elizabeth mit ihrer ruhigen Art und ihren ernsten Gedanken, ihrer glücklichen Sanftheit, ihren tiefen Gefühlen . . . und auch Mutter, die mit ihrem Herzen und ihren Händen für Euer Wohl sorgt und die Eure Hoffnung und Euer Halt ist, jetzt mehr denn je, da ich von Euch fern bin.

„Elizabeth mit ihrer glücklichen Sanftheit . . ."

An jede einzelne von Euch denke ich: Jeden Tag erscheint Ihr mir in meinen Gedanken, und wenn ich abends meinen Kopf auf mein Kissen lege oder des Morgens aus meinem Schlaf erwache . . . denke ich an Euch in Liebe und vermag kaum meine Tränen zurückzuhalten: das Häuschen hinter der Ulme, der kleine Garten ringsum, die rotgefärbten Weinstöcke . . . und die kleine Scheune, der Weg, die Brücke, der sich windende Bach, Louisa am Klavier, und auch Lizzie, mit dem kleinen Ab im Salon, im Arbeitszimmer, im Schlafzimmer, auf der Wiese, mit Nadel, Buch oder Stift . . .

Ihr seht, meine lieben Töchter, ich kann Euch nicht ganz verlassen: Auch wenn mein Körper weit weg ist, ist doch mein Geist alle Zeit bei Euch. Ich höre, sehe, berühre und fühle jede einzelne von Euch . . .

Laßt Eure Mutter diesen Brief mit Euch zusammen lesen, und redet von dem, was ich Euch geschrieben habe. Küßt Eure Mutter von mir, und küßt Euch untereinander und dann wieder Eure Mutter, im Namen Eures Vaters."

Dies war ein Vater, der wußte, wie er seine Töchter ermutigen konnte. Er lobte sie nicht einfach. Er verwendete beschreibende Sätze, um ihre Stärken zu beschreiben:

„Louisa, die so eifrig und hilfsbereit ist, mit ihrer Beweglichkeit und ihrer grenzenlosen Neugier, ihrem wachsamen Geist und ihrem sensiblen Herzen..."

„Elizabeth mit ihrer ruhigen Art und ihren ernsten Gedanken, ihrer glücklichen Sanftheit, ihren tiefen Gefühlen ..."

Beschreibendes Lob

*Beschreibendes
Lob ist ausführ-
lich und detail-
liert ...*

Ich möchte Ihren Wortschatz um folgenden Ausdruck erweitern: „beschreibendes Lob." Es ist eine Technik, die ich selbst als ein hilfreiches Instrument kennengelernt habe, um meinen Kindern ihre Stärken aufzuzeigen. Es ist zugleich der erste praktische Schritt, den wir gehen können, um unseren Kindern ein positiver Spiegel zu werden.

*... und konzen-
triert sich dar-
auf, wer ein
Mensch ist.*

Beschreibendes Lob ist eine besondere Art von Lob. Die Aufgabe eines Spiegels ist es, unser Bild so wiederzugeben, wie es wirklich ist. Und genau diese Aufgabe hat auch das beschreibende Lob: Es spiegelt das Verhalten unseres Kindes so wieder, daß es sich geliebt und kompetent fühlt. Es zeigt unserem Kind, daß das, was es getan hat, gut war.

Beschreibendes Lob konzentriert sich mehr darauf, *wer ein Mensch ist*, als darauf, was er tut. Wird ein Kind hauptsächlich dafür gelobt, was es tut, so wird es auf lange Sicht sein Selbstwertgefühl auf seine Leistungen gründen und darauf, wie gut es die Erwartungen anderer erfüllen kann.

Nehmen wir einmal an, Ihr Kind übernimmt die Initiative und macht von sich aus das Badezimmer sauber. Anstatt einfach nur zu sagen: „Das hast du gut gemacht", sollten Sie hier beschreibendes Lob verwenden und sagen: „Ich habe gesehen, daß du das Badezimmer von dir aus saubergemacht hast, ohne daß wir dich darum gebeten hätten. Wir finden das wirklich toll – es erspart uns eine Menge Arbeit. Und die Tatsache, daß du das ganz allein gemacht hast, zeigt uns, daß du die Fähigkeit hast, die Initiative zu ergreifen."

Der Unterschied ist minimal, aber enorm wichtig. Indem Sie das Verhalten und den Charakter Ihres Kindes beschreiben, zeigen Sie ihm, daß es wertvoll ist, so wie Gott es auf einzigartige Weise geschaffen hat. Diese Art von Lob hilft Ihrem Kind, sich selbst besser kennenzulernen und sich über seine natürlichen, von Gott gegebenen Stärken zu freuen.

Drei Schritte zum beschreibenden Lob

Mit Hilfe der folgenden drei Schritte können Sie lernen, beschreibendes Lob einzusetzen, um Ihrem Kind Mut zu machen:

1. *Beschreiben Sie, was Sie sehen.* „Nicole, ich habe bemerkt, daß du dich sehr anstrengst, um dein Zimmer immer sauber und ordentlich zu halten."

    Was Sie sehen, was Sie fühlen – ein Begriff dafür.

2. *Beschreiben Sie, was Sie fühlen.* „Es ist eine Freude für mich, wenn ich in dein Zimmer komme."

3. *Fassen Sie das lobenswerte Verhalten des Kindes mit einem Begriff zusammen.* „Das nenne ich Verantwortungsbewußtsein!"

Der erste Schritt hilft dem Kind, sich sein Verhalten bildlich vorzustellen. Das Zimmer ist sauber und aufgeräumt. Die Hausaufgaben wurden gemacht, ohne daß die Eltern das Kind daran erinnern mußten. Das Kind hat ein schönes Bild für seine Eltern gemalt. Der zweite Schritt zeigt dem Kind, wie es mit seinem Verhalten anderen einen Gefallen tun oder helfen kann. „Ich schätze es wirklich sehr, wenn du dein Zimmer aufräumst." „Es ist eine große Hilfe für mich, wenn du deine Hausaufgaben selbständig erledigst. Ich danke dir!" „Es gibt mir ein so gutes Gefühl, wenn ich weiß, daß du dieses Bild extra für mich gemalt hast!"

Das Verhalten des Kindes zu beschreiben, hilft die positiven Aspekte seines Verhaltens zu verstärken. Sie erzählen so Ihrem Kind etwas über sich selbst, das es zuvor nicht wußte. Sie geben ihm einen verbalen Schnappschuß für sein „mentales Fotoalbum". Wenn Sie das beschreibende Lob konsequent einsetzen, so kann dies der beste praktische Weg sein, um Ihr Kind nach seinen Veranlagungen zu erziehen. Es zeigt Ihrem Kind, welches seine Stärken sind und wie es diese konstruktiv einsetzen kann. Ein Beispiel:

Verbale Schnappschüsse für das „mentale Fotoalbum" Ihres Kindes.

„Daniel, ich habe heute gesehen, daß du Joseph verteidigt hast, als sich die anderen über ihn lustig gemacht haben. Ich weiß, daß du ihm so das Gefühl gegeben hast, daß du sein Freund bist, und ich weiß auch, daß es sehr mutig von dir war, dich diesen anderen Jungen in den Weg zu stellen." (Oder: „Du hast gezeigt, daß du wirklich ein treuer Freund bist.")

Beispiele für „beschreibendes Lob"

„Courtney, ich sehe, daß es sehr wichtig für dich ist, eine Sache richtig zu machen. Du warst wirklich sehr fleißig und hast alle Details bei deiner Physikhausaufgabe ganz genau herausgearbeitet. Es ist wirklich eine außerordentlich gute Arbeit."

„Kyle, ich sehe, daß du dich schnell entscheidest und möchtest, daß die anderen es so machen, wie du es dir vorstellst. Das hilft uns wirklich, einige der Hausarbeiten schnell zu erledigen. Du bist wirklich sehr entschlußfreudig."

„Jason, ich sehe, daß du alle Bleistifte, Filzstifte und Buntmalstifte heraussortiert hast und sie in verschiedene Schachteln gelegt hast. Vielen Dank für deine Hilfe! Du hast das wirklich sehr gut organisiert."

Wie man beschreibendes Lob einsetzt

Eine lebenslange Quelle der Ermutigung.

Für Ihr Kind kann beschreibendes Lob sein ganzes Leben lang eine Quelle der Ermutigung sein. Wenn Sie es ernst meinen und Ihrem Kind wirklich seine Stärken reflektieren wollen, möchte ich Ihnen folgende fünf Vorschläge machen:

Der „Einzeiler"...

... und das „60-Sekunden-Lob".

1. Verwenden Sie „Einzeiler" und „60-Sekunden-Lob", um Ihr Kind zu loben. Im Laufe eines Tages suche ich unaufhörlich nach Gelegenheiten, um die Stärken meiner Kinder zu beschreiben und zu loben und sie so in diesem Verhalten zu bestärken. Oft mache ich ganz kurze Bemerkungen, wie „Du hast einen großen Tatendrang!" oder „Du versuchst immer, beste Arbeit zu leisten." Am Ende dieses Kapitels finden Sie einige Einzeiler, mit denen Sie die Stärken Ihres Kindes beschreiben können.

Suchen Sie dann nach Gelegenheiten, um diese Einzeiler in „60-Sekunden-Lob" auszudehnen. Achten Sie besonders auf bestimmte Verhaltensmerkmale. In Anhang A finden Sie hierzu ein sehr hilfreiches Instrument: „Vierzig Stärken, die Sie Ihrem Kind widerspiegeln können." Für jeden der vier Verhaltensstile sind dort zehn besondere Stärken aufgelistet. Wenn Sie häufig das Verhalten beschreiben, das Sie bei Ihrem Kind sehen, und Ihrem Kind zeigen, daß Sie dieses Verhalten als eine Stärke betrachten, wird Ihr Kind in besonderem Maße verstehen, wie einzigartig Gott es geschaffen hat.

Verhalten beobachten ...

Eine Freundin von mir, Merry, konnte beobachten, daß ihre elfjährige stetige Tochter Bethany oft besonders viel Mitleid mit anderen hatte. Als sie auf der Beerdigung der Großmutter ihrer Freundin war, blieb sie während der ganzen Zeit neben ihrer Freundin und hielt ihre Hand. Ein anderes Mal beobachtete Bethany, wie ein paar Mädchen sich auf der Rollschuhbahn über ein anderes Mädchen lustig machten, das nicht gut fahren konnte und immer wieder hinfiel. Bethany fuhr zu diesem Mädchen hinüber, half ihr auf und fuhr den restlichen Nachmittag zusammen mit ihr auf der Rollschuhbahn.

... und treffend ausdrücken.

Merry wollte Bethany dazu ermutigen, weiterhin dieses Mitgefühl für andere zu zeigen, deshalb beschloß sie, abends beim Zubettgehen Bethany ein „60-Sekunden-Lob" zu schenken. Sie sagte: „Bethany, ich habe gesehen, daß du bei der Beerdigung extra bei Kelly geblieben bist. Das ist echtes Mitgefühl!

Es zeigt, daß du für das Leid und die Schmerzen anderer sensibel bist, weil du ein verständnisvolles Herz hast. Du gehst auf einen anderen Menschen zu, weil du verstehst und spürst, wie er sich fühlt. Menschen mit Mitgefühl sind bei ihren Freunden sehr beliebt."

2. *Geben Sie Ihrem Kind die Gelegenheit zuzuhören, wenn Sie anderen von seinen Stärken erzählen.* Als Großvater und Großmutter zu Besuch kamen, erzählte ich ihnen, daß Callie in unserer Familie die einzige war, die einfach so zum Kellner hingehen und ihn um das bitten konnte, was wir gerade brauchten. Als ich ihnen erzählte: „Es ist Callies Stärke, daß sie sich durchsetzen kann. Deshalb kann sie sehr leicht Dinge machen, die andere Menschen nicht gerne tun", strahlte ihr Gesicht vor Freude. Großmutter war beeindruckt, und Callie konnte sehen, daß ihr Verhalten eine natürliche Stärke und wertvolle Gabe ist.

Ihr Kind soll hören, wie Sie es vor anderen loben!

3. *Machen Sie Ihr Kind auf Situationen aufmerksam, in denen es nicht sein natürliches Verhalten zeigt.* Nur weil einige Verhaltenszüge für unser Kind nicht natürlich sind, bedeutet das nicht, daß es diese Verhaltenszüge nicht mit Hilfe besonderer Anstrengung erlernen könnte. Das ist ein Teil seines Wachstums und seiner Reife. Ein reifer Mensch kennt seine Stärken und entwickelt spezielle Fähigkeiten, um seine Schwächen auszugleichen.

Wenn Ihr dominantes Kind Feingefühl zeigt, wenn Ihr initiatives Kind sich auf die Details konzentriert, wenn Ihr stetiges Kind sich mutig in unbekanntes Gebiet hineinwagt, wenn Ihr gewissenhaftes Kind ein Risiko eingeht – achten Sie darauf, daß Sie dies bemerken und Ihr Kind darauf lobend hinweisen. Wenn Sie dies tun, kann Ihr Kind lernen, flexibler und ausgeglichener zu handeln.

Wenn ein dominantes Kind Feingefühl zeigt ...

Unser Sohn Chad achtet normalerweise nicht auf Details. Als seine Mutter ihn bat, in den Supermarkt zu gehen und eine Dose Erbsen zu holen, tat er etwas, was uns alle sehr überraschte: Er fand heraus, daß die Erbsenmarke, die wir normalerweise kaufen und die gerade im Angebot war, teurer war als eine andere Marke. Er übernahm die Initiative und kaufte die günstigeren Erbsen.

... dürfen Sie es besonders loben.

Meine Frau Karen sagte zu ihm: „Du hast herausgefunden, daß die Erbsen, die im Angebot sind, teurer sind als diejenigen, die du gekauft hast. Da hast du wirklich Detailarbeit geleistet. Ich danke dir, daß du uns geholfen hast, Geld zu sparen."

4. *Schreiben Sie Ihrem Kind besondere Nachrichten und Briefe.* Kinder lieben persönliche, handschriftliche Nachrichten – möglicherweise weil die ge-

schriebenen Worte immer wieder als Beweis dienen und sie an ihre Stärken erinnern und daran, daß sie geliebt werden. Viele Menschen bewahren ermutigende Briefe auf und lesen sie noch viele Male.

Selbstklebende
Zettel ...

Ich liebe es, kleine selbstklebende Zettel zu verwenden. Ich klebe sie an den Badezimmerspiegel, in die Butterbrotdosen, auf die Nachttische in den Kinderzimmern.

... als bleibende
Botschaften des
Guten.

Eines Abends lud mich Kristi (meine gewissenhafte und initiative Tochter) ein, in ihr Zimmer zu kommen. Sie sagte: „Papa, guck dich mal um. Was denkst du?" Ich antwortete: „Kristi, wenn ich mich in deinem Zimmer umschaue, kann ich sehen, daß alles seinen Platz und seine Ordnung hat. Das nenne ich Organisation! Ich bin sehr beeindruckt. Du bist deiner Mutter und mir wirklich eine große Hilfe."

Später hinterließ ich ihr noch eine schriftliche Nachricht: „Liebe Kristi, ich sehe, daß Du sehr viel Energie und Zeit darauf verwendest, daß alles in Deinem Zimmer seine Ordnung hat. Du bist ein sehr organisierter Mensch. Danke für Deine Hilfe. Küßchen, Papa."

Callie, unsere stetige und dominante Tochter, ist manchmal sehr scheu, aber wenn es eine Aufgabe zu erledigen gibt, meldet sie sich sofort freiwillig. Wir entdeckten diese Stärke an ihr, als wir in einem Restaurant aßen. Unser Brot war ausgegangen und ich fragte sowohl Chad als auch Kristi, ob sie den Kellner um etwas Brot bitten könnten. Sie genierten sich beide, auf einen Fremden zuzugehen, aber Callie bot sich sofort an, den Kellner zu fragen.

Am nächsten Tag hinterließ ich Callie eine Nachricht. Karen mußte sie ihr vorlesen, sie hatte aber trotzdem einschlagenden Erfolg: „Liebe Callie, ich habe gesehen, daß Du Dich freiwillig für Aufgaben meldest, die andere nicht gerne tun wollen. Du hast wirklich Durchsetzungsvermögen. Das bedeutet, daß Du die Stärke besitzt, schon zur Tat zu schreiten, wenn andere Menschen noch zögern oder noch nach einem Ausweg suchen. Deine Bereitschaft gestern abend, uns noch Brot zu besorgen, war uns allen eine sehr große Hilfe. Danke. Dein Papa."

Verantwortung
geben, um die
Stärken zu
erproben.

5. *Geben Sie Ihrem Kind die Gelegenheit, in Bereichen Verantwortung zu übernehmen, bei denen es seine Stärken einsetzen kann.* Als wir neulich in Florida im Urlaub waren, bat ich Kristi, sich darum zu kümmern, daß unser Auto innen immer aufgeräumt ist. Sie hielt das für eine tolle Idee. Ich ließ alle wissen, daß sie Kristis Anordnungen folgen sollten, und wir alle lobten ihr organisatorisches Talent.

Freiräume
lassen.

Letzten Sommer übertrug ich Chad die Verantwortung für unseren Rasen. Wie es sich zeigte, paßte diese Aufgabe gut zu seinem dominanten Verhaltensstil, weil sie ihm die Gelegenheit gab, die Verantwortung für etwas zu tragen. Er entschied auch selbst, wann der Rasen gemäht werden mußte. Und ich war um eine Pflicht erleichtert!

Er hatte so auch die Gelegenheit, seine Kreativität auszuleben. Als ich eines Tages nach Hause kam, hatte er die Initialen „FSU" in großen Buchstaben in unseren Rasen hinter dem Haus hineingemäht. Zuerst hatte er den Rasen ganz normal gemäht und dann das Messer tiefer eingestellt und die Buchstaben herausgemäht. Die Buchstaben „FSU" (die Initialen der Florida State University, der Universität, an der ich studiert hatte) waren nur vom zweiten Stock unseres Hauses aus sichtbar. Ich lobte Chad für seine Kreativität, sagte ihm aber auch, daß *eine* solche Aktion genug war!

Die Schwächen unserer Kinder reflektieren

Wie sehr wir auch daran arbeiten, unsere Kinder zu ermutigen, indem wir ihre Stärken reflektieren: Wir können nicht vermeiden, daß sie auch Schwächen haben. Wir werden damit möglicherweise jeden Tag konfrontiert, und sie beunruhigen uns.

Im Umgang mit diesen Schwächen haben wir jedoch die Wahl: Gehen wir mit ihnen auf *ermutigende* oder auf *entmutigende* Weise um? Wollen wir das Selbstvertrauen unseres Kindes stärken, oder wollen wir es zerstören?

Mit Schwächen ermutigend umgehen ...

Betrachten wir einmal folgende Aussagen, die Eltern ihren Kindern gegenüber gemacht haben:

„Was soll ich bloß mit dir anfangen? Willst du nicht auch einmal bei irgend etwas mitmachen oder selbst etwas tun?"

... anstatt so!

„Schau dir mal dein Zimmer an. Du solltest diese Unordnung aufräumen. Wie kannst du in einem solchen Schweinestall leben?"

„Wenn du schon etwas tust, dann mach es doch wenigstens einmal richtig!"

„Das hast du gut gemacht. Aber nächstes Mal könntest du es noch besser machen, wenn du . . ."

In jedem dieser Fälle haben die Eltern zwei Botschaften zu einer vermischt: Während die Eltern versuchen, das Verhalten ihres Kindes zu korrigieren, teilen sie dem Kind gleichzeitig mit: „Ich bin nicht zufrieden mit dir. Du solltest anders sein."

Die negative Botschaft überwiegt.

Ironischerweise verhalten sich manche Kinder absichtlich falsch, um die Aufmerksamkeit oder Anerkennung ihrer Eltern zu gewinnen. Grundsätzlich kann man folgende Regel aufstellen: Je schlimmer das Verhalten des Kindes, desto größer ist sein Bedürfnis nach Anerkennung. Je mehr ein Kind rebelliert oder sich in sich selbst zurückzieht, desto größer ist sein Bedürfnis, geliebt

Was muß Ihr Kind tun, um Ihre Aufmerksamkeit zu gewinnen?

145

und akzeptiert zu werden. Das Problem hierbei ist, daß das Kind mit seinem Verhalten genau das Gegenteil erreicht. Es sehnt sich nach Zuneigung, aber sein Verhalten macht dies beinahe unmöglich. Das Kind gerät so in einen Teufelskreis.

Nicht zu allem „Ja und Amen" sagen! Alle Eltern verlieren manchmal die Nerven. Gelegentliche negative Ausbrüche sind nicht auf Dauer schädigend, vor allem, wenn Sie zugeben, daß Sie im Unrecht waren, und um Vergebung bitten. Aber ein Kind, dem unaufhörlich ein negatives oder kritisches Bild reflektiert wird, kommt schließlich zu dem Schluß: „Ich bin ein schlechter Mensch. Wenn nicht einmal meine eigenen Eltern mich lieben, wer dann?"

Stärken müssen unterstützt werden, aber gewisse falsche Verhaltensweisen müssen verhindert werden. Wir müssen sicherstellen, daß das Bild, das wir unserem Kind reflektieren, seine innere Veranlagung unterstützt. Hier sind einige Vorschläge:

Schwächen sind übertriebene Stärken. 1. *Betrachten Sie die Schwächen Ihres Kindes als Stärken, die zu sehr ausgeprägt sind.* Jede Stärke kann, wenn sie zu stark ausgeprägt ist oder falsch eingesetzt wird, zu einer Schwäche werden. Wenn Ihr Kind seine Stärken kennenlernt, muß es ebenfalls lernen, daß jede dieser Stärken auch eine Schattenseite hat, und sich die Stärken deshalb innerhalb einer bestimmten Grenze bewegen müssen.

„Umgekippte" Stärken Die folgende Tabelle zeigt, wie die verschiedenen Stärken eines jeden Verhaltensstils leicht zu Schwächen werden können (in Anhang A finden Sie unter „Vierzig Stärken" weitere verwandte Schwächen):

	Stärke	*entprechende Schwäche*
D	zielorientiert	ungeduldig
	überzeugt	selbstgerecht
	besitzt Konkurrenzdenken	greift als erster an
	entschlossen	dickköpfig
	mutig	rücksichtslos
	direkt, aufrichtig	unverblümt, taktlos
I	enthusiastisch	leicht erregbar, gefühlsbetont
	gut in der Kommunikation	redet zu viel
	optimistisch	unrealistisch
	phantasievoll	Tagträumer
	am Menschen orientiert	bei Aufgaben und Dingen nicht organisiert
	spontan	impulsiv, undiszipliniert

S	beständig	mangelnder Enthusiasmus
	stetig	stellt sich Veränderungen in den Weg
	gelassen, entspannt	unentschlossen
	angenehm	erlaubt anderen zu viel
	hat ein weiches Herz	läßt sich leicht manipulieren
	hilfsbereit	überschwemmt andere mit seiner Hilfsbereitschaft
G	analytisch	pingelig
	vorsichtig	ungesellig, mißtrauisch
	gewissenhaft	macht sich zu viele Sorgen
	hohe persönliche Standards	verurteilend, kritisch
	strebt nach hoher Qualität	perfektionistisch
	intuitiv, sensibel	empfindlich gegenüber Kritik

2. *Thematisieren Sie die Schwächen Ihres Kindes, während Sie gleichzeitig seine Stärken unterstützen.* Zeigen Sie Ihrem Kind, wie seine Stärken, wenn sie zu stark ausgeprägt sind, andere Menschen verletzen oder kränken - oder ihm selbst Probleme bereiten können. Eine Stärke kann in einem solchen Fall mehr schaden als nützen. „Blake (ein hohes D), ich sehe, daß du dich wirklich sehr anstrengst, um zu gewinnen. Du liebst den Wettbewerb. Eine Sache, an die du denken solltest, ist, daß ein Mensch, der vom Konkurrenzdenken geprägt ist, in manchen Situationen Menschen angreifen oder sich zu aggressiv verhalten könnte, in denen dies nicht das richtige Verhalten ist." *Stärken bestätigen, Übertreibung korrigieren:*

„... du greifst andere an."

„Liz (ein hohes I), ich sehe, daß du die Menschen wirklich liebst und auch möchtest, daß sie dich lieben. Du solltest immer daran denken, daß dich dieses Verhalten davon abbringen kann, das zu tun, was in deinen Augen eigentlich richtig wäre." *„... du machst dich abhängig."*

„Sam (ein hohes S), es fällt mir nicht schwer, zu erkennen, daß du selbst zurücksteckst, um anderen einen Gefallen zu tun. Es gibt Zeiten, in denen du durch dein Nachgeben anderen ermöglichst, dich auszunutzen." *„... du wirst ausgenutzt."*

„Katlin (ein hohes G), ich weiß, daß du alles, was du tust, sehr genau überlegst. Manchmal kann dies den anderen das Gefühl geben, du würdest dich mehr für deine Arbeit interessieren als für sie." *„... sie wären dir gleichgültig."*

Wenn Sie das Verhalten Ihrer Kinder so korrigieren, ist es sehr wichtig, daß Sie die Worte „aber" oder „jedoch" möglichst vermeiden, wie z.B. in dem Satz „Jeff, du hast dir sehr hohe Maßstäbe gesetzt, aber das kann anderen das Gefühl geben, sie könnten deine Maßstäbe nie erreichen." Wenn Sie eine *Niemals „aber" sagen!*

Stärke nennen und dann das Wörtchen „aber" verwenden, machen Sie diese Stärke zu etwas Negativem.

Stärken und Schwächen verbal verbinden.

Verwenden Sie Formulierungen, wie „eine Sache, an die du denken solltest" oder „was du dir immer vor Augen halten solltest" oder „manchmal kann diese Stärke zu einer Schwäche werden". Ihr Kind lernt so, zwischen Stärken und Schwächen eine Beziehung herzustellen, ohne Schwächen automatisch als etwas Schlechtes zu betrachten.

Kinder verstehen mehr, als wir denken

Vor ein paar Jahren hatten Chad (hohes D) und meine Frau Karen beim Frühstück eine große Diskussion. Er trödelte herum und wollte sich einfach nicht fertigmachen, um zum Bus zu gehen. Karen, die versuchte, ihn zu motivieren, seine Siebensachen zusammenzupacken, wurde immer ungeduldiger und frustrierter. Chad warf ihr einige sehr respektlose Dinge an den Kopf.

In der Hitze des Konfliktes ...

Karen reagierte sehr bestimmt und sagte, daß er für die Dinge, die er zu ihr gesagt hatte, den ganzen Nachmittag zu Hause bleiben müßte. Das war auch genau richtig so. In der Hitze eines Konflikts müssen Eltern normaler-

... entschieden reagieren ...

weise entschieden reagieren, um den Konflikt unter Kontrolle zu bekommen. Je emotionaler das Kind ist, desto weniger ist es möglich, vernünftig mit ihm zu reden. Logik kann Emotionen nicht besiegen.

... und später ruhig darüber reden.

Ich lauschte Chads und Karens Diskussion vom Badezimmer aus, und obwohl Karen Chad bestraft hatte, wollte ich später noch einmal mit ihm über diese Sache reden. Ich hatte das Gefühl, ich müßte mit ihm zu einem Zeitpunkt über sein Verhalten reden, in dem er emotional nicht so aufgewühlt war.

Abends, als Chad und ich in seinem Bett lagen, kam ich noch einmal auf den morgendlichen Konflikt zu sprechen. Ich wollte, daß er verstand, daß es an seiner mangelnden Einfühlsamkeit gegenüber den Gefühlen anderer lag, daß er so oft bestraft wurde, und daß dies aus der zu starken Ausprägung einer ihm von Gott gegebenen Stärke kam.

„Du weißt, es ist deine Stärke ..."

Ich sagte: „Du weißt, es ist eine der Stärken, die Gott dir gegeben hat, genau das zu sagen, was du denkst. Das nennt man 'direkt sein'. Das kann für andere sehr hilfreich sein, weil sie sich nie darüber Gedanken zu machen brauchen, woran sie bei dir sind. Eine Sache, an die du immer denken solltest, ist, daß jede Stärke auch so eingesetzt werden kann, daß man andere Menschen damit verletzt, anstatt ihnen zu helfen. Wenn du deiner Mutter oder mir — oder jemand anderem — genau das sagst, was du denkst, kann dies den Erwachsenen als respektlos erscheinen. Oder wenn du deinen Freunden ganz genau sagst, was du denkst, denken sie vielleicht, du willst sie ärgern." Um sicherzugehen, ob er mich auch richtig verstanden hatte, fragte ich ihn: „Verstehst du, was ich dir über die Stärken und die Schwächen sagen will?"

Er antwortete: „Ich glaube schon."

„Also, erklär es mir, damit ich verstehen kann, wie du es siehst."

Dann sagte Chad: „Es ist wie Trockeneis."

„Trockeneis?" *O Schreck*, worauf will er jetzt hinaus? dachte ich.

„Ja, Trockeneis," sagte Chad. „Es ist wirklich gut, weil es die Dinge ganz kalt hält. Aber wenn du es anfaßt und in der Hand hältst, verbrennt es dich."

Ich war perplex!

Trockeneis! Er hatte es verstanden. Dieses Bild war die Basis für viele weitere Diskussionen über Stärken und Schwächen. Chad merkt ganz genau, wann er sein Verhalten ändern muß. Gleichzeitig hat er auch den Mut dazu, weil er weiß, warum er so handelt, wie er es tut. Ich sage ihm nicht, daß er aufhören soll, er selbst zu sein, und jemand anderes werden soll. Ich trainiere mit ihm, damit er lernt, seine Stärken nicht zu überziehen.

Im nächsten Kapitel wollen wir einen anderen Aspekt des „Spiegels" betrachten, nämlich wie wir die Gefühle unserer Kinder reflektieren können.

„Erkläre mir, wie du es siehst!" -

- „Es ist wie Trockeneis!"

Trainieren, die Stärken nicht zu überziehen.

Einzeiler, die Ihnen helfen, die Stärken Ihrer Kinder zu reflektieren

Einzeiler, die helfen.

Für dominante Kinder:

Du weißt, was du willst.

Du hast ein starkes Selbstvertrauen.

Du machst dir genaue Vorstellungen über die Dinge.

Du läßt dich nicht leicht ablenken.

Du läßt dich nicht dazu drängen, etwas zu tun, was du nicht willst.

Du sagst ganz genau, was du denkst.

Du setzt dir etwas in den Kopf und tust dann alles, um es zu erreichen.

Du fühlst dich stark genug, die Dinge allein in die Hand zu nehmen.

Wenn dich etwas interessiert, dann bleibst du auch dabei.

Du setzt dich für eine Sache ein und bist entschlußfreudig.

Du bestehst auf deinem Recht.

Du bist unabhängig und kompetent.

Du stürzt dich ohne Furcht in neue Situationen.

Du reagierst schnell auf eine veränderte Situation und suchst nach einer Lösung.

Für dominante Kinder:

„Du fühlst dich stark genug ..."

Du weißt, was du willst, und arbeitest daran.

Du kämpfst hart, um zu gewinnen.

Du kannst Entscheidungen treffen, ohne daß du den Rat anderer brauchst.

Du bist sehr offen, wenn du sagst, was du denkst.

Du willst Ergebnisse erzielen, wenn du etwas tust.

Du hast einen großen Tatendrang.

Du hast einen sehr starken Willen.

Du bist anderen gegenüber ehrlich.

Du brauchst körperliche Bewegung, um deine Energien aufzufrischen.

Für initiative Kinder:

Für initiative Kinder:

Du bist sehr kontaktfreudig.

Du hast eine Begeisterung, die auf andere ansteckend wirkt.

Du möchtest zu allen Menschen eine gute Beziehung haben.

Du hast einen wunderbaren Sinn für Humor.

Du registrierst alles, was um dich herum passiert.

Du möchtest bei allem, was passiert, dabeisein und mitmachen.

Du hast eine rege Phantasie und bist sehr kreativ.

Du willst, daß andere Menschen dich lieben.

Du bist sehr flexibel.

Du steckst voller Überraschungen.

Du bist ein richtiges Energiebündel.

Du bist ständig in Bewegung und auf Achse.

Du magst die Menschen wirklich sehr und möchtest, daß auch sie dich mögen.

Du bist sehr gerne mit anderen Menschen zusammen.

Du möchtest, daß andere sich wohlfühlen.

Du siehst in Situationen und anderen Menschen nur das Beste.

Du läßt dich von Sackgassen und Details nicht aus der Ruhe bringen.

Du bist von Natur aus ein glücklicher Mensch.

„Bei dir ist es lustig ...“

Es ist lustig, mit dir zusammen zu sein.

Du kannst gut mit Worten umgehen.

Du erzählst anderen gerne von deinen Gedanken und Gefühlen.

Du hast die einzigartige Fähigkeit, andere zu motivieren und für eine Sache zu begeistern.

Du bist ein großartiger Geschichtenerzähler.

Du kannst anderen deine Gedanken, Gefühle und Meinungen sehr gut mitteilen.

Es fällt dir leicht zu reden.
Du kannst andere sehr gut überzeugen.
Beim Zusammensein mit anderen gewinnst du neue Energien.

Für stetige Kinder:

Du hast tiefgehende und lang andauernde Freundschaften.
Du bist sehr einfühlsam.
Du akzeptierst andere, wie sie sind.
Du hast ein Gespür für die Wunden und Belastungen anderer.
Du schaust lieber erst einmal zu, bevor du mitmachst.
Du möchtest wissen, was dich erwartet.
Man kann sehr gut mit dir reden.
Du möchtest gerne wissen, wie du etwas tun sollst.
Du möchtest, daß man dir eine Sache Schritt für Schritt erklärt.
Du überstürzt keine Entscheidungen.
Du möchtest, daß alles so bleibt, wie es ist.
Du bleibst bei Dingen, die sich als gut erwiesen haben.
Du nimmst dir die Zeit, Dinge Schritt für Schritt zu tun.
Du steckst selbst zurück, um mit allen auszukommen.
Du bist ein guter Zuhörer.
Du hast eine mitfühlende Art und ein weiches Herz.
Du bringst die Dinge immer zu Ende.
Du machst einen sehr sensiblen Eindruck.
Du vermeidest Konflikte und unnötigen Ärger.
Du bist offensichtlich ein sehr lockerer und entspannter Mensch.
Du kannst andere Menschen sehr gut beruhigen.
Du scheinst nie unter Zeitdruck zu stehen.
Du bist sehr vertrauensvoll.
Du entscheidest im Zweifelsfall zugunsten anderer.
Du brauchst Zeit, in der du alleine bist, um deine Batterien wieder aufzuladen.

Für gewissenhafte Kinder:

Du bist ein ruhiger Mensch.
Du setzt hohe Maßstäbe.
Du versuchst immer, dein Bestes zu tun.
Du bist aufmerksam gegenüber den Worten und Gefühlen anderer.

Für stetige Kinder:

„Du hast ein Gespür für andere ..."

Für gewissenhafte Kinder:

„Du gibst immer das Beste ..."

151

Du möchtest, daß die Dinge gut organisiert sind.

Du machst die Dinge sehr genau und akkurat.

Du möchtest so viel wie möglich über die Dinge wissen, die du zu tun planst.

Du möchtest, daß Dinge auf logische Weise getan werden.

Du wägst die Dinge sehr vorsichtig ab.

Du bevorzugst es, die Dinge zu prüfen, bevor du ins kalte Wasser springst.

Du kannst eine Situation sehr gut bewerten.

Du bevorzugst es, erst über Dinge nachzudenken und dann zu entscheiden.

Du bist ein ernsthafter Mensch.

Du denkst über Dinge ganz genau nach.

Du möchtest, daß die Dinge „genau richtig" sind.

Du hinterfragst die Dinge.

Du bist sehr sensibel für das, was um dich herum passiert.

Du interessierst dich für die Details.

Du bist gerne alleine.

Du brauchst Ruhe, um deine Energie zurückzugewinnen.

12. Die Gefühle unserer Kinder reflektieren

Anna bringt immer sehr gute Zeugnisse mit nach Hause. Eines Tages kommt sie mit einem sehr enttäuschten und traurigen Gesicht von der Schule heim. Nur widerwillig gibt sie ihrer Mutter ihr letztes Zeugnis.

Mutter: „Was ist los, Anna?"

Anna: „Es ist nicht gut."

Mutter: „Laß mich mal sehen. Ich verstehe dich nicht, das ist doch ein wunderbares Zeugnis!"

Anna: „Es ist nicht gut. Ich habe eine Zwei in Physik."

Mutter: „Aber du hast eine Eins in Geschichte, eine Eins in Mathematik, eine Eins in Englisch, und eine Eins in Französisch. Du bist in allen Fächern sehr gut. Ich sehe keinen Grund, warum du dich darüber aufregen könntest."

„Ich finde, du übertreibst!" Eltern reden Kindern die Gefühle aus.

Anna: „Mama, ich habe nur eine Zwei in Physik bekommen, und das, obwohl ich einen Extra-Bericht geschrieben habe."

Mutter: „Vielleicht ist dein Physiklehrer einfach strenger als deine anderen Lehrer. Ich finde, daß du diese Physiknote überbewertest."

Kommt Ihnen diese Geschichte bekannt vor? Sie sollte es, denn viel zu oft versuchen wir, unseren Kindern ihre Gefühle auszureden. Das wäre lustig, wenn es nicht so ernst wäre.

Kind: „Mama, ich bin müde."

Mutter: „Du kannst gar nicht müde sein. Du bist gestern abend früh ins Bett gegangen und heute morgen erst um neun aufgestanden."

Kind: „Aber ich bin trotzdem müde."

Mutter: „Du bist nicht müde! Jetzt beeil dich und pack deine Sachen zusammen, wir wollen gehen!"

Kind: (weinend) „Ich *bin* aber müde! Und ich will nicht gehen!"

Umgang mit emotionalen Wunden:

„... reizt eure Kinder nicht zum Zorn!"

Wenn ein Kind hinfällt und sich das Knie aufschürft, wissen wir, was wir tun müssen: die Wunde reinigen und ein Pflaster darauf kleben. Es ist aber sehr viel schwieriger, wenn ein Kind mit emotionalen Wunden zu uns kommt.

Wir versuchen, unseren Kindern ihre Gefühle mit Logik, Vernunft und Verboten auszureden. Diese Reaktionen geben unseren Kindern das Gefühl, daß wir ihnen nicht zuhören. Wenn sie sich mißverstanden fühlen, können sie ihre Wut auf uns projizieren und uns verletzen. Kann es das sein, was

„Das will ich von dir nie mehr hören!"

Gefühle lassen sich nicht verbieten oder wegargumentieren.

Paulus meinte, als er die Eltern ermahnte, ihre Kinder nicht zum Zorn zu reizen (Epheser 6,4)?

Kind: „Ich hasse Jason. Seit er in unserer Familie ist, habe ich keinen Spaß mehr!"

Vater: „So etwas Schreckliches darfst du über deinen kleinen Bruder nicht sagen. Du kannst das nicht ernst gemeint haben."

Kind: „Und ich hasse ihn doch. Ich wünschte, er wäre nie geboren worden."

Vater: „So etwas will ich von dir nie mehr hören, Mädchen. Verstehst du mich? Ob du mich verstehst? . . . Gib mir eine Antwort!"

Kind: „Ja!" (Geht aus dem Raum und hält seine Wut zurück.)

In all diesen Fällen versuchen die Eltern, ihrem Kind seine Gefühle mit Verboten oder Vernunft auszureden. Die Eltern wollen das Problem lösen und unterdrücken dabei die Gefühle ihres Kindes.

Mit den Gefühlen unserer Kinder richtig umzugehen erfordert eine Menge Übung. Viele Menschen wachsen auf, ohne zu lernen, mit ihren Gefühlen richtig umzugehen oder diese anderen mitzuteilen. Wenn Ihr Kind in den Spiegel Ihrer Augen schaut, muß es dort ein ehrliches Bild seiner Gefühle wiederfinden. Dies ist der erste Schritt, um unseren Kindern zu zeigen, wie sie mit ihren Emotionen umgehen können. Und das ist genau der Schritt, den zu viele Eltern einfach auslassen.

Gefühle sind ein Teil unseres Lebens

Emotionen lassen sich nicht ignorieren. Ich komme mir etwas komisch vor, wenn ich etwas so Offensichtliches schreibe, aber es ist nötig: Wir können unsere Emotionen nicht einfach ignorieren! Sie sind ein Teil von uns. Das Problem ist, daß viele Menschen nicht wissen, was sie mit diesen Emotionen anfangen sollen.

Manchmal sind wir glücklich, manchmal traurig. Manchmal können wir nicht richtig beschreiben, wie wir uns fühlen. Manchmal sagen wir Dinge, die wir gar nicht so meinen. Und manchmal haben wir ein bestimmtes Gefühl, das uns irgendwie unlogisch erscheint.

Hat ein emotional reifer Mensch ein negatives Gefühl, so kann er auf einen bestimmten Punkt zurücksehen und überdenken, was zu diesem Gefühl geführt hat. Dann kann er sich überlegen, was er tun wird, um seine Einstellung oder seine Situation zu verbessern.

Wenn er sich über sein Kind geärgert hat, stellt er sich Fragen wie: Warum habe ich mich so sehr geärgert? Hatte mein Kind unrecht? War ich im Unrecht? Was hätte ich anders machen können? Er findet Antworten und handelt beim nächsten Mal anders.

Angenommen, dieser Mensch trifft, während er noch in Rage ist, einen guten Freund, der zu ihm sagt: „Es ist falsch, daß du so böse bist. Es war vor allem deine Schuld, daß es so gekommen ist!" Diese Aussage wird seine Wut nur vergrößern. Er ist nicht mehr nur auf sein Kind böse, sondern auch auf den Freund, der ihn nicht versteht. Er möchte nichts von Logik hören – er kann jetzt auch gar keine Logik verstehen, weil seine Emotionen seine Gedanken blockieren. Er fährt seinen Freund an und braucht noch länger, bis er zu dem Punkt kommt, an dem er wieder beginnt, klar zu denken. *Nicht gleich mit Logik kommen,*

Das ist das, was auch mit vielen Kindern passiert. Viele Eltern sagen ihren Kindern direkt oder indirekt, daß ihre Gefühle nicht zu akzeptieren sind. Wenn sie Angst haben, sagen ihnen ihre Eltern, daß es nichts gibt, vor dem sie Angst haben könnten. Wenn sie sich verletzt haben und weinen, sagen sie ihnen: „Sei mutig und weine nicht" oder „Dieser kleine Kratzer kann doch gar nicht so weh tun". *sondern erst mal die Gefühle gelten lassen!*

Das Gefühl, daß man mißverstanden wird, ist eine der entmutigendsten Emotionen unseres ganzen Lebens.

Die Worte eines anonymen Dichters beschreiben eine wohl typische Familie: „Zwei Menschen, die wissen, daß sie einander nicht verstehen, ziehen Kinder auf. Sie werden ihre Kinder nie verstehen, und ihre Kinder sie nicht."

Das ist traurig, aber wahr. Wenn Sie anderen Ihre Gefühle mitteilen, wollen Sie von diesen Menschen auch verstanden werden. Sie wollen, daß jemand ihre Gefühle akzeptiert, ohne Sie zu verurteilen. Sie wollen etwas Zeit, um über Ihre Gefühle nachzudenken, bevor Sie sich hinsetzen, um eine Lösung auszuarbeiten. Aber oft reagieren Eltern auf die Gefühle ihrer Kinder genau entgegengesetzt, wie sie selbst in ähnlichen Situationen gerne behandelt werden wollen. Wenn wir unsere Kinder so behandeln, wie wir selbst gerne behandelt werden wollen, brauchen wir einen Plan, der uns das ermöglicht. *Wir alle lernen leider, unsere Gefühle zu ignorieren oder zu leugnen.*

Sind Sie teilnahmslos, einfühlend oder bemitleidend?

Um Ihrem Kind dabei zu helfen, mit seinen Gefühlen umzugehen, ist es wichtig, daß Sie Einfühlungsvermögen entwickeln. Einfühlungsvermögen bedeutet, gleichzeitig mit dem Kopf und mit dem Herzen zu hören. Wenn Sie Einfühlungsvermögen zeigen, lassen Sie Ihr Kind wissen, daß Sie seine Gefühle verstehen. Das bedeutet eine manchmal nicht ganz einfache Gratwanderung zwischen zwei möglichen extremen Reaktionen: *Zwischen Teilnahmslosigkeit und Mitleid liegt ein drittes: Einfühlungsvermögen.*

155

Teilnahmslosigkeit	Einfühlungsvermögen	Mitleid
Ach, das ist doch gar nicht so schlimm	Es klingt so, als hättest du wirklich Angst davor, deine Freunde zurückzulassen.	Oh, das tut mir aber leid. Du armes Ding.

Teilnahmslosigkeit wird definiert als ein „Mangel an emotionaler Verantwortung, mangelndes Interesse oder mangelnde Besorgnis". Wenn ich teilnahmslos bin, bin ich unbeteiligt gegenüber anderen. Eltern können so sehr mit ihren eigenen Angelegenheiten beschäftigt sein, daß sie ihren Kindern die Botschaft übermitteln: „Es ist mir egal."

Auch abgegriffene, schnelle Antworten signalisieren Teilnahmslosigkeit.

Wenn Ihr Kind seine Gefühle zeigt und wenig oder gar keine Resonanz erhält, oder wenn es eine schnelle, abgegriffene Antwort bekommt wie: „Ich bin sicher, das wird alles gut. Jetzt geh wieder raus zum Spielen", dann denkt sich das Kind: „Meinen Eltern bin ich egal, sie lieben mich nicht."

Menschen wollen nicht bemitleidet, sondern verstanden werden.

Auf der anderen Seite des Spektrums befindet sich das Mitleid. Mitleid wird definiert als „Gefühl für einen anderen Menschen". Wenn ich Mitleid habe, mische ich mich zu stark in die Gefühle eines anderen Menschen ein. Ich reagiere überschwenglich, was auf den anderen herablassend wirken kann. Menschen wollen nicht bemitleidet werden, sie wollen verstanden werden.

Die Wunden anderer spüren, sich aber davon nicht lähmen lassen.

Mit Einfühlungsvermögen zuzuhören bedeutet „mit einer anderen Person mitzufühlen" und doch voneinander getrennt zu bleiben. Das beschreibt Paulus in Römer 12,15: „Freut euch mit den Fröhlichen und weint mit den Weinenden." Der einfühlende Mensch spürt die Wunde eines anderen, läßt sich davon aber nicht lähmen. Er kann die Wunden, Ängste, Enttäuschungen, den Ärger und den Frust des anderen Menschen spüren, als wäre es sein eigenes Gefühl - er bleibt aber distanziert genug, um dem anderen Hilfe und Ermutigung zu sein.

Wie reagieren Sie, wenn Ihr Kind ...?

Wie reagieren Sie also, wenn Ihr ...

* dominantes Kind ungeduldig und verärgert ist?
* initiatives Kind verletzt ist, weil es nicht zu einer Party eingeladen wurde, zu der alle anderen eingeladen wurden?
* stetiges Kind sich Sorgen um seinen ersten Schultag macht?
* gewissenhaftes Kind sich zu große Sorgen darum macht, daß es bei seinem Klarinetten-Solo in der Schulband einen falschen Ton spielen könnte?

Hier sind einige mögliche Reaktionen:

- *Ablehnung:* „Du machst dir Sorgen um nichts. Vergiß es einfach und spiel weiter."
- *Optimismus:* „Du mußt das immer von der positiven Seite sehen."
- *Rat:* „Weißt du, was ich an deiner Stelle tun würde?"
- *Schuldzuweisung:* „Bist du sicher, daß du nicht selbst daran schuld bist? Wie hast du es geschafft, daß es so weit gekommen ist?"
- *Mitleid:* „Oh, du armes Ding. Es tut mir so leid für dich."
- *Strafpredigt:* „Das wäre nicht passiert, wenn du . . ."
- *Mitgefühl:* „Junge, ich kann sehen, daß du wirklich _____ (böse, verärgert, verletzt, verlegen, traurig, ängstlich, verängstigt, aufgeregt, besorgt, beunruhigt, enttäuscht) bist. Ich glaube, wenn mir das passiert wäre, würde ich mich genauso fühlen wie du."

Sagen (und meinen) Sie: „Ich kann dich verstehen!"

Machen Sie sich bewußt, daß Ihr Verhaltensstil Sie daran hindern kann, Ihrem Kind einfühlend gegenüberzutreten. Dominante Eltern neigen beispielsweise zu kurzen, direkten Anweisungen, um die Situation schnell zu regeln. Sie haben oft große Schwierigkeiten, sich mit dem Bedürfnis eines initiativen Kindes zu identifizieren, von Gleichaltrigen akzeptiert zu werden.

D-Eltern wollen die Situation allzu schnell klären.

Initiative Eltern versuchen die Bedenken ihres Kindes zu zerstreuen, indem sie sagen: „Na komm, mach ein freundlicheres Gesicht, und mach dir keine Sorgen, es wird schon alles gut werden." Da initiative Eltern nicht detailorientiert sind, haben sie oft Schwierigkeiten, das innere Aufgewühltsein eines gewissenhaften Kindes zu verstehen, wenn die Dinge nicht genau richtig laufen. Die schnellen Antworten der dominanten und der initiativen Eltern können dem Kind wie Teilnahmslosigkeit oder Oberflächlichkeit erscheinen.

I-Eltern drängen zu sehr auf Optimismus.

Die stetigen Eltern haben das größte Einfühlungsvermögen, können diese Stärke aber auch überspannen und statt Einfühlungsvermögen dann Mitleid zeigen. Sie verlieren oft die Fähigkeit, ihre eigenen Gefühle von denen des anderen zu trennen. Sie können gleichzeitig nicht verstehen, wie ein dominantes Kind so schnell böse werden kann. Stetige Eltern können sich mit einer solchen Ungeduld nicht identifizieren.

S-Eltern tendieren mehr zu Mitleid.

Gewissenhaften Eltern fällt es schwer, sich mit Ratschlägen zurückzuhalten und nicht jede Situation genauestens zu analysieren, um die Probleme ihres Kindes an seiner Stelle zu lösen. Auch dieses Verhalten kann dem Kind kalt oder gefühllos vorkommen. Durch ihre vorsichtige Art (die sich in Pessimismus ausdrücken kann) können sich gewissenhafte Eltern oft nicht mit den positiven Gefühlen ihres initiativen Kindes identifizieren, das alle Dinge so leicht nimmt.

G-Eltern analysieren zuviel.

Es fällt manchen Menschen leichter als anderen, einfühlsam zu sein. Einfühlungsvermögen zu zeigen ist aber eine Fähigkeit, die man erlernen kann. Es gibt drei einfache Schritte, die Ihnen dabei helfen können.

Erster Schritt: Hören Sie zu!

Zuhören ist viel mehr als antworten!

Wenn Sie traurig, böse, deprimiert oder verwirrt sind, ist alles, was Sie brauchen, ein Mensch, der Ihnen zuhört. Sie wollen, daß sich jemand Ihre Probleme anhört, ohne daß er Ihnen Ratschläge gibt, seine Mißbilligung zeigt oder sein Urteil abgibt. Ermöglichen Sie Ihrem Kind, Ihnen von seinen Gefühlen zu erzählen, ohne daß Sie ein Urteil abgeben. Widerstehen Sie der Versuchung, Antworten auf seine Probleme zu suchen. Oftmals ist das schon alles, was Kinder wollen – das Gefühl, daß man ihre Probleme für wichtig hält und sich die Zeit nimmt, ihnen zuzuhören. Lassen Sie sich alles genau

Nachfragen.

erzählen. Es kann sein, daß Sie Ihrem Kind zuerst ein paar Fragen stellen müssen, damit es aus sich herausgeht: „Was ist passiert? Was hast du gesagt? Wie hast du dich dann gefühlt?" Achten Sie darauf, daß Ihr Kind nicht das Gefühl bekommt, dies sei ein Kreuzverhör.

Zweiter Schritt: Akzeptieren und reflektieren Sie die Gefühle Ihres Kindes ohne Bewertung

Jeder Verhaltensstil hat ein eigenes „emotionales Gerüst".

Auch hier müssen wir wieder der Spiegel unserer Kinder sein – nicht nur für ihre Stärken, sondern auch für ihre Gefühle. Dies ist der nächste Schritt, wenn wir unsere Kinder nach ihren Veranlagungen erziehen wollen. Jeder Verhaltensstil hat sein ganz charakteristisches emotionales Gerüst, das immer gleichbleibt. Wir müssen verstehen lernen, wie sich unser Verhaltensstil auf unsere Gefühle auswirkt. Akzeptieren Sie die Gefühle Ihres Kindes, ohne sie zu bewerten oder sie verändern zu wollen. Beschreiben Sie die Gefühle, die Sie erkennen:

„Junge, du ärgerst dich aber wirklich sehr darüber, daß du dieses Spiel verloren hast."

„Das klingt so, als hättest du wirklich einen großen Frust auf deine Freunde."

„Du bist sehr traurig, daß dich deine Freunde nicht zum Mitmachen aufgefordert haben."

„Du bist richtig fertig, weil deine Freunde dich nicht auch eingeladen haben."

Wenn wir die Gefühle unserer Kinder reflektieren, sollten wir sie nicht einfach Wort für Wort nachplappern wie ein Papagei. Wenn wir das tun, werden unsere Kinder nämlich anfangen, an unserer Glaubwürdigkeit zu zweifeln. Worte zu wiederholen und dabei umzuformulieren, ist die beste Möglichkeit, um zu erreichen, daß Ihre Kinder aus sich herausgehen, ohne eine Verteidigungshaltung einzunehmen. Indem Sie die Gefühle Ihres Kindes in Worte fassen, helfen Sie ihm, seine Gefühle besser zu verstehen.

Reflektieren heißt - wiederholen, ohne nachzuplappern.

Es ist wichtig, daß wir die Gefühle unserer Kinder beim Namen nennen. Als Callies Freundinnen sie nicht in ihren neuen Club aufnahmen, den sie gegründet hatten, sagte ich: „Ich wette, du bist böse und enttäuscht." Als Jared von seinen Klassenkameraden wegen seiner neuen Zahnspange gehänselt wurde, sagte seine Mutter: „Du hast dich wohl sehr geschämt."

Gefühle beim Namen nennen!

Indem wir die Gefühle unserer Kinder beim Namen nennen, wenn wir sie ihnen reflektieren, lernen sie, daß diese Gefühle ganz normal und akzeptiert sind. Es zeigt ihnen auch, daß wir ihre Gefühle verstehen. Dieser Schritt ist wahrscheinlich der wichtigste, der unserem Kind dabei helfen kann, mit seinen Emotionen umzugehen.

Alle Gefühle sind akzeptiert!

Neulich war ich zu Besuch bei einer Familie. Ein paar der Anwesenden hänselten den zehnjährigen Jungen wegen eines Mädchens, das mit ihm zur Schule ging. Etwas später kam seine Schwester herunter und erzählte, daß der Junge weinte, weil seine Gefühle verletzt waren.

Der Vater hätte einfach lachend darüber hinweggehen und sagen können: „Tja, Kinder müssen eben lernen, mit dem anderen Geschlecht umzugehen." Er hätte seinem Sohn auch sagen können: „Es gibt keinen Grund, verletzt zu sein. Sie haben doch nur Spaß gemacht. Du mußt lernen, einen Witz wegzustecken."

Nicht belehren oder lachend darüber hinweggehen,

Dieser Vater aber konnte verstehen, was sein Sohn fühlte. Jungen in diesem Alter sind gerade dabei, ein Interesse für Mädchen zu entwickeln. Sie fühlen sich in ihrer Nähe unbeholfen und sogar ängstlich. Der Vater ging also nach oben und fand seinen Sohn weinend auf dem Bett liegen.

sondern die Gefühle nachempfinden!

Der Vater fragte ihn: „Es verletzt dich, wenn andere dich hänseln?"

Der Sohn antwortete: „Ja, sie wissen genau, daß ich es nicht mag, wenn man mich hänselt, vor allem, wenn es um Mädchen geht."

„Es war peinlich für dich, oder? Ich mag es auch nicht, wenn andere mich hänseln."

Langsam hörten die Tränen auf zu fließen. Der Sohn wußte, daß sein Vater verstand, wie er sich fühlte, und deshalb ging es ihm besser.

Dritter Schritt: Reden Sie, wenn nötig, noch einmal mit Ihrem Kind über seine Gefühle

In vielen Fällen wird dies nicht nötig sein. Aber bei sehr großen Problemen oder nach starken Gefühlsausbrüchen möchten Sie vielleicht zu einem späteren Zeitpunkt noch einmal mit Ihrem Kind über das Geschehene reden. Warten Sie damit, bis sich die Gemüter beruhigt haben und der Kopf Ihres Kindes wieder klar ist. Erst dann ist es offen für ein Gespräch, und erst dann können Sie mit Ihrem Kind diskutieren, es auf Worte in der Heiligen Schrift hinweisen und versuchen zu verstehen, was die Ursache für das Problem Ihres Kindes ist. Stellen Sie Fragen wie:

„Was hast du aus dieser Erfahrung gelernt?"

„Was könntest du beim nächsten Mal anders machen?"

„Was denkst du über dein eigenes Verhalten?"

„Solltest du dich bei irgend jemandem entschuldigen?"

„Was hat dich Gott durch dieses Ereignis gelehrt?"

Gott nimmt Gefühle ernst

Während ich an diesem Kapitel arbeitete, mußte ich immer wieder daran denken, wie Gott an einem seiner Kinder ähnlich gehandelt hat. Gott gab Jona den Auftrag, nach Ninive zu gehen, aber Jona wollte nichts davon wissen. Er ging heimlich auf ein Schiff, das in die entgegengesetzte Richtung fuhr und versteckte sich im Rumpf des Schiffes.

In meinen Augen ist Jona ein sehr gewissenhafter Mensch. Gott gab ihm das, was er brauchte – Zeit für sich allein, um seine Angst zu verarbeiten und sein emotionales Durcheinander zu entwirren. Jonas „Reise zum Meeresboden" im Bauch des Fisches gab ihm genügend Zeit, um Gottes Auftrag, den Menschen von Ninive zu sagen, sie sollen umkehren und Buße tun, noch einmal zu überdenken. Nachdem Jona am Strand angekommen war, lief er sofort nach Ninive und überbrachte wortgetreu Gottes Botschaft, Ninive werde in vierzig Tagen zerstört werden.

Es muß eine sehr große Überraschung für Jona gewesen sein, daß die Einwohner Ninives ihm zuhörten und Buße taten. Als Gott sah, daß sie sich von ihren schlechten Wegen abgewendet hatten, zerstörte er ihre Stadt nicht.

Also Ende gut, alles gut? Nein. Jona war der Meinung, daß die Bewohner von Ninive zu leicht davongekommen waren. In der Bibel steht (Jona 4,1): „Das aber verdroß Jona sehr, und er ward zornig."

Er brauchte noch einmal Zeit zum Alleinsein. Jona ging aus der Stadt hinaus und setzte sich hin und ärgerte sich. Er war so deprimiert, daß er Gott bat, sterben zu dürfen. Gott aber stellte ihm nur eine Frage: „Meinst du, daß du mit Recht zürnst?" Sonst nichts, kein Vortrag, keine Strafpredigt. Er gab Jona Zeit, um seine emotionale Situation und diese Frage zu überdenken.

Aber Jonas emotionale Situation verschlechterte sich weiter. Er baute sich eine kleine Hütte östlich von Ninive und setzte sich davor, um zu beobachten, was mit der Stadt geschehen würde. Gott ließ Jona einfach da sitzen. Er ließ eine große Staude wachsen, die Jona während der Mittagshitze Schatten gab. Darüber freute sich Jona, und seine Stimmung besserte sich etwas.

Der Gewissenhafte als Beobachter des Unheils anderer.

Gott aber ließ einen Wurm kommen, der die Staude zerstörte. Jetzt war Jona zorniger als je zuvor. Er ärgerte sich über die Einwohner Ninives, über Gott, über den Wurm. Nichts lief „richtig". Also begann er wieder zu klagen, daß er lieber tot wäre.

Wie aber ging Gott mit Jona um? Er stellte ihm eine Frage: „Meinst du, daß du mit Recht zürnst um der Staude willen?" Und Jona antwortete: „Mit Recht zürne ich bis an den Tod."

Dann stellte ihm Gott noch einmal eine Frage: „Dich jammert die Staude, um die du dich nicht gemüht hast . . . und mich sollte nicht jammern Ninive, eine so große Stadt, in der mehr als hundertzwanzigtausend Menschen sind?"

Und dann erfahren wir nichts mehr. Wir wissen nicht, was Jona darauf antwortete. Was mir an dieser Geschichte besonders auffällt, ist, daß Gott nicht versucht hat, Jona seine Gefühle auszureden – auch, wenn diese Gefühle nicht gerechtfertigt waren. Gott blieb die ganze Zeit bei Jona, um ihm den richtigen Weg zu zeigen. Er hatte aber gar keine Eile, Jona zurechtzuweisen. Vom Wal zum Wurm gab Gott Jona genügend Zeit, um seine Einstellung zu ändern. Das ist einer der Wege Gottes, mit seinen Kindern umzugehen, wenn sie emotional durcheinander sind.

Gott versucht nicht, Jona seine Gefühle auszureden.

Kinder haben keinen Einfluß darauf, wie sie sich fühlen. Aber es ist wichtig, daß sie wissen, was sie fühlen und warum sie so fühlen. Wenn sie ihre Gefühle verstehen und akzeptieren, kommt es seltener vor, daß sie innerlich aufgewühlt oder böse auf ihre Eltern sind, weil sie das Gefühl haben, daß diese sie nicht verstehen.

Kinder sollen lernen, ihre Gefühle zu benennen.

Typische emotionale Reaktionen eines jeden Verhaltensstils

Unterschiedliche Ereignisse verursachen bei den verschiedenen DISG-Verhaltensstilen unterschiedliche Gefühle. Wie jeder Verhaltensstil seine besonderen Stärken und Schwächen hat, so hat auch jeder Verhaltensstil seine besonderen Ängste und Ziele. Was auch immer die Ziele eines Menschen in seinem

Jeder DISG-Typ hat spezifische Ängste und Ziele.

Leben sind – seine größte Angst ist, dieses Ziel nicht zu erreichen. Wenn der Weg zu diesem Ziel blockiert ist, zeigt jeder der Verhaltensstile eine unterschiedliche Reaktion und ein entsprechendes Verhalten.

D-Typ: Kontrolle behalten, Ergebnisse erzielen.

Ziel der Menschen mit einem hohen D-Anteil ist es, Ergebnisse zu erreichen. Sie wollen die Kontrolle übernehmen und brauchen Entscheidungsmöglichkeiten und Herausforderungen. Werden diese Ziele blockiert, sind dominante Menschen verärgert, ungeduldig, fordernd und unhöflich. Von der Wut getrieben, kämpft der dominante Mensch um das, was er erreichen will, ohne Rücksicht auf die Gefühle anderer.

I-Typ: Spaß, Aufmerksamkeit und Anerkennung

Initiative Menschen haben das Ziel, bei anderen beliebt zu sein und Spaß am Leben zu haben. Sie brauchen Aufmerksamkeit und Anerkennung. Ihre größte Angst ist der Verlust der Anerkennung – nicht beliebt zu sein oder nicht in Aktivitäten integriert zu werden, die gerade „in" sind. Wenn ein initiativer Mensch Ablehnung spürt, schwankt sein emotionales Barometer von einem Extrem zum anderen – von Wutausbrüchen in Form von verbalen Angriffen („Du haßt meine Freunde!") zu Schmollen und Depression. Ein initiativer Mensch kann sein emotionales „Konto" sehr leicht überziehen.

S-Typ: Stabilität und Harmonie

Ziel der Menschen mit einem hohen S-Wert ist es, daß sich die Dinge nicht verändern, und daß alles friedlich bleibt. Stetige Menschen haben die größte Angst, ihre Sicherheit oder Stabilität zu verlieren. Plötzliche, ungeplante Veränderungen können stetige Menschen in ihren Grundfesten erschüttern. Sie verschließen sich dann in ihrer eigenen Traurigkeit, geben auf und lassen niemanden an sich heran. Stetige Menschen klammern sich oft an ihre verletzten Gefühle.

G-Typ: Richtigkeit und Perfektion; Angst vor Kritik

Menschen mit starken G-Merkmalen wollen korrekt sein. Alles, wofür sie mit ihrem Namen stehen, muß perfekt sein. Es ist ihre größte Angst, Fehler zu machen oder nicht ihr Bestes zu geben. Ihre Gefühle sind vielschichtig und tief. Gewissenhafte Menschen kontrollieren ihre Gefühle, sind reserviert und wirken manchmal gefühllos. Aber in ihrem Innern können sie große Ängste, Sorgen und Depressionen haben.

13. Der Liebesbecher

Vor vielen Jahren hörte ich im Radio, während ich vom Büro heimfuhr, ein altes Lied mit dem Titel: „Der Liebesbecher". Im Refrain hieß es: „Jeder Mensch versucht verzweifelt, seinen Liebesbecher mit Liebe zu füllen." An jenem Abend hat mich dieser Satz sehr nachdenklich gemacht. Als ich nach Hause kam, erzählte ich meiner Familie, daß Gott jedem von uns einen Liebesbecher ins Herz gegeben hat. Wenn unser Liebesbecher voll ist, fühlen wir uns glücklich und geliebt und zeigen uns anderen gegenüber glücklich. Wenn unser Liebesbecher leer ist, sind wir traurig und zeigen dies auch anderen.

Jeder Mensch hat einen Liebesbecher im Herzen ...

Dann erklärte ich, daß wir, solange wir uns als Familie lieben, die Liebesbecher der anderen füllen. An jenem Abend begannen wir in unserer Familie eine neue Tradition. Seitdem fragen wir uns oft gegenseitig: „Wie geht es deinem Liebesbecher heute?"

... und sehnt sich danach, daß er gefüllt wird.

Wenn ich also Callie frage: „Callie, ist dein Liebesbecher heute voll?", dann antwortet sie manchmal mit „Ja", aber im Normalfall antwortet sie zur Schlafenszeit: „Nein." Ich frage sie dann: „Wie voll ist er denn?" Und sie zeigt auf ihre Knöchel.

Dann sage ich: „Also, das können wir ändern", und ich küsse und umarme sie, und dann nimmt sie ihre Hand und bewegt sie langsam von ihren Knöcheln bis zum Kopf.

Die Kinder sind Feuer und Flamme für dieses Ritual. Sie lieben den Liebesbecher.

Als wir eines Tages alle durch die Möbelabteilung eines Kaufhauses schlenderten, blieb Kristi plötzlich stehen und sagte: „Papa, mein Liebesbecher ist leer." Alle schauten einander an, und dann sahen alle mich an. Also kniete ich nieder, mitten in diesem Gang, umgeben von Sofas und Stühlen, und umarmte und küßte Kristi, bis sie zufrieden war.

Ich fragte sie, ob irgend etwas nicht in Ordnung sei, und sie sagte: „Nein, ich mußte nur meinen Becher wieder auffüllen."

Meine Kinder fragen mich auch, wie voll mein Liebesbecher ist. Neulich kam ich von der Arbeit nach Hause, und Callie erwartete mich an der Haustür. Sie umarmte mich, gab mir einen dicken Kuß und fragte mich: „Papi, wie war dein Tag?" Ich sagte: „Gut." Sie wußte, daß das eine ziemlich schwache Antwort war, und stocherte tiefer: „Und wie hast du dich heute gefühlt?" Ich sagte: „Ich habe mich gut gefühlt." Sie war noch nicht zufrieden. „Warst du glücklich? Böse? Traurig? Verärgert? Ängstlich? Besorgt? Sauer?" Während sie diese Liste aufzählte, schnitt ich zu jeder dieser Emotionen eine Grimasse.

„Papi, wie war dein Tag?"

Es wurde zu einem kleinen Ratespiel, und schon nach kurzer Zeit lachten wir beide und waren glücklich.

Ihr Kind muß in Ihren Augen ablesen können, daß Sie es lieben.

Ich habe in meiner Gemeinde und in Seminaren immer wieder von diesem Liebesbecher erzählt, und die Idee scheint allen zu gefallen. Dieses einfache, aber tiefgehende Mittel ist ein weiterer Schritt, um Ihrem Kind Mut zu machen. Wenn Ihr Kind in den Spiegel Ihrer Augen sieht, muß es mehr als eine positive Reflektion seiner Stärken und Gefühle sehen können. Es muß sehen können, daß Sie es lieben. Ich kenne nur wenige Möglichkeiten, wie Sie Ihrem Kind besser zeigen könnten, daß Sie es lieben, als mit körperlicher Zuneigung.

Dr. Ross Campbell schreibt in einem Buch: „Beinahe jede Studie zeigt uns, daß alle Kinder ihre Eltern unaufhörlich fragen: 'Liebst du mich?' Kinder stellen diese Frage meist durch ihr Verhalten und nur selten mit Worten. Die Antwort auf diese Frage ist das absolut Wichtigste im Leben eines jeden Kindes."

Vorbehaltlose Liebe ...

„Liebst du mich?" Wenn wir ein Kind ohne Vorbehalte lieben, spürt es, daß unsere Antwort auf diese Frage „Ja" ist. Wenn wir es nur unter Vorbehalt lieben, wird es unsicher und bekommt Angst. Die Antwort, die wir unserem Kind auf seine wichtigste Frage geben, bestimmt seine grundlegende Einstellung zum Leben.

... durch das Verhalten übermittelt.

Da unser Kind diese Frage meist durch sein Verhalten stellt, geben wir ihm unsere Antwort auch durch unser Verhalten. Ein Kind zeigt uns, was es braucht, sei es mehr Liebe, mehr Akzeptanz oder mehr Verständnis. Durch unser Verhalten erfüllen wir diese Bedürfnisse. Das können wir aber nur dann tun, wenn sich unsere Beziehung auf vorbehaltlose Liebe gründet. Achten Sie besonders auf die Formulierung „durch unser Verhalten". Die Liebe, die wir in unserem Herzen für unser Kind haben, kann groß sein. Das ist aber nicht genug. Wir übermitteln die Liebe zu unserem Kind durch unser Verhalten, durch das, was wir sagen und was wir tun. Aber das, was wir tun, hat für unser Kind mehr Gewicht.

Der Liebesbecher unserer Kinder muß jeden Tag von neuem aufgefüllt werden. Manchmal verhalten sich unsere Kinder möglicherweise nicht so, aber trotzdem brauchen sie diese täglichen Liebesbeweise. Initiative oder stetige Kinder verlangen viel häufiger deutlich nach Zuneigung als dominante oder gewissenhafte Kinder.

Barbara, eine Mutter, die in einem meiner Seminare von diesem Liebesbecher gehört hatte, ging nach Hause und setzte das Prinzip sofort in die Praxis um. Sie erzählte ihren beiden Töchtern vom Liebesbecher und fragte dann Jamie (ein hohes D, sechs Jahre alt), wie voll ihr Liebesbecher sei. Jamie antwortete: „Er ist nicht ganz voll." Also umarmte und küsste sie ihre Tochter, und nach wenigen Sekunden sagte diese: „Okay, du kannst wieder aufhören, er ist bis oben voll."

„Du kannst aufhören, Mama!"

Dann stellte sie ihrer fünfjährigen Tochter Sarah (ein hohes I) dieselbe Frage. Sarah machte ein trauriges Gesicht und sagte: „Mein Liebesbecher ist leer." Barbara nahm sie hoch und umarmte und küßte sie. Sie wartete darauf, daß auch Sarah nach ein paar Sekunden „Stop" sagen würde, aber nichts geschah.

Nach ungefähr zwei Minuten fragte Barbara ihre Tochter: „Sarah, ist dein Liebesbecher noch nicht voll?" Und Sarah antwortete: „O nein, Mami. Mein Liebesbecher ist ganz tief und ganz groß!"

„Mein Liebesbecher ist ganz tief und groß!"

Hier zeigt sich wieder einmal, wie unterschiedlich die Bedürfnisse unserer Kinder sein können und wie unterschiedlich auch der Ausdruck dieser Bedürfnisse ist. Aber alle Kinder verlangen nach konkreten sichtbaren und fühlbaren Zeichen unserer Liebe.

14. Der Umgang mit Konflikten

Ein Berg widersprüchlicher Gefühle

Wenn Sie abends im Bett liegen und einen besonders anstrengenden Tag mit Ihren Kindern noch einmal überdenken – wie fühlen Sie sich? Frustriert, ängstlich, unsicher, unruhig, besorgt, manipuliert, schuldig, ängstlich, böse, entmutigt, zweifelnd? Sehr wahrscheinlich kämpfen Sie mit einem ganzen Berg von Gefühlen – und mit einer Vielzahl unbeantworteter, nagender Fragen darüber, ob Sie die verschiedenen schwierigen Situationen und Konflikte dieses Tages richtig gemeistert haben. Sie überlegen sich, ob Sie das Richtige gesagt haben. Waren Sie zu streng oder zu weichherzig? Hätten Sie mehr Verständnis zeigen sollen, oder hätten Sie einen Konflikt verhindern können?

Den Führerschein zu machen, ist schwieriger ...

Wenn wir es einmal genau betrachten, sehen wir, daß nur die wenigsten von uns an Seminaren oder Workshops über Kindererziehung teilgenommen haben. Es ist schwieriger, den Führerschein zu machen, als Eltern zu werden. Jedoch, wie Sie Ihre Pflicht als Eltern erfüllen, beeinflußt Ihr Umfeld mehr als alles andere, was Sie in Ihrem Leben tun. Beängstigend, nicht wahr?

... aber das Eltern-Sein hat uns niemand gelehrt.

Und was noch gravierender ist – die meisten von uns haben in Seminaren und Workshops nur sehr wenig über den Umgang mit Konflikten gelernt. Unsere Unfähigkeit, diesen ganz natürlichen Teil des Familienlebens durchzustehen, führt zu zerbrochenen Ehen und einer wachsenden Entfremdung zwischen Eltern und Kindern.

Ich kann Ihnen in diesem Kapitel keine komplette Anleitung liefern, mit der sie alle Ihre Konflikte lösen könnten – ganze Bücher wurden über dieses Thema verfaßt. Aber ich kann Ihnen zeigen, wie das DISG-Verhaltensmodell Ihnen helfen kann, Ihre Konflikte besser zu verstehen. In vielen Fällen ist das Verstehen der Dynamik eines Konflikts der Schlüssel zu seiner Lösung oder dazu, diesen Konflikt ganz zu vermeiden.

Erster Schritt: Die Ursachen eines Konflikts verstehen

Die Tatsache, daß jeder Mensch anders ist, macht Konflikte unvermeidlich. Die Menschen bringen in ihre Beziehungen unterschiedliche Hintergründe, Ansichten, Emotionen, Erwartungen, Gewohnheiten, Kulturen und altersbedingte Vorlieben ein. Wann immer unterschiedliche Menschen zusammenkommen, gibt es früher oder später Konflikte. Wenn Sie das DISG-Modell verstehen, werden Sie leicht erkennen, wie die unterschiedlichen Verhaltensstile Konflikte verursachen können. Menschen eines jeden Verhaltensstils können gewisse Verhaltensweisen zeigen, die andere Menschen provozieren.

Mit DISG Konflikte besser verstehen:

Eltern und Kinder mit einem hohen D-Anteil können Konflikte verursachen, wenn sie ...

- sich nur um ihre eigenen Interessen kümmern;
- intolerant oder gefühllos sind gegenüber den Bedürfnissen oder Gefühlen anderer;
- sich anderen gegenüber grob, unverblümt oder taktlos verhalten;
- aggressiv sind oder zu stark vom Konkurrenzdenken geprägt;
- bei unerläßlichen Routinearbeiten leicht ungeduldig werden;
- zu unabhängig oder distanziert gegenüber anderen sind;
- ein so hohes Tempo zeigen, daß andere nicht Schritt halten können.

Dominante wirken schnell taktlos oder aggressiv.

Eltern und Kinder mit einem hohen I-Wert können Konflikte verursachen, wenn sie ...

- herumalbern oder nicht genügend Ernst zeigen;
- zuviel reden oder andere beim Reden unterbrechen;
- mangelndes Interesse an Details und/oder zu wenig Durchhaltevermögen bei der Durchführung von Aufgaben zeigen;
- die Dinge zu idealistisch oder zu optimistisch betrachten;
- Dinge vergessen und unorganisiert sind;
- sich zu sehr für eine Sache begeistern oder zu emotional werden;
- versuchen, andere mit ihren Worten zu manipulieren oder sich selbst durch Gruppenzwang manipulieren lassen.

Initiative wirken schnell sprunghaft oder unsachlich.

Eltern und Kinder mit ausgeprägten S-Merkmalen können Konflikte verursachen, wenn sie ...

- sich Veränderungen oder neuen Ideen in den Weg stellen;
- unentschlossen sind;
- nicht die Initiative ergreifen wollen oder die Dringlichkeit einer Sache scheinbar nicht verstehen;
- keine Alternativen erkennen können;
- keine Standfestigkeit zeigen;
- sich zu leicht beeinflussen lassen und anderen zu leicht vertrauen;
- ein zu niedriges Tempo zeigen und deshalb mit anderen nicht Schritt halten können.

Stetige wirken schnell unentschlossen und stur.

Eltern und Kinder mit einem hohen G-Anteil können Konflikte verursachen, wenn sie ...

- zu kritisch sind oder andere zu hart beurteilen;
- sich zu viele Sorgen machen;

Gewissenhafte wirken schnell zu kritisch oder unbeteiligt.

- neugierig und argwöhnisch sind, d.h. zu viele detaillierte Fragen stellen, so daß andere das Gefühl bekommen, sie befänden sich in einem Kreuzverhör;
- zu perfektionistisch oder intolerant gegenüber den Fehlern anderer sind;
- ihre Gefühle verbergen oder in sich verschließen;
- keinen gesellschaftlichen Umgang mit anderen suchen;
- sich in Analysen verstricken und deshalb zu langsam vorankommen.

Gefahren erkennen - Strategien entwickeln.

Wenn wir wissen, welche die natürlichen kritischen Punkte eines jeden Verhaltensstils sind, können wir versuchen, Strategien zu entwickeln, um Konflikte zu vermeiden, die sich sonst zu einem riesigen Problem entwickeln könnten.

Drei weitere Prinzipien können Ihnen dabei helfen zu verstehen, wie Unterschiede oder auch starke Ähnlichkeiten bei den Verhaltensstilen zu Konflikten führen können:

Konflikte entstehen bei Unterschieden ...

1) *Konflikte treten auf, wenn Unterschiede aufeinander treffen.* Oftmals hebt die Stärke des einen Menschen die Schwäche eines anderen hervor. Initiative Menschen sind oftmals frustriert, wenn ein hohes D sie immerzu herumkommandieren will. Eine gewissenhafte Mutter ärgert sich leicht über ihre stetige Tochter, die den wichtigen Details nicht so viel Aufmerksamkeit widmet wie sie selbst. Oft haben Eltern große Schwierigkeiten im Umgang mit ihren Kindern, weil sich ihre Verhaltensstile so sehr unterscheiden, daß sie die Unterschiede einfach nicht verstehen können.

... aber auch bei Ähnlichkeiten.

2) *Konflikte können auch dann auftreten, wenn ähnliche Verhaltensweisen miteinander konkurrieren.* Sind Sie selbst dominant, und Ihr Kind ist es ebenfalls, so werden Sie unaufhörlich darum kämpfen, wer die Kontrolle besitzt. Eine initiative Mutter wird mit ihrer initiativen Tochter darum wetteifern, im Mittelpunkt zu stehen. Zwei stetige Menschen kommen gut miteinander aus, bekommen aber Probleme, wenn keiner der beiden die Initiative ergreifen will. Zwei gewissenhafte Menschen werden sich darüber streiten, wessen Weg der „richtige" ist.

Drei Dominante - und jeder Streit wird zum Erdbeben!

Kürzlich sprach ich mit einem Vater, in dessen Familie es drei hohe Ds gibt: seine Frau, eins seiner Kinder und ihn selbst. Wie Sie sich leicht vorstellen können, kommt es häufig vor, daß Unstimmigkeiten, die in anderen Familien nur als leichtes Grollen am Horizont zu hören sind, in dieser Familie zum Erdbeben werden. Es ist ganz natürlich, daß drei ausgesprochene Ds mit den Köpfen aneinanderrennen. Ich half ihnen, diese Verhaltensstile zu erkennen, was aber den Vater nicht beruhigen konnte. Er stöhnte: „Jeder von uns dreien will, daß es nach seinem Kopf geht – so war es schon immer, und so wird es auch immer sein!"

3) *Machen Sie sich bewußt, daß die meisten Menschen nicht versuchen, Ihnen etwas anzutun, sondern für sich selbst etwas zu tun.* Nehmen wir einmal an, Sie sind eine Mutter mit hohem S- und G-Anteil, und Sie versuchen gerade verzweifelt, Ihren Zeitplan einzuhalten. Sie haben es sehr eilig, weil Sie . . .

Will der andere Ihnen wirklich etwas Böses?

- noch zum Supermarkt fahren müssen, um ein paar Dinge einzukaufen, damit Sie . . .
- das Essen um 18 Uhr fertig haben, damit Sie . . .
- die Kinder früh ins Bett bringen können, damit Sie . . .
- den Videofilm anschauen können, den Sie beim Videoverleih ausgeliehen haben, damit Sie. . .
- rechtzeitig ins Bett kommen, damit Sie . . .
- ausgeschlafen sind für die wichtige Konferenz, die Sie morgen haben.

Mit anderen Worten: Sie haben den ganzen Abend bereits verplant. Doch dann kommt Ihr initiativer Sohn herein, der Ihnen alles von seinem Tag in der Schule erzählen will und Sie bittet, ihm bei den Hausaufgaben zu helfen. Nachdem er Ihnen zehn Minuten lang von seinen Erlebnissen berichtet hat, fahren Sie ihn schließlich an: „Siehst du nicht, daß ich versuche zu arbeiten? Warum machst du deine Hausaufgaben nicht einfach allein, anstatt mich ständig damit zu nerven?"

Ihr Sohn hatte in Wirklichkeit gar nicht die Absicht, Sie zu ärgern oder Ihren Zeitplan durcheinanderzubringen. Er wollte nur mit jemandem reden. Er wollte nicht Ihnen etwas antun, sondern etwas für sich selbst tun. Deshalb dürfen Sie sein Verhalten nicht persönlich nehmen.

Er will nicht Ihren Zeitplan durcheinanderbringen,

Sandra Merwin schreibt in ihrem Buch *Figuring Kids Out* (Kinder verstehen lernen):

sondern nur mit jemandem reden.

„Wenn Kinder böse sind, weinen, Regeln übertreten, schmollen, Türen schlagen, lachen oder irgendeine andere ihrer natürlichen Verhaltensweisen zeigen, damit ihre Bedürfnisse erfüllt werden, nehmen Eltern und Lehrer dies oft persönlich.

Kinder scheinen eine besondere Neigung dazu zu haben, den Erwachsenen in ihrem Leben 'an die Nieren zu gehen . . .'

Ihr Kind plant nicht, Sie zu ärgern!

Kinder planen nicht schon beim Aufstehen, wie sie ihre Eltern und ihre Lehrer ärgern können. Kinder verhalten sich von Natur aus aber oft so, daß sie den wunden Punkt eines Erwachsenen treffen."

Ob sich Ihre Konflikte aus aufeinandertreffenden Unterschieden oder konkurrierenden Ähnlichkeiten ergeben – es gibt Wege, wie Sie dieses Konfliktpotential verringern können.

Ich finde vor allem die folgenden Empfehlungen von Bruce Narramore in seinem Buch *Your Child's Hidden Needs* (Die versteckten Bedürfnisse Ihres Kindes) sehr hilfreich:

Kann Ihr Partner helfen?

1. Versichern Sie sich der Unterstützung Ihres Partners. Es besteht die Möglichkeit, daß Ihr Partner einen anderen Verhaltensstil hat als Sie und Ihnen dabei helfen kann, Perspektive, Denkweise und Gefühle Ihres Kindes besser zu verstehen.

Was ist es, das Sie so in Rage bringt?

2. Überlegen Sie, wodurch Ihr Kind in Ihnen dieses negative Verhalten hervorruft. Erinnert es Sie an Ihr eigenes Verhalten als Kind? Verhält es sich wie Ihr Bruder oder Ihre Schwester, mit denen Sie jahrelang nur gestritten haben? Verhält es sich wie Ihr Ehepartner? Oder ist es genau die Art Kind, von der Sie geschworen haben, daß Sie nie selbst eines haben wollten? Was auch immer der Grund sein mag: Wenn Sie verstanden haben, warum Ihr Kind Sie so schnell in Rage bringt, können Sie ihm gegenüber sensibler und geduldiger werden. Sie lernen zu agieren, anstatt zu reagieren.

Zweiter Schritt: Die unterschiedlichen Reaktionen der Menschen auf Spannungen und Konflikte verstehen

Reaktionen auf Konflikte:

Betrachten Sie einmal die untenstehende Tabelle. Sie sehen, daß ein hohes D und ein hohes I unter Spannung ihrem Ärger Luft machen. Das D verlangt, daß die anderen das tun, was es will, und es wird sehr bestimmend, autoritär und kontrollierend. Das I geht zu emotionalen und verbalen Attacken über und versucht, andere und ihre Ideen herabzuwürdigen.

Dominante werden aggressiv;

Wenn die Spannung oder der Konflikt weiter bestehen, beginnen sie jedoch, ihre Gefühle zu unterdrücken. Wenn das hohe D spürt, daß es nicht gewinnen kann, verfällt es ins andere Extrem und arbeitet allein - oder wendet

Initiative werden laut und emotional;

sich einem neuen Gebiet zu, um Menschen und Situationen zu meiden, die es nicht kontrollieren kann. Das hohe I gibt den Wünschen anderer nach, um die soziale Anerkennung nicht zu verlieren oder um die Konflikte zu verringern.

Stetige geben nach;

Die anfängliche Reaktion des hohen S und des G ist es, ihre Gefühle zu unterdrücken. Das hohe S willigt ein, indem es das Verhalten anderer toleriert oder nachgibt, während das hohe G die Probleme meidet und sich

Gewissenhafte ziehen sich zurück.

zurückzieht, die Tatsachen ignoriert oder eine neue Strategie plant. Bestehen die Konflikte weiter, so schlägt ihr Verhalten ins Gegenteil um. Das S macht seinem Ärger Luft, indem es andere angreift, während das G fordernd reagiert und versucht, anderen seine Vorstellung von „richtig" oder „falsch" aufzudrücken.

Reaktionen auf Streß und Konflikte:

	Anfängliche Reaktion	Wenn die Spannung weiter besteht
D	fordernd	zieht sich zurück
I	angreifend	gibt nach
S	gibt nach	angreifend
G	zieht sich zurück	fordernd

Diese Tabelle kann uns bei zwei wichtigen Dingen eine Hilfe sein. Sie läßt uns bereits im voraus die natürliche Reaktion anderer erkennen, so daß wir positiv und überlegt agieren können, anstatt negativ zu reagieren. Wenn wir wissen, wie ein anderer Mensch auf einen Konflikt reagiert, können wir eine weise Entscheidung darüber treffen, wie wir uns in einer schwierigen Situation verhalten werden.

Nehmen wir einmal an, ein dominanter Vater hat eine initiative Tochter. Ihre Konflikte könnten ungefähr so aussehen:

Streit zwischen D und I - ein Beispiel.

Vater: „Du mußt noch dein Zimmer aufräumen, bevor du mit deinen Freunden draußen spielen kannst."

Tochter: „Papa, sie warten auf mich. Kann ich es nicht später tun?"

Vater: „Ich habe es satt, daß du immer alles aufschiebst. Du machst es jetzt sofort."

Tochter: „Jeff hat sein Zimmer auch nicht aufräumen müssen, bevor er weggegangen ist."

Vater: „Das ist auch etwas anderes. Er mußte heute morgen zu einem Baseball-Spiel. Du hättest ja auch gestern aufräumen können, aber da hast du ja lieber ferngesehen."

Tochter: „Du bist so ungerecht. Du magst mich überhaupt nicht."

Vater: „Wenn du nicht sofort auf dein Zimmer gehst und aufräumst, bleibst du den ganzen Tag zu Hause."

Diese Diskussion ist typisch zwischen hohen Ds und hohen Is. Der Vater wird immer fordernder, und die Tochter greift seinen Charakter an, um von dem Fehler abzulenken, den sie selbst gemacht hat, indem sie ihr Zimmer nicht am Tag vorher saubergemacht hat. Wenn ich dieser Vater gewesen wäre, hätte ich den Verhaltensstil meiner Tochter bereits zu Beginn dieser Diskussion berücksichtigt: Ich hätte versucht, die Diskussion so kurz wie möglich zu halten, um zu vermeiden, daß wir uns beide immer mehr in diese Sache hineinsteigern. Ich würde mich nicht in einen verbalen Krieg verwickeln lassen.

Ds und Is: Diskussionen vermeiden!

Sie können ab-
lesen, wieviel
Streß der andere
schon hatte.

Außerdem zeigt uns die Tabelle, wieviel emotionalen Streß ein Mensch bereits durchlebt hat. Wenn ich von der Arbeit nach Hause komme und sehe, daß Karen in einer „fordernden" Stimmung ist, weiß ich sofort, daß sie einen besonders anstrengenden Tag hatte. Anstatt ihre Reaktion persönlich zu nehmen und so unser beider Streß und Spannung noch zu verstärken, kann ich zu ihr sagen: „Du hattest einen harten Tag, stimmt's? Warum nimmst du dir nicht ein bißchen Zeit für dich selbst, und ich mache das Abendessen fertig?" Ich kann versuchen, ihr zu ermöglichen, eine Pause zu machen und wieder neue Energie zu schöpfen. (Wie wir das tun können, werden wir später noch erfahren.)

Dritter Schritt: Erwarten Sie nicht von den anderen Familienmitgliedern, daß sie so denken oder fühlen wie Sie

Andere empfin-
den anders.
Ist das selbstver-
ständlich?

Auf den ersten Blick denken Sie wahrscheinlich: Das ist doch ganz offensichtlich, das muß man doch nicht extra erwähnen. Sie werden aber überrascht sein, wie oft diese scheinbar einfache Tatsache Probleme verursacht.

Chris stört es,
wenn er etwas
genau erklärt
bekommt ...

Chris ist ein Mensch, der gerne Verantwortung übernimmt. Er liebt es, sich zu überlegen, wie eine Aufgabe durchgeführt werden kann. Er fühlt sich herablassend behandelt, wenn ihm jemand Schritt für Schritt zeigen will, wie etwas gemacht wird. Es ist ihm lieber, wenn er die Freiheit hat, sich dies selbst zu überlegen.

... Jessica würde
es genießen.

Als seine Tochter Jessica älter wird, trägt ihr Chris zusätzliche Pflichten im Haushalt auf. Er kann nicht verstehen, warum Jessica diese Aufgaben scheinbar nie zu Ende bringt. Wenn sie ihr Zimmer aufräumen soll, tut sie dies immer nur halbherzig, und es scheint, als würde sie nichts wirklich dorthin räumen, wo es hingehört.

Offensichtlich muß man Jessica immer ganz genau sagen, was sie tun soll – und das frustriert Chris. Ihm mußte man ja auch nicht zeigen, wie er sein Zimmer aufräumen sollte, als er noch ein Kind war. Er machte sogar einen Plan, wie er alle seine Kleidungsstücke und Spielsachen in den einzelnen Schubladen verteilte, damit alles hineinpaßte.

Ergebnis:
Chris muß sich
auf Jessica
einstellen.

Schließlich erkennt Chris, daß Jessica nicht so denkt und handelt wie er. Man muß ihr langsam und genau zeigen, was sie tun soll, Schritt für Schritt. Erst dann kann sie eine Aufgabe auch allein durchführen. Während Chris es liebt, Aufgaben selbst zu durchdenken und kreative Lösungen für Probleme zu finden, fühlt Jessica sich sicherer, wenn sie einen gewohnten Arbeitsablauf verfolgen kann. Chris erkennt, daß er beim Umgang mit Jessica geduldiger sein muß als sonst und genügend Zeit mit ihr verbringen muß, um ihr die Führung zu geben, die sie braucht.

Ich stimme nicht allem zu, was Dr. Wayne W. Dyer in seinem Buch *What Do You Really Want For Your Children?* (Was wollen Sie wirklich für Ihre Kinder?) schreibt, aber seine Zusammenfassung über die familiären Konflikte ist sehr treffend.

„Praktisch alle Streitigkeiten in den Familien drehen sich um den einen absurden Gedanken: ‚Wenn du mir nur ein bißchen ähnlicher wärst, dann müßte ich mich nicht so sehr über dich aufregen.' Dies ist eine irrige Annahme. Menschen – einschließlich unseres Partners, unserer Kinder, unserer Eltern oder jedes anderen Menschen – werden nie so sein, wie wir es gerne hätten. Wenn wir uns über jemanden ärgern, sagen wir in Wirklichkeit bei uns selbst: ‚Wenn er nur so denken könnte, wie ich gerade denke, dann müßte ich mich nicht so sehr aufregen.' Oder: 'Warum kann sie die Dinge nicht einfach so machen, wie ich es gerne hätte?'"

> *„Wenn du mir ähnlicher wärst, bräuchte ich mich nicht zu ärgern!"*

Diese Vorstellung können wir nur dann besiegen, wenn wir einen Weg gefunden haben, die Unterschiede im menschlichen Verhalten zu erkennen - und zu verstehen, daß jeder Mensch ein unterschiedliches Maß an Zuneigung und unterschiedliche Grenzen braucht.

Vierter Schritt: Passen Sie Ihr Verhalten an die Bedürfnisse Ihres Kindes an

In Kapitel 9 habe ich Ihnen einige konkrete Möglichkeiten gezeigt, Ihr Verhalten an die Bedürfnisse unterschiedlicher Kinder anzupassen. Ich komme noch einmal auf dieses Thema zurück, um zu unterstreichen, wie wichtig es ist, daß Sie Ihren Verhaltensstil richtig ausrichten, um Ihrem Kind Ihre Liebe mitzuteilen.

Tom und Susan sind beide Menschen mit einem hohen Tempo, die immer ein sehr volles Programm haben. Ihre beiden ältesten Kinder, Ross und Lana, haben ebenfalls beide ein hohes Tempo. Alle vier können scheinbar nicht zur Ruhe kommen, während sie von einer Aktivität zur nächsten hetzen. Und dann ist da noch ihre jüngste Tochter Missy. Sie ist ein hohes S, ein umgängliches Kind, das sich nur langsam an neue Situationen oder neue Menschen gewöhnt. Sie liebt Routine und Vertrautes. Sie braucht ein stabiles Zuhause, in dem sie sich sicher fühlen kann. Es ist möglich, daß sie sich hartnäckig an etwas festklammert, um zu verhindern, daß sich die Dinge ändern.

> *Missy wußte, daß sie geliebt wurde, aber sie spürte es nicht.*

Missy wußte zwar, daß ihre Eltern sie lieben, sie konnte diese Liebe jedoch nicht spüren. Sie fühlte sich verlassen, mutlos und wertlos, weil sie so anders war als die anderen in der Familie. Wenn sie in die „Spiegel" der anderen schaute, sah sie sich selbst als einen schwachen, faulen und langweiligen Menschen.

Durch DISG haben die Eltern Missy begriffen ...

Glücklicherweise änderte sich das, als diese Familie die DISG-Verhaltensstile kennenlernte. Sie haben gelernt zu akzeptieren, daß Missy anders ist, anstatt sie zu kritisieren. Sie erfuhren, daß Gott Missy anders gemacht hat und daß anders zu sein nicht bedeutet, falsch oder schlechter zu sein.

... und sich auf sie eingestellt.

Dieses Wissen hat ihren Eltern die Kraft gegeben, ihr Verhalten im Umgang mit Missy zu verändern. Wenn sie irgendwelche Veränderungen planen, nehmen sie sich etwas mehr Zeit, um Missy zu erklären, was in naher Zukunft auf sie zukommt. Ob sie nun Freunde einladen, einkaufen gehen oder den Wochentag für den Familienabend verlegen – immer nehmen sie sich die Zeit, Missy rechtzeitig darauf vorzubereiten, so daß sie die Gelegenheit hat, sich an diese Veränderungen zu gewöhnen.

Susan erklärte es mir so: „Mit den Jahren habe ich folgendes gelernt: Die fünf Minuten, die ich damit verbringe, Missy auf Veränderungen vorzubereiten, ersparen mir eine Viertelstunde Auseinandersetzungen. Ich habe endlich verstanden, daß sie nicht weint oder Zeit vertrödelt, weil sie mir das Leben schwermachen will. Sie braucht einfach mehr Zeit, um sich mit Veränderungen anzufreunden."

„Wir machten uns Sorgen, weil sie andere Menschen so sehr braucht."

Eine andere Mutter erzählte mir vor kurzem: „Wir konnten nicht verstehen, warum Amanda unaufhörlich Freunde zum Spielen einlud oder bei anderen ständig über Nacht bleiben wollte. Sie würde jede Nacht bei einer Freundin schlafen, wenn wir es ihr erlauben würden. Ich machte mir Sorgen, wir hätten irgend etwas falsch gemacht, ihr Selbstvertrauen irgendwie zerstört, weil sie andere Menschen scheinbar so sehr brauchte. Wir versuchten auch, sie dazu zu zwingen, allein in ihrem Zimmer zu spielen, und sagten ihr, sie müsse hin und wieder ein etwas niedrigeres Tempo zeigen und auch mal gerne allein sein. Aber sie reagierte sehr aufgeregt und verärgert. Jetzt akzeptieren wir sie so, wie sie ist, und loben sie häufiger. Sie ist jetzt sehr viel glücklicher, und ihr Verhalten hat sich sehr verändert. Es kommt jetzt nur noch etwa halb so oft vor, daß sie uns nicht gehorcht."

Eine der Familien in meiner Pfarrgemeinde hat zwei Söhne mit hohen D- und I-Anteilen, und die beiden sind ständig aktiv. Für die Eltern war das Mittagessen ein täglicher Kampf, weil sie es einfach nicht schafften, daß die Kinder stillsaßen. Die beiden hampelten hin und her, schaukelten, fielen vom Stuhl. Die Eltern kauften schließlich zwei Drehstühle, damit die Kinder sich so viel bewegen konnten, wie sie wollten, und die Mittagessenszeit verläuft seither viel friedlicher.

Ich habe dieselben Erfahrungen mit meinem Sohn Chad gemacht. Ich bin ein hohes D und betrachte die Hausaufgaben und die Schlafenszeit meiner Kinder als eine Aufgabe, die erfüllt werden muß. Chad ist ebenfalls ein hohes D, er zeigt aber auch sehr viel initiatives Verhalten. Als er eines Abends kurz vor der Schlafenszeit mit seinen Hausaufgaben fertig war, kam ich herein und stellte ihm noch ein paar Fragen, um ihn auf die Physik-Arbeit am nächsten Tag vorzubereiten. Nach jeder Frage wollte Chad lieber mit dem Frage-Antwort-Spiel aufhören und mir eine Geschichte erzählen. Mein Ziel war es, diese Aufgabe möglichst schnell zu erledigen, so daß wir beide ins Bett gehen konnten. Sein Ziel war es, zu reden und Spaß mit seinem Vater zu haben. Ich hingegen hatte Angst, daß er versuchte, mich zu manipulieren, damit er länger aufbleiben konnte. Aber war das wirklich wahr? Manchmal schien es so. Es ist aber eher wahrscheinlich, daß er nicht absichtlich versuchte, länger aufbleiben zu können. Er wollte mir nicht irgend etwas einreden, er handelte nur nach seinem natürlichen Verhaltensstil.

Das I-Kind will sich unterhalten ...

... der D-Vater will fertig werden.

Ganz egal, wie sehr wir unsere Kinder lieben: Lieben allein genügt nicht. Diese Liebe muß ganz tief in sie hineinsickern. Sie müssen das *Gefühl* haben, daß sie geliebt werden. Das bedeutet, daß Sie Ihr Verhalten an die Bedürfnisse Ihrer Kinder anpassen. Wenn Sie das nicht tun, senden Sie Ihrem Kind die Botschaft, daß es sie stört und daß etwas mit ihm nicht stimmt, weil es anders ist als Sie. Die Beratungsstellen sind voll von Menschen, die zwar von ihren Eltern geliebt wurden, aus irgendwelchen Gründen diese Liebe aber nie wirklich spüren konnten. Ganz egal, wie anders oder wie schwierig Ihr Kind zu sein scheint – Sie müssen Ihr Verhalten anpassen. Sie müssen lernen, Freude an jedem Ihrer Kinder zu haben und sie zu loben, so wie sie sind.

Ihre Kinder müssen Ihre Liebe spüren!

Lernen Sie, Freude an jedem Kind zu haben.

Fünfter Schritt: Geben Sie jedem Familienmitglied die Gelegenheit, neue Energien zu gewinnen

Sie haben es vielleicht noch nicht bemerkt, aber Sie haben ein Stromkabel am Rücken. Schauen Sie ruhig mal in den Spiegel, und Sie werden es entdecken. Damit Sie jeden Tag effektiv „funktionieren" können, müssen Sie Ihr Stromkabel in bestimmte Aktivitäten stecken, die Ihnen neue Energie geben. Ihr Partner und Ihre Kinder haben dasselbe Stromkabel am Rücken.

Es kostet uns Energie, unseren Verhaltensstil an die Bedürfnisse eines anderen anzupassen. Von uns als Eltern wird erwartet, daß wir unser Verhalten so ändern, daß wir die Bedürfnisse unserer Kinder erfüllen können. Aber jedesmal, wenn wir unsere natürliche Sicherheitszone verlassen und Verhaltensweisen zeigen, die nicht Teil unseres natürlichen Verhaltensstils sind, erleben wir Streß. Streß leert unser mentales, emotionales und körperliches Energiereservoir.

Und wo bleiben die emotionalen Bedürfnisse der Eltern?

Wenn unser Energiepegel niedrig ist, sind wir weniger geduldig, weniger flexibel und bestehen hartnäckiger auf unserer eigenen Meinung. Mit anderen Worten: Je weniger Energie wir haben, desto wahrscheinlicher ist es, daß wir in einen Konflikt mit einem anderen Menschen geraten. Dies bedeutet aber auch: Je öfter Sie sich selbst und Ihrem Kind die Gelegenheit geben, die eigenen „Batterien aufzuladen", desto weniger Konflikte wird es geben.

Unsere Energiereserven werden geplündert, wenn

- eher aufgabenorientierte Eltern (hohes D, hohes G) ein eher beziehungsorientiertes Verhalten zeigen müssen;
- eher beziehungsorientierte Eltern (hohes I, hohes S) ein eher aufgabenorientiertes Verhalten zeigen müssen;
- Menschen mit einem eher geringen Tempo (hohes S, hohes G) ein hohes Tempo zeigen müssen und Menschen mit einem höheren Tempo (hohes D, hohes I) gezwungen werden, ein niedrigeres Tempo zu zeigen.

Suchen Sie Gelegenheiten, Ihren eigenen „Akku" wieder „aufzuladen"!

Eine wichtige Möglichkeit, um neue Energien zu gewinnen, ist ausreichendes körperliches Ausruhen. Wenn Sie einmal darüber nachdenken, werden Sie erkennen, daß Sie bei verschiedenen Aktivitäten Ihren Streß reduzieren können und neue Energien gewinnen. Und aller Wahrscheinlichkeit nach stehen diese Aktivitäten in direkter Verbindung mit Ihrem Verhaltensstil.

Es gibt ganz bestimmte Warnsignale, auf die man achten sollte –

Was die unterschiedlichen DISG-Typen streßt ...

Symptome, die Ihnen zeigen, daß Ihr Kind oder Sie selbst unter Streß leiden.

Ein hohes D oder I wird im allgemeinen laut, fordernd und überaktiv. Ein hohes S wird ruhig und zieht sich emotional zurück, ein hohes G wird pingelig, jammert und klammert sich an eine Sache, die ihm nicht paßt, und läßt sich nicht davon abbringen.

... und wie sich der Streß ausdrückt.

Wenn Sie die entsprechenden Aktivitäten für Ihren Verhaltensstil und den Ihrer Kinder kennen, werden Sie viele Konflikte vermeiden können. Wenn dieses „Aufladen der Batterien" für Sie zur Priorität wird, dann werden die Mitglieder Ihrer Familie ruhiger und glücklicher werden, und es wird viel seltener wegen Kleinigkeiten zu Konflikten kommen.

Dominante bauen inneren Streß durch äußere Anstrengung ab.

Dominante Menschen müssen Streß verbrennen, so wie eine Dampflok Kohlen verbrennt. Dies bedeutet, daß sie körperliche Anstrengung brauchen, sei es Tennis spielen, Rasen mähen, eine Stützmauer hinter dem Haus bauen oder einen Hektar Wald abholzen. Es ist wie ein Zwang. Sie kommen heim von einem harten Tag im Büro, wo Sie den ganzen Tag mit Menschen zu tun hatten, und rufen aus: „Wenn ich jetzt nicht rausgehe und mich bewege, werde ich wahnsinnig!"

Initiative Menschen gewinnen neue Energie, wenn sie mit anderen Menschen zusammen sind und reden können. Man kann es in ihren Augen sehen. Stecken Sie ein I in einen Raum voller Menschen, schenken Sie ihm ein offenes Ohr - und Sie werden sehen, wie es zu neuem Leben erwacht.

Initiative brauchen Menschen zum Reden.

Initiative Mütter, die wegen ihrer Babys zu Hause bleiben, können sehr frustriert sein, wenn sie nicht genügend Umgang mit anderen Erwachsenen haben. Robin erzählte neulich in ihrer Elterngruppe: „Der Umgang mit meinen Kindern allein kann meine zwischenmenschlichen Bedürfnisse nicht erfüllen. Ich liebe es, mit meinen Kindern zu Hause zu sein. Sie sind ganz tolle Kinder. Aber jetzt, wo ich weiß, daß ich ein hohes I bin und deshalb das Bedürfnis habe, häufig mit anderen Menschen zusammenzusein und zu reden, werde ich sehr viel mehr Ausflüge mit anderen Müttern machen. Während meine Kinder ihren Mittagsschlaf machen, spreche ich jetzt häufiger am Telefon mit meinen Freundinnen, um mit ihnen in Kontakt zu bleiben. Mein Energie-Niveau ist seitdem sehr viel höher. Auch mein Mann hat diesen Unterschied bemerkt, und er hilft mir dabei, daß ich häufiger die Gelegenheit habe, meine Freundinnen zu besuchen."

Stetige Menschen können sich sehr gut erholen, wenn sie einfach nichts tun und sich ausruhen. Sie gehen fischen, nehmen ein Schaumbad, sehen fern, gehen spazieren oder unterhalten sich mit einem guten Freund. Für viele stetige Menschen bedeutet Nichtstun, lange auszuschlafen oder früh ins Bett zu gehen. Viele stetige Mütter finden es hilfreich, zwischendurch ein Nickerchen zu machen, auch wenn dies bedeutet, daß es zum Mittagessen nur belegte Brote gibt.

Stetige Menschen erholen sich beim Nichtstun.

Gewissenhafte Menschen brauchen Zeit, um allein zu sein und so neue Energie zu gewinnen. Sie lieben es, gemütlich vor dem Kamin ein Buch zu lesen, klassischer Musik zu lauschen, an einem Projekt zu arbeiten oder einen Tag in einer Buchhandlung zu verbringen. Sie brauchen Zeit für sich allein, um über Erlebtes nachzudenken, es zu verarbeiten und auszuwerten.

Gewissenhafte Menschen wollen alleine sein und Zeit haben.

Einen der interessantesten Menschen, die ich je gekannt habe, traf ich in Australien auf einer Missionsreise. Dr. John Hercus war ein gewissenhafter Mensch, der es liebte, über „Warum?"-Fragen des geistlichen Lebens nachzudenken. Er schrieb zahlreiche Bücher. Ich war sehr überrascht, als ich hörte, daß ihm einige seiner kreativsten Ideen kamen, als er in seinem Garten arbeitete. Seine Gartenarbeit war seine „persönliche Zeit zum Nachdenken". Sie wurde zum Saatbeet für die meisten seiner Bücher und seine Lebensphilosophie.

Ihre Kinder und die Energie

Helfen Sie auch Ihren Kindern, sich zu verstehen.

Es ist auch für unsere Kinder wichtig, daß sie ihren Energiehaushalt verstehen. Wenn ihr Energie-Niveau niedrig ist, fällt es ihnen schwerer, mit Situationen zurechtzukommen, die nicht ihrem natürlichen Verhaltensstil entsprechen. Sie reagieren ichbezogener, und es ist schwerer, mit ihnen auszukommen. Wenn aber ihr Energie-Niveau hoch ist, haben Kinder mehr Kraft, um ihre Stärken zu zeigen und mit unangenehmen Situationen umzugehen.

Was die Kinder in der Schule streßt:

Stellen Sie sich einmal vor, in welchem Zustand sich Ihre Kinder befinden, wenn sie von der Schule heimkommen. Den ganzen Tag waren sie mit anderen Menschen zusammen, aber sie haben auch die ganze Zeit in ihren Klassenzimmern gesessen, haben Aufgaben gelöst und waren (hoffentlich)

zu viele Menschen ...

still. Wenn Sie nicht wissen, was Ihre Kinder brauchen, um neue Energien zu gewinnen, wenn sie von der Schule nach Hause kommen, müssen Sie sich später auf ein paar hitzige Debatten gefaßt machen.

... oder zuviel Stillsitzen?

Nach einem solchen Tag sind stetige und gewissenhafte Kinder erschöpft davon, daß sie den ganzen Tag mit anderen Kindern zusammen waren. Sie brauchen etwas Zeit, um allein zu sein und neue Energien zu gewinnen. Sie wollen möglicherweise in ihrem Zimmer spielen, ein Buch lesen oder fernsehen. Es ist gut möglich, daß sie nicht sehr viel Zeit brauchen, bis sie hinausgehen und mit den anderen Kindern spielen, vielleicht nur wenige Minuten.

Versuchen Sie gar nicht erst, diese Kinder gleich, wenn sie zur Tür hereinkommen, zu fragen, wie ihr Tag in der Schule war. Wahrscheinlich wird es bis zur Schlafenszeit dauern, bis stetige Kinder von ihrem Tag erzählen, und Sie werden ihnen möglicherweise viele Fragen stellen müssen, um sie aus sich herauszulocken. Dominante Kinder kommen von der Schule nach Hause und sind sofort für alle Schandtaten bereit. Sie haben den ganzen Tag in der Schule gesessen und haben nun viel Energie übrig, die sie verbrauchen müssen. Das Schlimmste für ein dominantes Kind wäre es, wenn es zuerst seine Hausaufgaben machen müßte, bevor es zum Spielen hinaus darf.

Initiative Kinder gewinnen ihre Energie von anderen. Wenn sie an irgendeinem Schultag nicht genügend Umgang mit anderen Kindern hatten, brauchen sie die Gelegenheit, mit Ihnen oder ihren Freunden zusammenzusein und zu reden.

Ein Härtefall: G-Mutter mit zwei I-Kindern

Eine gewissenhafte Mutter erzählte uns folgende Geschichte über Konflikte, wenn die Kinder von der Schule heimkommen:

„Wenn ich bei der Arbeit den ganzen Tag mit Menschen zu tun hatte, komme ich abends heim und brauche etwas Zeit für mich alleine. Ich brauche etwas Frieden und Raum für meine Gedanken. Aber immer gerade dann, wenn ich beginne, mich zu erholen, kommen mein initiativer Sohn und meine initiative Tochter herein. (Haben Sie das mitbekommen? Diese gewissenhafte Mutter hat zwei initiative Kinder. Sie braucht schon allein im täglichen Umgang mit diesen Kindern sehr viel Energie.) Sie kommen also zur Tür herein und beginnen, mir ihren ganzen Tagesablauf zu erzählen, also praktisch alles, was sie erlebt haben, seit ich sie in die Schule gebracht habe. Ich habe mir überlegt, ob irgend etwas mit mir nicht in Ordnung war, weil ich sie oft einfach unterbrochen oder unfairerweise angeschrien habe. Ich konnte nicht verstehen, wieso ich so reagiert habe. Jetzt weiß ich, daß sie den ganzen Tag stillsitzen und zuhören mußten und daß sie deshalb jetzt reden und sich bewegen müssen, um neue Energie zu tanken. Aber ich weiß auch, daß ich Zeit zum Alleinsein brauche. Jetzt machen wir es folgendermaßen: Wenn sie heimkommen, nehmen wir zusammen einen kleinen Snack zu uns und reden zwanzig Minuten. So lange schaffe ich es gerade noch, ihnen zuzuhören. Dann gehen sie nach draußen und spielen mit ihren Freunden bis zum Abendessen."

Wenn Sie erkennen, was Ihre Kinder brauchen, um neue Energien zu gewinnen, können Sie Ihr Verhalten daran anpassen.

Eine Mutter erzählte mir: „Ich konnte einfach nicht verstehen, warum Sarah immer in ihrem Zimmer verschwand, sobald jemand bei uns zu Besuch war. Jetzt weiß ich, daß sie ein hohes G ist und Zeit zum Alleinsein braucht, um neue Energien zu gewinnen. Wir verstehen uns seither viel besser, weil ich ihr viel Zeit zum Alleinsein lasse und es ihr ermögliche, dann mit mir zu reden, wenn sie will und nicht dann, wenn ich das möchte."

Wenn Besuch kommt, verschwindet Sarah am liebsten.

Vor einiger Zeit führte ich eine große Familie in das DISG-Modell ein. Ich erzählte ihnen von den Verhaltensstilen und davon, wie die Menschen miteinander umgehen.

Ashley (ein hohes I/G), die im Teenageralter ist, sagte: „Ich habe mir Sorgen gemacht, ob etwas mit mir nicht in Ordnung ist. Es gibt Zeiten, in denen ich einfach nicht zu dieser Familie dazugehören will." (Erinnern Sie sich daran, daß sie ganz entgegengesetzte innere Bedürfnisse hat: Das I in ihr will ständig unterwegs sein und mit anderen Menschen zusammensein, während das G in ihr lieber ein geringeres Tempo zeigen und sich genügend Zeit nehmen will, um die Dinge zu überdenken.) „Jetzt habe ich erkannt, daß es in Ordnung ist, wenn ich manchmal einfach nur allein sein will. Der gewissenhafte Teil in mir braucht Zeit zum Alleinsein."

„Es ist in Ordnung, manchmal nur allein zu sein."

Der Vater dieser Familie fragte Ashleys jüngeren Bruder Benjamin, wie sie als Familie Ashley helfen und sie ermutigen könnten. Benjamin antwortete: „Ich denke, wir sollten ihr besser zuhören." Benjamin selbst ist ein hohes D, und er brachte seinen Frust, den er hatte, weil er den langen Geschichten sei-

„Papa, sie redet zuviel!"

ner initiativen Schwester schon seit vielen Jahren zuhören mußte mit den folgenden Worten zum Ausdruck: „Aber Papa, ich will nicht immer so viele lange Geschichten anhören!" (Das ist also das hohe D. Kann es überhaupt das hohe I verstehen?)

Machen Sie das „Aufladen der Batterien" zu einer Priorität

Planen Sie konsequent Erholungszeiten ein ...

Wenn Sie erfahren haben, wie dieses „Aufladen der Batterien" auch in Ihrer Familie Spannungen reduzieren kann, werden Sie keine Schwierigkeiten haben zu erkennen, wie wichtig dies ist. Die Schwierigkeit besteht darin, in ihrem Tagesplan Zeit dafür zu finden. Sie müssen es sich zur Priorität machen, regelmäßige „Erholungszeiten" konsequent in Ihren Tagesablauf einzuplanen.

Sind Sie ein hohes D, so müssen Sie eine Zeit der körperlichen Bewegung einplanen. Sind Sie ein I, dann müssen Sie Ihren Zeitplan so arrangieren, daß Sie Ihre zwischenmenschlichen Bedürfnisse erfüllen können. Als S brauchen Sie Zeit, in der Sie nichts tun, um neue Energie zu gewinnen. Wenn Sie ein hohes G sind, müssen Sie Zeit zum Alleinsein einplanen. Sie müssen zuerst Ihre eigene Person hegen und pflegen, damit Sie dann auch Ihr Kind hegen und pflegen können.

... um Ihr Energie-Niveau wieder anzuheben!

Wenn Sie sich gar nicht mehr daran erinnern können, wann Sie sich das letzte Mal Zeit für sich selbst genommen haben oder einen Babysitter hatten, um mit Freunden wegzugehen, dann ist es höchste Zeit, daß Sie Ihr Energie-Niveau wieder anheben. Lassen Sie dieses Niveau nie so tief absinken, daß Sie für die Menschen, die Ihnen am wichtigsten sind, gar nichts mehr übrig haben.

Wenn Ihr Kind nicht gehorcht.

Wenn Ihr Kind nicht gehorcht, sollten Sie in Gedanken das Energie-Niveau Ihres Kindes testen. Braucht es ein „Aufladen seiner Batterien"? Wie können Sie ihm dabei helfen, neue Energien zu gewinnen?

Von allen praktischen Ratschlägen, die ich Ihnen über den Umgang mit Konflikten gegeben habe, ist dieser am einfachsten anzuwenden. Und er führt möglicherweise am schnellsten zum Erfolg.

15. Eltern sind auch Partner

Das Großartigste, an das ich mich erinnere, wenn ich an meinen Vater denke, ist, daß er meine Mutter geliebt hat. Jeden Abend, wenn er von der Arbeit nach Hause kam, ging er sofort in die Küche, legte seine Arme um meine Mutter, gab ihr einen dicken Kuß und sagte ihr, daß er sie liebt. Dieses Bild sehe ich immer noch vor mir, als wäre es gestern gewesen.

Und vergessen Sie bei alledem nicht ...

Wenn ich an meine Kindheit denke, erkenne ich, daß mir meine Eltern ein großes Geschenk mitgegeben haben: Sie zeigten mir, daß zwei Menschen in Liebe und Einigkeit miteinander leben können, auch wenn sie sehr unterschiedliche Menschen sind.

... Ihren Partner!

Dies ist ein Buch über Kindererziehung. Aber eines ist klar: Wenn Sie zu besseren Eltern werden wollen, sollten sie als erstes damit beginnen, Ihre Ehe zu stärken.

Eine Studie der Timberlawn Psychiatric Research in Dallas (Texas) ergab, daß Kinder, die normal aufwachsen sollen, solide Eltern brauchen, die in Liebe miteinander verbunden sind. John T. Gossett, der Direktor von Timberlawn schreibt: „Unabhängig davon, was Sie zu Ihren Kindern sagen oder wie Sie sie behandeln: Eine funktionierende Ehe umgibt sie mit einem warmen, positiven Schein, in dessen Licht sie stark und gesund aufwachsen können. Eine Ehe, in der ständig Konflikte bestehen, umgibt ein Kind mit einem glühend-roten Schein der Trauer, der dem Kind sehr schadet."

Bevor Ihre Kinder spüren, daß Sie ihre Einzigartigkeit schätzen, müssen Sie zeigen, daß Sie die Stärken Ihres Partners annehmen und schätzen und daß Sie akzeptieren, worin sich Ihr Partner von Ihnen unterscheidet.

So wie Ihnen das DISG-Modell der Verhaltensstile helfen kann, bessere Eltern zu werden, kann es Ihnen auch helfen, Ihre Ehe zu stärken. Es kann eine der größten Überraschungen in Ihrer Ehe sein.

Wen habe ich da bloß geheiratet?

Karen und ich waren vier Jahre lang zusammen, bevor wir heirateten. Aber erst nach unserer Heirat entdeckte ich die schreckliche Wahrheit: Karen war seltsam. Sie war einfach nicht normal – zumindest nicht so, wie ich war.

Die schreckliche Wahrheit ...

Es begann in unserer Hochzeitsnacht. Das Thermometer war an diesem Julitag auf fast vierzig Grad geklettert, und als wir in unserem Hotel in Florida ankamen, war das erste, was ich tat, die Klimaanlage auf die höchste Stufe zu stellen. Während ich duschte, begann Karen zu frieren und schaltete die

... nach der Hochzeit:

Klimaanlage wieder aus. Als ich aus dem Badezimmer kam, begann ich zu schwitzen und schaltete die Klimaanlage wieder auf die höchste Stufe.

Wir sind völlig verschieden!

In jener Nacht erkannten wir, daß unsere inneren Thermometer einfach nicht zueinander paßten. Die Flitterwochen fingen ja gut an! Damals wußte ich es noch nicht, aber diese Nacht sollte ein Vorgeschmack auf unser weiteres Leben sein. Bald darauf begannen wir, unsere Wohnung zu möblieren. Man kann sofort erkennen, daß einem frischgebackenen Ehepaar Ärger bevorsteht, wenn sie sagt: „Rolf Benz", und er fragt: „Wer ist das, dein Onkel?" An dieser Stelle wurde uns klar, daß wir einen ganz unterschiedlichen Geschmack hatten.

Ich verdiene Geld, um es auszugeben ...

... sie, um es zu sparen!

Unser Umgang mit Geld unterscheidet sich ebenfalls beträchtlich. Ich verdiene Geld, um es wieder auszugeben. Sie verdient Geld, um es zu sparen. Ich habe nicht vor, mich zu überarbeiten und keinen Spaß mehr am Leben zu haben. Sie will nicht mit fünfundsechzig eines Morgens aufwachen, ohne einen Pfennig Geld zu haben. Wenn vor unserer Hochzeit bei meiner Bank ein paar meiner Schecks platzten, wechselte ich einfach die Bank und fing noch einmal von vorne an. Karen ist immer aufgeregt, wenn sie ihre Kontoauszüge abholt, weil sie dann ihr Konto bis auf den letzten Pfennig ausgleichen kann.

Sie ist zu Hause ständig aktiv ...

Mein Schwiegervater, ein pensionierter Oberst, hat seine Familie ständig auf Trab gehalten. Selbst heute, wenn wir zu Besuch kommen, ist er immer mit irgendeinem Projekt beschäftigt – eine neue Küche einzubauen, die Leuchten im Bad auszutauschen oder den Vorgarten neu anzulegen.

Karen tritt in seine Fußstapfen. Sie ist erst glücklich, wenn sie die Möbel umstellt, ein neues Blumenbeet bepflanzt oder neue Vorhänge für die Kinderzimmer näht.

... ich will meine Ruhe!

Mein Vater dagegen war von Sonnenaufgang bis Sonnenuntergang damit beschäftigt, Häuser zu bauen. Wenn er dann nach Hause kam, war das letzte, was er tun wollte, am Haus zu arbeiten. Also raten Sie einmal, wessen Veranlagung ich geerbt habe? Für mich bedeutet ein Zuhause Ruhe und Entspannung.

Sie können sich vorstellen, welche Konflikte Karen und ich schon kurz nach unserer Hochzeit durchlebten. Karen konnte einfach nicht verstehen, warum ich mich nicht mit Projekten im und ums Haus beschäftigte. Immerhin war es ja das, was ihr Spaß machte und was auch ihrem Vater (ihrem Idealbild eines Mannes) Spaß machte.

Aber hier endeten unsere Unterschiede noch lange nicht. Karen und ich werden von zwei unterschiedlichen inneren Motoren angetrieben. Ich liebe es, immer pünktlich zu sein, während Karen im Normalfall zu spät kommt. Bevor sie das Haus verläßt, möchte sie sichergehen, daß sie alles richtig zurückläßt, und das kann eine Weile dauern. Wenn wir in Urlaub fahren, liebt Karen es, langsam zu fahren, unterwegs an den Raststätten anzuhalten und in Pensionen gemütlich zu übernachten. Für mich beginnt der Spaß erst, wenn ich dort bin, wo ich hinwollte. Ich betrachte die Fahrt nicht als Urlaub, sondern nur als nötiges Übel. Einmal fuhr ich zweiundzwanzig Stunden ohne Halt durch, um nach Hause zu kommen.

Sie hält gerne an ...

... ich will durchfahren.

Und dann griff Gott ein

Ich weiß nicht, wie Karen und ich vor unserer Hochzeit so blind sein konnten. Ich denke, wir waren einfach ein ganz typisches Paar und blind vor Liebe. Irgendwo zwischen unseren Flitterwochen und der Geburt unseres ersten Kindes machten wir die beunruhigende Entdeckung: Wir waren wirklich sehr unterschiedlich. Und diese Unterschiede verursachten eine ganze Menge an Konflikten.

Zehn Jahre lang war ich wirklich davon überzeugt, daß Karen, wenn sie mir ähnlicher werden würde, sehr viel glücklicher wäre und wir eine wunderbare Ehe führen könnten. Natürlich glaubte sie auch dasselbe von mir. Also formten wir aneinander herum und versuchten, den anderen zu unserem eigenen Abbild zu machen.

Da griff glücklicherweise Gott ein. Durch die Teilnahme an einem Führungsseminar in einer benachbarten Gemeinde lernte ich das DISG-Modell kennen, über das auch Sie in diesem Buch einiges erfahren haben.

Wer weiß, wo wir beide heute wären, ohne DISG?

Ich wußte, daß wir unterschiedlich sind, aber jetzt hatte ich objektive Beweise. Was bis jetzt undefinierbare Konflikte und Spannungen gewesen waren, waren plötzlich klar definierte Gebiete, über die wir reden konnten. Wir entdeckten z.B., daß unser unterschiedliches Tempo für unsere Verhaltensstile ganz normal ist.

Uns beiden erschienen diese Informationen wie eine erfrischende Brise nach einem langen, heißen Sommer. Sie sollten unsere Beziehung für immer verändern.

Durch DISG wurden Unterschiede und Spannungen klar kommunizierbar, aber ...

- Es brachte uns ein für allemal von dem Glauben ab, daß es nur eine Sorte „normale" Menschen gibt.
- Wir lernten, uns selbst besser zu verstehen - als die einzigartigen Geschöpfe, als die Gott uns geschaffen hat.
- Wir lernten, worin wir uns ähnlich sind und worin wir uns unterscheiden und wie diese Ähnlichkeiten und Unterschiede unsere Beziehung beeinflussen. Dieses Verständnis ermöglicht es uns, mögliche Konflikte

vorherzusehen und in aufkommende Konflikte tiefer einzudringen als nur bis zur Oberfläche.

- Wir lernten, wie wir unseren Verhaltensstil speziell an die Bedürfnisse des anderen anpassen konnten.
- Wir begannen, einander nicht nur zu akzeptieren, sondern unsere Unterschiede als wertvoll zu betrachten. Das ermöglichte uns, zu jenen Menschen zu werden, als die Gott uns gewollt hat.

... die Entschei-
dung nahm uns
keiner ab.

Ich hatte jetzt die Wahl. Ich konnte entweder a) weiterhin hartnäckig versuchen, Karen zu verändern und mir ähnlicher zu machen, um meine Bedürfnisse zu erfüllen, oder b) mich freiwillig und in Liebe selbst verändern, um ihre Bedürfnisse besser zu erfüllen. Wahlmöglichkeit b war die einzig mögliche Entscheidung, wenn wir eine liebende, lange dauernde Ehe führen wollten.

Sieben Tips, um mit DISG Ihre Ehe zu verbessern

Einheit ist Ein-
mütigkeit in der
Vielfalt.

In den letzten sechs Jahren haben wir unaufhörlich an dem gemeinsamen Ziel gearbeitet, in unserer Ehe immer mehr zu einer Einheit zu verschmelzen, indem wir die Unterschiede des anderen schätzen lernten. Einheit bedeutet nicht Gleichheit. Einheit bedeutet Einmütigkeit in der Vielfalt. Dabei haben wir mindestens sieben praktische Schritte entdeckt, um unsere Ehe zu verbessern:

Den Partner
besser verstehen
- durch DISG.

1. *Arbeiten Sie daran, Ihren Partner besser zu verstehen.* Der erste Petrusbrief lehrt die Ehemänner, vernünftig mit ihren Frauen zusammenzuleben (1. Petrus 3,7). Dieser Grundsatz trifft auch auf die Ehefrauen zu. Verständnis füreinander zu entwickeln ist der erste Schritt, um eheliche Konflikte zu minimieren.

Paul Tournier beschreibt dies folgendermaßen: „Der Mensch, der liebt, versteht; und der Mensch, der versteht, liebt. Ein Mensch, der sich verstanden fühlt, fühlt sich auch geliebt. Ein Mensch, der sich geliebt fühlt, ist sich sicher, daß er verstanden wird."

Es gibt ohne Zweifel eine enge Verbindung zwischen Liebe und Verständnis. Wenn Ihr Partner sich unverstanden fühlt, fühlt er sich ungeliebt.

Alan, ein hohes S/G, ist Universitätsprofessor und Autor. Er schätzt es, viel Zeit allein mit Lesen und Nachdenken zu verbringen. Seine Frau Susan (hohes D/G) ist das genaue Gegenteil. Sie ist sehr aktiv, fleißig und mag es, Pflichten zu erledigen und diese von ihrer „Arbeitsliste" zu streichen. Wenn sie sich überfordert fühlt von den vielen Dingen, die sie sich in den Kopf gesetzt hat, bittet sie Alan um Hilfe. Sie sagt: „Da du sowieso gerade nichts zu tun hast, kannst du ja kommen und mir helfen, diese Bilder aufzuhängen."

Nichts zu tun? Was denken Sie, wie sich Alan da fühlte? Verletzt und mißverstanden. Wenn Sie Ihren Partner wirklich verstehen wollen, müssen Sie erkennen, wie einzigartig er sich von Ihnen unterscheidet. So wie Sie zu einem Erforscher Ihres Kindes wurden, können Sie auch zum Erforscher Ihres Partners werden. Paula Rinehart schreibt folgendes: „Wir erkennen immer mehr, daß dieser Mensch, den wir geheiratet haben, von Natur aus nicht so denkt oder reagiert, wie wir es tun würden. Er ist ein ganz anderer Mensch, ein Rätsel, das es wert ist, gelöst zu werden."

Eines Abends lud mich ein älteres Gemeindemitglied ein, zu einem Konzert eines bekannten Jazzgitarristen mitzugehen. Nach ungefähr einer halben Stunde lehnte sich mein Bekannter zu mir herüber und fragte mich: „Stören Sie diese Leute, die da hinter uns reden?"

Mir war bis zu diesem Zeitpunkt gar nicht aufgefallen, daß sich andere Besucher hinter uns unterhielten. Aber von diesem Moment an vernahm ich das unaufhörliche Gezischel hinter uns, wenn sie sich etwas zuflüsterten. Es irritierte uns so sehr, daß sich mein Bekannter schließlich umdrehte und freundlich, aber bestimmt sagte: „Entschuldigung, könnten Sie nicht, wenn Sie sich unbedingt unterhalten wollen, ein paar Reihen weiter weg sitzen?" Der Mann antwortete: „Entschuldigen Sie. Wissen Sie, meine Frau ist blind, und ich habe ihr erzählt, was auf der Bühne passiert."

Sie hätten sehen sollen, wie schnell sich unsere Einstellung änderte! Wir schauten uns betreten an und sanken tiefer in unsere Sitze. Wir kamen uns so töricht vor. Was hatte sich geändert? Wir verstanden, worum es eigentlich ging. Und sofort war unser Ärger verflogen. Unser Urteil hatte sich als falsch erwiesen.

Dieser Wandel Ihrer Einstellung geschieht auch dann, wenn Sie daran arbeiten, Ihren Partner besser zu verstehen. Machen Sie sich die Mühe, die Stimmungen, die Angewohnheiten, die Vorlieben und Abneigungen, die Stärken und Schwächen Ihres Partners zu untersuchen. Schreiben Sie sich auf, was ihm gefällt und was ihn aufregt – und wann er besonders viel Ermutigung braucht. Erkennen Sie, was ihn in eine gute Stimmung versetzt und was eine schlechte Stimmung bei ihm auslöst. Dies ist ein Unterrichtsfach, in dem Sie nie auslernen können – betrachten Sie sich also als Lernende auf Lebenszeit.

2. *Akzeptieren Sie Ihren Partner so, wie er ist.* Es gibt eine Wahrheit, die Sie sich immer vergegenwärtigen sollten: Anders ist nicht falsch – es ist nur anders. Sie müssen bewußt die Entscheidung treffen, daß Sie die Unterschiede

„Da du sowieso gerade nichts machst ..."

Ihr Partner ist ein Rätsel, das es wert ist, gelöst zu werden.

Unterschiedliche Wahrnehmungen ...

... und eine völlig neue Einstellung.

Sehen Sie sich als Lernende auf Lebenszeit, was Ihren Partner betrifft.

Anders = falsch!

Ihres Partners in Liebe akzeptieren werden, ohne zu versuchen, ihn zu verändern.

Nach einem Seminar kam eine Frau auf mich zu, dankte mir und versicherte mir, wie sehr dieses Seminar ihr geholfen habe. Sie sagte: „Es hilft mir, meine Tochter besser zu verstehen. Heather ist mein genaues Abbild; nicht daß ich sie dazu gezwungen hätte, das hat sich einfach so ergeben." Sie erzählte weiter: „Aber das Beste an diesem Seminar ist, daß es mir geholfen hat, mich selbst besser zu verstehen. Mein Mann sagt mir immer, ich sei verrückt. Er sagt, kein Mensch würde so denken wie ich. Jetzt weiß ich, daß an mir gar nichts falsch ist. Es gibt viele Menschen wie mich." Ich freute mich über das, was diese Frau über sich selbst gelernt hatte, aber ich hätte mir wirklich gewünscht, daß ihr Mann auch an diesem Seminar teilgenommen hätte.

„Ich bin gar nicht verrückt!"

Lernen Sie, eine Botschaft zu übermitteln: „Ich liebe dich so, wie du bist!"

Was fanden Sie beim Kennenlernen an Ihrem Partner anziehend?

Ein anderer Mann, der von seiner eigenen Sichtweise sehr überzeugt gewesen war, schrieb auf seinen Bewertungsbogen: „Ich war überrascht, daß es noch so viele andere Menschen auf der Welt gibt, die wie meine Frau sind, daß sie sogar ihren eigenen Verhaltensstil verdient haben."

Beide Ehemänner müssen lernen, ihre Frauen so zu akzeptieren, wie sie sind. Sie müssen erkennen, daß anders nicht falsch ist, sondern einfach anders. Zusammen mit allen anderen verheirateten Menschen müssen sie ihrer Partnerin ganz klar und deutlich folgende Botschaft übermitteln: „Du mußt dich nicht verändern, damit ich dich liebe. Ich liebe dich, so wie du bist."

3. *Kehren Sie zurück zu dem Bild, das Sie vor Ihrer Ehe von Ihrem Partner hatten.* Sie fühlten sich zu Ihrem Partner hingezogen aufgrund seiner besonderen Stärken oder Qualitäten.

Eine junge Frau kann z.B. vor ihrer Heirat von einem Mann angezogen werden, weil er entschlußfreudig ist, unabhängig, entschlossen und mutig. Nach der Hochzeit fühlt sie sich jedoch von seinen negativen Eigenschaften beunruhigt. Jetzt erscheint er ihr ungeduldig, lieblos, dickköpfig und rücksichtslos.

Chris (hohes I/D) war Vertreter und der Mittelpunkt jeder Party, er hatte immer etwas zu erzählen hatte. Mary (hohes S/G) war ein sehr zurückhaltender Mensch. Sie fühlte sich in großen Menschenansammlungen unwohl und fühlte sich sofort zu Chris hingezogen, weil er ein so großes Selbstvertrauen hatte. Chris war in ihren Augen ein charmanter, redegewandter und geistreicher Mensch, der aus sich heraus ging. Nach sechs Jahren Ehe kam Mary zu mir in die Beratungsstelle. Sie war zutiefst frustriert. Sie wollte eine perfekte Ehe, aber Chris machte die Dinge einfach nicht „richtig". Er kam oft zu spät zum Abendessen, das sie immer pünktlich fertig hatte, und sie nahm seine Verspätung als persönliche Beleidigung. Sie konnte einfach nicht verstehen, daß er nicht so zeitbewußt war wie sie, und deshalb hatte sie das Gefühl, er würde absichtlich zu spät kommen. Sie redete mit ihrem Mann aber nicht darüber, weil sie einen Konflikt vermeiden wollte.

Nachdem sie mit Chris auf einigen Partys gewesen war, merkte sie, daß er immer wieder dieselben Witze erzählte. Sie hatte es auch satt, daß er immer eine Ewigkeit brauchte, bis er bereit war, eine Party zu verlassen. Es schien, als wolle er gar nicht mehr heimgehen und als wolle er auch nicht verstehen, daß ihr diese Partys nicht soviel Spaß machten wie ihm.

Als Chris seine Version erzählte, sah die Sache ganz anders aus. Er erzählte: „Mary ist eine liebe, weichherzige Frau, und ich liebe diese Seite an ihr. Aber seit wir verheiratet sind, ist sie die meiste Zeit deprimiert. Zu Beginn dachte sie, ich sei lustig – was auch alle anderen am Anfang denken -, aber jetzt hat sie mich langsam satt. Wenn ich nur zehn Minuten zu spät nach Hause komme, regt sie sich schon auf. Sie scheint einfach nicht zu verstehen, daß ich Vertreter bin und daß ich meine Kunden nicht hetzen kann, nur damit ich mich an den Zeitplan meiner Frau halten kann. Ich habe das Gefühl, als hätte ich meine Mutter geheiratet und würde mich wie ein unartiger kleiner Junge verhalten."

Immer beide Seiten hören!

Dieses Problem ist eine Sache der Perspektive. Mary möchte in ihrer Familie Routinen und Zeitpläne einhalten. Chris ist ein beziehungsorientierter Mensch, und die Zeit scheint einfach so zu versickern. Es ist nicht so, daß der eine Recht hätte und der andere nicht: Die Perspektive ist einfach anders!

Beide haben recht - aus ihrer Sicht.

Wie Sie in Kapitel 10 erfahren haben, sind viele der frustrierenden Eigenschaften eines geliebten Menschen die Kehrseite der Stärken, die wir an ihm lieben. Es sind Stärken, die zu sehr ausgeprägt sind. Wodurch Sie sich anfangs zu Ihrem Partner hingezogen fühlten, kann jetzt zu einem Angriffspunkt werden.

Die gleichen Eigenschaften: Stärken oder Schwächen, je nach Blickwinkel

Die Zeit und die zunehmende Vertrautheit führen dazu, daß wir beginnen, uns auf die negativen Seiten unseres Partners zu sehr zu konzentrieren, anstatt auf seine positiven Seiten. Gehen Sie noch einmal zurück und betrachten Sie Ihre Hochzeitsfotos. Kehren Sie zurück zu dem Bild, das Sie von Ihrem Partner vor Ihrer Hochzeit hatten.

4. Erkennen Sie, daß jede Partner-Kombination mögliche Probleme mit sich bringt. Wir alle wissen, daß sich Gegensätze anziehen. Wenn wir die Stärken unseres Partners betrachten, sehen wir, daß es ein großer Vorteil ist, wenn sich Gegensätze ergänzen können. Aber obwohl sich diese Gegensätze anziehen, können sie sich schließlich auch angreifen. Wenn Ehepartner sich in einem der vier DISG-Verhaltensstil unterscheiden, können sich Probleme ergeben.

Gegensätze ziehen sich an - zunächst mal.

Was wir verstehen, können wir als wertvoll betrachten.

Viele eheliche Konflikte entstehen deshalb, weil wir nicht akzeptieren wollen, daß unser Partner andere Stärken hat als wir selbst. Was wir nicht verstehen, können wir auch nicht als wertvoll betrachten. Was wir nicht verstehen, schreckt uns oft ab, es verwirrt uns, beleidigt oder bedroht uns. Deshalb kann das Wissen um seinen Verhaltensstil zu einer liebevolleren Beziehung mit Ihrem Partner führen.

So wie Gegensätze sich anziehen, gibt es auch die andere Seite: „Gleich und gleich gesellt sich gern." Gelegentlich tun sich Menschen mit demselben Verhaltensstil zusammen, weil sie merken, daß sie das Leben auf gleiche Weise angehen, und dies als zufriedenstellend betrachten. Aber auch in diesen Ehen kommt es zu Konflikten.

Wichtig ist nur Ihre Bereitschaft zur Zusammenarbeit.

Ganz egal, welche Verhaltensstil-Kombination in Ihrer Ehe besteht, es ist nur eine einzige Sache wichtig: ihre Bereitschaft zusammenzuarbeiten, um Ihre Ehe zu verbessern.

Nach einem Seminar für Ehepaare kam eine Frau auf mich zu und zeigte mir ihr DISG-Profil und das ihres Mannes. Sie unterschieden sich auf jede erdenkliche Weise. Sie fragte mich: „Sollten wir einfach aufgeben? Wir sind so unterschiedliche Menschen." Ich sagte ihr folgenden Satz, den ich seither als wichtigstes Prinzip in jedem meiner Eheseminare benutze: In der Ehe besteht nicht die Frage, ob man überhaupt zusammenpaßt, sondern ob man sich für diese Beziehung einsetzen will.

Zwei Menschen, die einander lieben und akzeptieren und die bereit sind, zusammenzuarbeiten, können eine gute Ehe führen – eine Ehe, die mit der Zeit immer glücklicher wird. Es hängt nicht davon ab, wie gleich oder wie verschieden wir sind. Es hängt davon ab, wie groß unsere Bereitschaft ist.

5. Nehmen Sie das Verhalten Ihres Partners nicht persönlich. Kommt Ihnen dieser Satz bekannt vor? Er sollte es eigentlich, denn ich habe ihn im vorangegangenen Kapitel bereits zitiert. Aber er ist es wert, daß man ihn wiederholt, denn so viele Ehekonflikte können gelöst werden, wenn man dieses einfache Prinzip versteht.

Andersartigkeit ist keine Bosheit!

Wenn Sie erkennen, daß das Handeln Ihres Partners seinem natürlichen Verhaltensstil entspringt und nicht eine Taktik ist, um Sie zu ärgern oder zu beleidigen, dann werden Sie sein Verhalten nicht mehr als Bedrohung oder Provokation betrachten. Dieser Punkt wurde mir vor ein paar Jahren in einem Eheseminar besonders deutlich. Megan und Jack waren sich in allen Verhaltensdimensionen ähnlich, nur in einer unterschieden sie sich stark. Megan war ein ausgesprochenes I, und Jack hatte sehr wenige I-Merkmale. Sie erlebten eine beträchtliche Anzahl an Auseinandersetzungen in ihrer Ehe, die sie Jacks stressigem Beruf und ihrer gespannten finanziellen Situation zuschrieben.

Als ich ihre Profile angeschaut hatte, vermutete ich, daß auch unter der Oberfläche noch einige Konflikte brodelten. Ich sagte: „Megan, ich wette, Sie fühlen sich in dieser Ehe abgewiesen." Sie antwortete: „Sie haben recht. Das ist das Problem in unserer Ehe."

Vom Nicht-I-Typ abgewiesen ...

... vom I-Typ erdrückt:

Dann schaute ich Jack an und sagte: „Ich wette, Sie fühlen sich von Megan erdrückt." Er antwortete: „Das ist das wirkliche Problem in unserer Ehe." Beide waren sehr verwundert, daß ich so schnell den Nagel auf den Kopf getroffen hatte.

Megan wollte als hohes I darüber reden, wenn sie sich gestreßt fühlte. Das gab Jack das Gefühl, daß sie ihn erdrückte. Sein Umgang mit Streß war der, daß er die Dinge durchdachte und sich dabei zurückzog. Und welches Gefühl gab dieses Verhalten Megan? Richtig! Sie fühlte sich abgewiesen.

Als ich ihnen das Prinzip erklärte, daß die meisten Menschen das, was sie tun, nicht deshalb tun, weil sie es einem anderen antun wollen, sondern daß sie diese Sache für sich selbst tun, konnte ich sehen, wie ihre Augen aufleuchteten. Sie lächelten, ihre Haltung entspannte sich, und beide atmeten auf. Mit Hilfe dieser neuen Erkenntnis waren beide eher dazu bereit, dem anderen das zu geben, was er brauchte.

Es war kein persönlicher Angriff.

6. Lernen Sie, Ihren Verhaltensstil an die Bedürfnisse Ihres Partners anzupassen. Anstatt von Ihrem Partner zu erwarten, daß er sich verändert, um Ihre Bedürfnisse zu erfüllen, sollten Sie die Initiative übernehmen. Sie müssen sich selbst verändern, um die Bedürfnisse Ihres Partners zu erfüllen.

Als Jack und Megan bewußt wurde, daß das Verhalten ihres Partners nicht als persönlicher Angriff gedacht war, konnten sie viel freier ihr Verhalten mit Liebe an die Bedürfnisse des anderen anpassen. Megan ließ Jack genügend Zeit, um allein zu sein und seine Gedanken und Gefühle zu verarbeiten. Jack nahm sich die Zeit, um sich mit Megan nach seiner „Denkpause" zusammenzusetzen, und mit ihr über das Problem zu reden und gemeinsam Entscheidungen zu treffen.

Der Gedanke, sich verändern zu müssen, mißfällt vielen Menschen. Ich behaupte nicht, daß Sie sich deshalb verändern müssen, weil etwas mit Ihrem Verhaltensstil von Natur aus nicht in Ordnung ist. Stattdessen sollten Sie versuchen, sich beim Umgang mit anderen so zu verhalten, daß diese das Gefühl bekommen, daß Sie sie akzeptieren, unterstützen und ermutigen.

Fangen Sie an, sich bewußter zu verhalten!

Dies bedeutet, daß wir von unseren eigenen Bedürfnissen absehen, um die Bedürfnisse unseres Partners zu erfüllen. Das ist eine der praktischsten Möglichkeiten, um die Ermahnung in Philipper 2,3-4 zu leben: „Tut nichts aus

Aus Liebe auf den Verhaltensstil des Partners eingehen ...

*... eine sehr bib-
lische Tugend!*

Eigennutz oder um eitler Ehre willen, sondern in Demut achte einer den andern höher als sich selbst, und ein jeder sehe nicht auf das Seine, sondern auf
das, was dem andern dient."

*Die Ehe - eine
Chance, selbst-
loser zu werden.*

Es darf nicht unser Ziel sein, unseren Partner zu verändern, aber die Ehe
wird uns verändern. Durch sie werden wir selbstloser, konzentrieren uns
mehr auf andere und sind dazu bereit, unser Verhalten an die Bedürfnisse
eines anderen anzupassen.

*7. Denken Sie immer daran, daß Gott Sie zu einem Team gemacht hat,
und daß Ihr Team aufgrund Ihrer Unterschiede stärker ist.* Gott hat Sie
zusammengefügt, damit Sie einander ergänzen und seine Ziele für Ihr Leben
erreichen. Als Gott den Mann erschaffen hatte, sah er, daß etwas nicht in Ordnung war. Er sagt in 1. Mose 2,18: „Es ist nicht gut, daß der Mensch allein
sei; ich will ihm eine Gehilfin machen, die um ihn sei." Die von Gott er-
schaffene Frau war als Helferin für Adam gedacht.

*Froh sein über
die Schwächen
des Partners?*

Für viele verheiratete Paare ist dies ein erstaunlicher Gedanke. Ich höre,
wie es in meinen Ohren klingt: „Sie meinen, ich sollte froh sein über die
Schwächen meines Partners?" Ja, und er sollte genauso froh sein über Ihre
Schwächen!

Wenn Sie und Ihr Partner sich nun als Ehemann und Ehefrau unterschiedlich verhalten, dann ist es wahrscheinlich, daß Sie auch bei Ihren Kindern ein unterschiedliches Verhalten zeigen.

Einer meiner Freunde erzählte mir neulich folgende Geschichte: Als er
von der Arbeit nach Hause kam, saß sein fünfjähriger Sohn auf dem Dach
ihres Kleinbusses und versuchte, einen dreißig Zentimeter langen Nagel
durch die Metalldecke des Wagens zu hämmern. Die natürliche Reaktion des
Vaters (ein hohes D/G) war, den Kleinen am Schlawittchen zu packen und
ihn vom Autodach herunterzuholen. Er wollte ihn sofort bestrafen, damit so
etwas nicht noch einmal vorkommt. Als er mit seinem Sohn unter dem Arm
ins Haus hineinkam, begegnete ihm seine Frau (ein hohes I/S). Sie fragte
ihn: „Hast du ihm denn jemals gesagt, daß er keine Nägel durch das Autodach hämmern darf?" Er antwortete: „Nein. Aber es gibt gewisse Dinge, die er
eigentlich wissen sollte." Hier zeigten sich die unterschiedlichen Verhaltensstile der Eltern. Er hätte den kleinen Handwerker gerne für die kommenden
zwölf Jahre in sein Zimmer gesperrt. Sie bevorzugte Nachsicht und Milde.

Zwei Elternteile betrachteten dieselbe Situation, dasselbe Kind, denselben
Vorfall, aber sie zogen entgegengesetzte Schlußfolgerungen. Der Vater wollte
ihn bestrafen, die Mutter wollte ihn hegen und pflegen. Zusammen sind sie
sehr viel effektivere Eltern, als sie es allein sein würden. Schließlich beschloß
dieser Vater, mit seinem Sohn ein ernstes Wörtchen zu reden, ihm zu er-

klären, daß dieses Verhalten nicht richtig war, und ihn zu warnen, daß er bestraft würde, wenn das noch einmal passieren würde.

Partner, die die Ähnlichkeiten und Unterschiede des anderen verstehen, akzeptieren und schätzen, sind das effektivste Eltern-Team.

Durch Unterschiede zum effektiven Team.

Ehren Sie die Unterschiede

Sich an einen anderen Menschen anzupassen, vor allem, wenn dieser einen entgegengesetzten Verhaltensstil hat, ist nicht einfach, und es läßt sich auch nicht auf die Schnelle realisieren. Aber wie bei allen Dingen, die wirklichen Wert besitzen, ist der Lohn die Mühen wert.

Die Mühe lohnt sich!

Bill und Lynn Hybels konnten dies auch für sich entdecken. So schreibt der Willow-Creek-Pastor folgendes: „Dieselben Unterschiede, die früher unsere Beziehung behinderten, sind nun ein Pluspunkt für unsere Beziehung. Was wir so sehr zu ändern versuchten, lernten wir zu lieben. Lynn und ich hätten uns viele Jahre des Frusts ersparen können, wenn wir bemerkt hätten, daß einer nicht besser oder schlechter als der andere war, sondern einfach nur anders. Wenn wir diese Unterschiede akzeptieren und aufhören, sie zu verurteilen, ebnen wir den Weg für machbare Kompromisse. Sie werden letztendlich gerade an jenen Unterschieden Freude haben, die zuvor zu Uneinigkeit geführt hatten."

Karen und ich lernen unaufhörlich, daß unsere Unterschiede keine Mängel sind. Sie sind genau das, was Gott gebraucht, um uns zu einem starken Team zu machen. Ich brauche Karens Auge fürs Detail, und sie braucht meine Fähigkeit, ein Problem im ganzen zu betrachten. Ich brauche ihr Gespür für Struktur und Sicherheit, und sie braucht meine Spontaneität. Sie schätzt meine Fähigkeit, schneller Entscheidungen zu treffen als sie, und ich schätze ihre vorsichtige Vorgehensweise. Ich lerne, daß es gut ist, für das Alter zu sparen, und sie lernt, daß es Spaß macht, Geld auszugeben. (Ich bin mir nicht sicher, ob ich das jemals schaffe!) Ich möchte mich zwar immer noch erholen, und sie möchte immer noch das Blumenbeet neu anlegen, aber so langsam verschmelzen unsere unterschiedlichen Ansichten, was das Mobiliar betrifft.

„Ich brauche Karens Auge fürs Detail ...

... sie braucht meine Spontaneität."

Aber was für einen Unterschied macht das Wissen um diese Unterschiede! Karen ist voll aufgeblüht, als Frau, als Ehefrau und als Mutter, und sie verläßt sogar ihre Sicherheitszone, um mit mir bei Familien- und Ehekonferenzen zu sprechen. Und ich lerne, daß ich Karens Stärken brauche. Sie gibt meinem Leben die Qualitäten, die mir fehlen. Ich kann gar nicht mehr zählen, wie oft sie mich mit ihrer vorsichtigen Natur daran erinnert hat,

Einer gibt dem anderen die Qualitäten, die ihm fehlen.

mein Tempo etwas zu reduzieren und die Dinge genauer zu betrachten. Ich konnte mit ihrer Hilfe auch schon eine Menge Geld sparen.

Unsere Unterschiede haben uns auch dabei geholfen, ein effektiveres Eltern-Team zu werden. Ihr stetiger und gewissenhafter Verhaltensstil ist ein gutes Gegengewicht für meinen dominanten Verhaltensstil. Ihr niedrigeres Tempo schenkt unserer Familie Stabilität, und mein höheres Tempo bringt uns schneller an den Strand von Florida. Ich hätte wahrscheinlich eine Frau heiraten können, die einen Verhaltensstil hat, der dem meinen ähnlicher ist. Aber seit ich Karen kenne, kann ich mir nicht vorstellen, daß ich eine andere Frau genauso lieben könnte, wie ich sie liebe. Sie ist Gottes Geschenk an mich. Auch wenn sie immer noch die Heizung aufdreht!

Sie ist Gottes Geschenk, auch wenn sie ganz anders ist.

Anhang

Vierzig Stärken, die Sie Ihrem Kind widerspiegeln können

Wie bereits in Kapitel 11 beschrieben, hängt das Selbstverständnis unserer Kinder hauptsächlich davon ab, was wir ihnen widerspiegeln. Unsere Aufgabe ist es, ihre positiven Eigenschaften zu stärken, sie zu loben und ihnen so die guten Seiten zu zeigen, die Gott ihnen gegeben hat.

In diesem Teil werden sie vierzig Verhaltenszüge kennenlernen – zehn für jeden der vier Verhaltensstile D, I, S und G. Für jede Charaktereigenschaft werden Sie einige ermutigende Worte finden, die sie verwenden können, um ihrem eigenen Kind oder einer anderen Person dieses Verhaltensstils Lob und Bestätigung auszusprechen. Diese Aussagen sind so formuliert, als würden Sie mit Ihrem Kind reden. Zusätzlich habe ich kurz ein paar mit dem jeweiligen Verhaltensstil verbundene Schwächen aufgeführt – also Stärken, die zu stark ausgeprägt sind. Diese können Sie verwenden, wenn Sie das Verhalten Ihres Kindes korrigieren wollen.

Suchen Sie täglich nach der Gelegenheit, die Qualitäten Ihres Kindes zu loben und es zu ermutigen. Und halten Sie sich immer vor Augen, daß dies nur eine Vorlage sein kann. Es gibt keine Zauberformel. Es sind Vorschläge, mit denen Sie experimentieren sollten. Entwickeln Sie eigene Sätze, um Ihr Kind zu loben und zu ermutigen.

Achten Sie auch genau darauf, wie etwas gesagt wird, und nicht nur darauf, was gesagt wird. In einigen Fällen bezieht sich die Aussage über mögliche Schwächen auf Verhaltenszüge, die dem Kind in der Zukunft helfen werden. Bei anderen wird eine ausgleichende Stärke erwähnt. Wenn Sie Ihr Kind loben, tun Sie dies auf vielfältige Weise, so daß Ihr Lob nicht einstudiert klingt.

Lesen Sie die Beschreibungen aller vierzig Stärken, und konzentrieren Sie sich nicht allein auf den primären Verhaltensstil Ihres Kindes. Denken Sie daran, daß jeder einzelne eine Mischung aus allen vier Verhaltensstilen ist. Ist Ihr Kind z.B. ein ausgeprägtes I, so werden Sie möglicherweise feststellen, daß es auch Stärken des hohen D zeigt usw.

Weil das menschliche Verhalten schwankt, werden Sie ebenfalls feststellen, daß Ihr Kind von Zeit zu Zeit einmal Verhaltenstendenzen der anderen Verhaltensstile zeigen kann. Ist dies der Fall, so denken Sie daran, sich eine geistige und schriftliche Notiz zu machen. Lassen Sie Ihr Kind wissen, daß es möglich ist, auch Fähigkeiten auf Gebieten zu entwickeln, die nicht unserem natürlichen Verhaltensstil entsprechen.

Eine Vielzahl der folgenden Informationen sind zwei Büchern von Wes Neal entnommen: *Seventy Positive Qualities for the Profile of Appreciation* (1988) *und Turning Weaknesses into Strengths* (1989). Ich bin Wes Neal zutiefst dankbar, daß er mir erlaubt hat, diese Informationen aus seinen Büchern zu übernehmen.

Lobenswerte Eigenschaften des hohen D

Bestimmtheit

Du ergreifst die Initiative in Situationen, in denen andere zögern oder einen Ausweg suchen. Als bestimmter Mensch gehst du Herausforderungen direkt an, ohne daß man dir etwas zweimal sagen muß. Du bist die Art von Mensch, die Gefallen daran findet, schwierige Aufgaben zu übernehmen – du betrachtest sie als Herausforderungen, die deine Fähigkeiten erweitern werden.

Bestimmtheit, verbunden mit Rücksicht auf die Gefühle anderer, ist eine große Stärke, besonders wenn du sie dafür einsetzt, um die Bedürfnisse anderer Menschen zu erfüllen.

Damit verbundene Schwächen: gefühllos, mangelndes Mitgefühl.

Entschlossenheit

Entschlossenheit ist eine große Stärke, die den Leistungsmenschen eigen ist. Entschlossenheit bedeutet, daß du dich dazu entschließt, eine bestimmte Sache zu tun, und nicht ruhst, bevor sie nicht erledigt ist. Natürlich gibt es viele Hindernisse, aber deine Entschlossenheit wird irgendwie einen Weg um diese Hindernisse herum finden.

Ein Baustein der Entschlossenheit ist, offen zu sein für bessere Ideen oder Wege, um das zu tun, was du tust. Anders als ein Dickkopf, der sagt: „Ich bleibe bei meinem ursprünglichen Plan, egal was passiert!", bist du offen für Pläne und Ideen, die dir helfen, eine Aufgabe zu Ende zu bringen.

Deine Entschlossenheit kann für andere Menschen eine Inspiration sein. Sie zeigt, daß Gott den Verstand eines Menschen schärfen kann, um Wege zu finden, die um Hindernisse herum führen.

Damit verbundene Schwächen: herrisch, dominierend, eigensinnig.

Fleiß

Du setzt dich ernsthaft und energisch für das ein, was du erreichen willst. Manche Menschen beginnen ein Projekt mit guten Absichten, es mangelt ihnen aber häufig an dem nötigen Durchsetzungsvermögen, um die Sache zu Ende zu bringen. Du besitzt die Fähigkeit, an einem Projekt zu arbeiten, bis es zu Ende gebracht ist.

Deshalb kann man sich darauf verlassen, daß du eine Aufgabe zu Ende bringst und dafür alle deine Fähigkeiten einsetzt. Diese Stärke wird es dir ermöglichen, erfolgreich zu sein in allem, was du tust, weil du nie ruhen wirst, bevor du dein Ziel erreicht hast.

Damit verbundene Schwächen: hat nur eine einzige Sache im Kopf, übermäßiges Selbst-Interesse, kommt nicht zur Ruhe.

Mut

Du hältst an dem Kurs fest, den du eingeschlagen hast und der deiner Meinung nach der richtige ist. Du bekommst bei Gefahren möglicherweise Angst, wirst aber trotzdem weiterhin tun, was du für das Richtige hältst, weil es das ist, was du tun willst.

Andere Menschen mögen bei Gefahren oder Schwierigkeiten aufgeben – du aber nicht. Du besitzt die Kraft deiner Überzeugungen und den Willen, die Sache wenn nötig auch allein durchzuziehen. Wenn du weiterhin den dir von Gott gegebenen Mut einsetzt und dir dabei die Zeit nimmst, gründlich nachzudenken, wirst du weiterhin für deine Mitmenschen eine Inspiration sein.

Damit verbundene Schwächen: rücksichtslos

Entschlußfreudigkeit

Anders als andere, die immer voller Zweifel hin- und herschwanken, bist du sehr entschlußfreudig. Du besitzt die Fähigkeit, alle Fakten einzuschätzen und deine Entscheidung aufgrund dessen zu treffen, was du als bestmögliche Lösung siehst.

Entschlußfreudigkeit bedeutet nicht, daß du immer alle Entscheidungen schnell triffst, und es heißt auch nicht, daß du deine Entscheidungen leichtsinnig triffst. Wenn du aber eine Entscheidung getroffen hast, dann treibst du sie voran, ohne ständig das Gefühl zu haben, du müßtest sie noch einmal überdenken. Wenn sich herausstellt, daß deine Entscheidung falsch war, akzeptierst du sie als Fehler und lernst daraus.

In der Zukunft kann dieser Charakterzug den Menschen, die mit dir zusammenleben, ein starkes Gefühl der Sicherheit vermitteln und ihnen ein großes Vertrauen in dich geben. Du solltest aber immer daran denken, daß andere in die Entscheidungsfindung mit einbezogen werden wollen, besonders bei denjenigen Entscheidungen, die sie selbst betreffen.

Damit verbundene Schwächen: starrsinnig, zu unabhängig.

Zielorientiertheit

Zielorientiertheit ist die Stärke eines jeden Leistungsmenschen. Das bedeutet, daß du deinem Handeln eine Richtung gibst. Du verschwendest deine Energie nicht sinnlos, sondern richtest dein Handeln auf Ergebnisse aus.

Du besitzt die Stärke zu wissen, welche Ergebnisse du erzielen willst, und entwickelst einen Aktionsplan, um diese Ziele zu erreichen – und dann erreichst du sie auch. Andere Menschen mögen von Dingen reden, die sie tun wollen, du aber läßt deine Taten für sich selbst sprechen.

Du handelst zielbewußt und konzentrierst deine Energien auf das, was du erreichen willst. Weil du ein zielorientierter Mensch bist, kann man sich darauf verlassen, daß du alle deine Kräfte und Möglichkeiten einsetzt, um das zu erreichen, was du dir vorgenommen hast.

Damit verbundene Schwächen: mangelnde Flexibilität, drängt andere zu stark

Ausdauer, Beharrlichkeit

Du besitzt die Fähigkeit, Mißerfolge und Hindernisse zu überwinden. Wir alle haben einen Punkt, an dem Dinge uns zu schwer werden und wir aufgeben. Bei manchen Menschen kommt dieser Punkt schon kurz nachdem sie mit einer Sache begonnen haben – nicht so bei dir!

Du hältst durch und machst weiter, auch wenn du müde wirst oder an einen Punkt kommst, an dem du das Gefühl hast, du würdest am liebsten aufgeben. Irgendwie besitzt du die Fähigkeit, in dir selbst oder vielleicht auch in deiner Beziehung zu Gott die Stärke zu finden, um weiterzumachen.

Damit verbundene Schwächen: zu starkes Wettbewerbsdenken, kommt nie zur Ruhe.

Direktheit

Direkt und geradeheraus zu sein bedeutet, daß du in deiner Beziehung zu anderen Menschen offen und ehrlich bist. Sie müssen sich nie Gedanken darüber machen, was du wohl denkst – du wirst es ihnen sowieso von dir aus sagen!

Dies kann eine erfrischende Stärke sein in unserer Zeit, in der die Menschen oft nur das sagen, was man hören will, oder absichtlich versuchen, andere zu täuschen. Die anderen können sich darauf verlassen, daß du das, was du sagst, auch meinst. Solange du diese Stärke mit dem richtigen Taktgefühl verbindest, wirst du feststellen, daß die Menschen dir sehr dankbar sind, daß du ihnen gegenüber ehrlich bist.

Damit verbundene Schwächen: taktlos, unverblümt, schroff, respektlos.

Starkes Selbstvertrauen

Du kennst deine Fähigkeiten und hast ein gutes Gespür dafür, was du mit ihnen erreichen kannst und was nicht. Du hast ein starkes Selbstvertrauen und bist deshalb der Überzeugung, daß du für andere Menschen einen wertvollen Beitrag leisten kannst. Du weißt, daß du unter Einsatz deiner Stärken dein Umfeld zum Positiven verändern kannst.

Durch dein starkes Selbstvertrauen kannst du dir die Freiheit nehmen, deine ganzen Kräfte in eine Sache einzubringen, ohne daß du dir darum Sorgen machst, was andere davon halten. Dein Selbstvertrauen ermöglicht es dir, Fehler zu machen, ohne daß du danach am Boden zerstört bist. Ein Mensch wie du, der die Freiheit besitzt, Fehler zu machen, besitzt auch die Freiheit, erfolgreich zu sein. Denke immer daran, daß dein Selbstvertrauen, verbunden mit echter Bescheidenheit, für andere eine wirkliche Inspiration sein kann.

Damit verbundene Schwächen: selbstgenügsam, großspurig.

Einfallsreichtum

Du kannst Probleme schnell und effektiv lösen. Manche Menschen rennen vor allem davon, was wie eine mögliche Schwierigkeit aussieht – du nicht! Es ist nicht so, daß du dir wünschst, daß es Schwierigkeiten gibt, sondern einfach weil du die Dinge aus einer anderen Perspektive siehst.

Diejenigen Menschen, die vor Problemen davonlaufen, sind der Ansicht, daß Probleme keinen oder nur geringen Wert haben. Als einfallsreicher Mensch siehst du Probleme unter einem positiven Aspekt – sie geben dir die Gelegenheit, Lösungen zu finden. Manchmal verwendest du die Mittel, die dir bereits zur Verfügung stehen, um ein Problem zu lösen. Oder aber du denkst dir deinen eigenen Weg aus, wie du dieses Problem lösen willst. Du kannst Probleme sehr gut lösen, und in unserer heutigen Welt ist das eine sehr wertvolle Stärke.

Damit verbundene Schwächen: zu unabhängig, durchtrieben, intrigant.

Lobenswerte Eigenschaften des hohen I

Menschenorientiertheit

Da gibt es gar keinen Zweifel: Du bist ein Mensch, der am Menschen orientiert ist! Du magst deine Freunde und willst, daß auch sie dich mögen. Du möchtest von anderen akzeptiert werden.

Manche Menschen fühlen sich unwohl, wenn sie im Mittelpunkt stehen – du nicht! Wenn du im Mittelpunkt stehst, blühst du so richtig auf. Du liebst es, andere zu unterhalten und sie zum Lachen zu bringen und gemeinsam viel Spaß zu haben. Je mehr Leute es sind, desto glücklicher bist du.

Du kannst Menschen das Gefühl geben, daß sie sich wohl fühlen. Wenn ein Konflikt aufkommt, baust du Brücken zwischen den Menschen, um ihnen zu helfen, besser miteinander auszukommen.

Wenn du diese Stärke mit der Fähigkeit verbindest, standfest zu bleiben in dem, was du für richtig hältst – auch wenn andere dich dazu überreden wollen, Dinge zu tun, von denen du weißt, daß sie nicht richtig sind – dann wirst du die Fähigkeit entwickeln, andere zu führen, ohne klein beizugeben.

Damit verbundene Schwächen: zu abhängig von der Meinung anderer, gibt Gruppenzwang nach, macht leichtsinnige Versprechungen, verpflichtet sich für zu viele Dinge auf einmal.

Hervorragende kommunikative Fähigkeiten

Das Reden fällt dir leicht. Du bist außerordentlich begabt darin, deine Gedanken, Meinungen und Vorstellungen in Worten auszudrücken. Du besitzt die Fähigkeit, dich mit Worten klar und deutlich auszudrücken, so daß andere Menschen deine Gedanken und Ideen leicht verstehen können.

Eine positive Kommunikation ist einer der wichtigsten Bausteine für positive Beziehungen. Sie ist auch eine wertvolle Gabe für Menschen, die auf das Leben anderer Einfluß nehmen wollen. Deine hervorragenden kommunikativen Fähigkeiten werden dir helfen, deine Ideen und Vorstellungen anderen Menschen mitzuteilen und so die Denkweise anderer Menschen formen.

Damit verbundene Schwächen: redet zu viel, unterbricht andere, aalglatter Redner, schlechter Zuhörer.

Ermutigung

Du besitzt die Fähigkeit, Menschen in schwierigen Situationen beizustehen und ihre Stimmung mit deinen hilfreichen Worten und Gesten zu heben. Jeder von uns verliert hin und wieder einmal die Perspektive und fühlt sich niedergeschlagen. Dann brauchen wir einen Menschen wie dich.

Du besitzt die Fähigkeit, deine eigene Person und deine eigenen Probleme zu vergessen und anderen Menschen zu zeigen, daß die Dinge sich doch noch zum Guten wenden können. Dabei gibt es viele Formen von Ermutigung. Manchmal baust du einen Menschen mit Hilfe von Worten auf, ein anderes Mal hilfst du einem Freund in Not mit Taten. Oder du nimmst dir die Zeit, um für einen Menschen einfach da zu sein, ihm zu zeigen, daß du seine Probleme verstehst, und ihm Gesellschaft zu leisten. Wie auch immer du es anstellst – deine Ermutigungen sind für viele wie ein frischer Wind.

Damit verbundene Schwächen: unehrliche Komplimente.

Ausdrucksstärke

Du besitzt die Gabe, so zu reden, daß andere dich klar und deutlich verstehen. Manche Menschen verwenden einfach die guten alten Haupt- und Tätigkeitswörter, um eine Sache zu erklären – du verwendest die Leinwand eines Künstlers. Wenn du redest, hören dir die Menschen mit ihrer Phantasie zu.

Oftmals gestikulierst du mit deinen Händen, um deine Vorstellungen und Ideen zu verdeutlichen. Dein Gesicht leuchtet vor innerer Erregung, und der Klang deiner Stimme ist sehr abwechslungsreich. All dies hilft dir dabei, deine Vorstellungen anderen mitzuteilen, indem du sie in deinen Bann ziehst.

Dies ist eine große Stärke, wenn man seine Gefühle und die Wahrheit auf diese Weise ausdrücken kann. Menschen können beschreibende Bilder viel besser verstehen als einfach nur Worte. Deine Ausdrucksstärke hilft anderen, das Leben sehr viel bunter zu sehen.

Damit verbundene Schwächen: Übertreibung.

Humor

Du betrachtest das Leben von der leichten und humorvollen Seite. Mit Menschen, die so einen Sinn für Humor haben wie du, ist man gerne zusammen – nicht nur deshalb, weil man öfters einmal herzlich lachen kann, sondern auch deshalb, weil Menschen mit Sinn für Humor das Leben gewöhnlich von seiner positiven Seite betrachten.

Humor hilft den Menschen, sich zu entspannen, und kann in gespannten Situationen Wunder bewirken. Menschen wie du helfen anderen, ein wenig aufzutauen, und zeigen ihnen, daß Gott wußte, was er tat, als er uns das Lachen schenkte.

Damit verbundene Schwächen: stichelt, blödelt herum, nimmt Dinge nicht ernst (verschanzt sich hinter Humor, um Probleme zu übergehen).

Phantasie

Du besitzt eine lebhafte und kreative Phantasie. Du hast damit die Fähigkeit, dir in deinem Kopf ein klares und deutliches Bild zu formen, auch wenn dir gar nichts Greifbares zur Verfügung steht. Menschen mit deiner Phantasie haben große Werke geschaffen in Kunst, Literatur und Drama, sie haben Maschinen erfunden und neue Ideen und Projekte entwickelt, die unser tägliches Leben entscheidend verbessert haben.

Phantasie ist die Mutter der Erfindung. Ideen öffnen neue Horizonte. Deine Phantasie ermöglicht es dir, zukünftige Möglichkeiten zu sehen, Dinge, die es noch nie zuvor gab.

Mit deiner Phantasie kannst du für die Welt eine riesige Menge Gutes tun, denn Gott hat dir die Fähigkeit gegeben, das zu sehen, was sein kann, und nicht nur das, was ist.

Damit verbundene Schwächen: Tagträumer, verliert den Bezug zur Realität.

Begeisterung

Du setzt deine ganze Begeisterung und all deine Anstrengungen ein, um das zu erreichen, was du willst. Du setzt dein ganzes „Ich" für deine Aktivitäten ein. Manche Menschen erleben das Auf und Ab des Lebens eher beiläufig – du nicht! Du lebst das Leben mit Leidenschaft. Das Leben ist für dich nur selten Routine – du betrachtest es als eine Möglichkeit, um anderen mitzuteilen, was in deinen Augen wichtig ist.

Du genießt ein schnelles Tempo und liebst die Freiheit, spontan zu entscheiden, was du als nächstes tun willst. Das nährt deinen Enthusiasmus und sorgt für ein Lächeln auf deinem Gesicht.

Mit Hilfe dieser Stärke kannst du auf viele Menschen einen positiven Einfluß nehmen, indem du ihnen hilfst, positiver über ihr Handeln zu denken und zu fühlen.

Damit verbundene Schwächen: schlecht organisiert, mangelnde Objektivität.

Überzeugungskraft

Überzeugungskraft bedeutet, daß du die Fähigkeit besitzt, mit deinen Worten andere dazu zu bringen, deinen Ideen oder deinem Handeln zuzustimmen. Aufgrund deiner Worte werden andere entweder eine neue Einstellung gewinnen oder so handeln, wie sie es von sich aus – ohne deine überzeugenden Worte – nicht getan hätten.

Alle großen geistlichen und politischen Führer besitzen eine große Überzeugungskraft, denn sie müssen Menschen mit den unterschiedlichsten Hintergründen und Einstellungen dazu bringen, sich gemeinsam für ein Ziel einzusetzen. Du besitzt eine wichtige Voraussetzung, um andere zu führen, und du wirst später einmal eine große Nachfrage nach dieser Fähigkeit erleben, solange du sie auf eine positive Art und Weise einsetzt.

Damit verbundene Schwächen: manipuliert andere, herrisch.

Optimismus

Du siehst Situationen und Menschen immer von ihrer besten Seite. Das ist Optimismus! Ein Optimist sucht in allen Situationen – und erwartet von allen Situationen – nur das beste Ergebnis.

Manche Menschen sehen immer nur die negative Seite einer Sache und konzentrieren sich zu sehr auf mögliche Probleme, auf die sie in den verschiedenen Situationen treffen könnten.

Du bist voller Hoffnung und positiver Erwartungen, auch wenn die Dinge nicht sehr vielversprechend aussehen. Trotz widriger Umstände läßt du dich nicht leicht entmutigen. Optimismus, verbunden mit einer sorgsamen Untersuchung der Fakten, kann andere dazu inspirieren, ihr Bestes zu geben, anstatt mit mittelmäßigen Leistungen zufrieden zu sein.

Natürlich bist auch du manchmal niedergeschlagen oder entmutigt, wie alle anderen Menschen auch. Nicht jede schwierige Situation scheint auf den ersten Blick etwas Gutes mit sich zu bringen. Alles in allem bist du aber ein sehr optimistischer Mensch, der dazu bereit ist, daran zu arbeiten, Schwierigkeiten von ihrer positiven Seite zu sehen. Deine positive Einstellung ist die Basis für neue Pläne – und sie hilft anderen Menschen, die Dinge positiver zu sehen.

Damit verbundene Schwächen: Idealist, unrealistisch, mangelnde Objektivität, zu emotional, ignoriert Fakten, um Gefühlen den Vorrang zu geben.

Spontaneität, Flexibilität

Du genießt die Aktivität und kannst dich von einem Moment zum nächsten für eine Sache begeistern. Manche Menschen bevorzugen es, Dinge von langer Hand zu planen – Planen ist sicher ganz gut, aber manchmal ist es auch besser, etwas spontan zu machen. Hierfür hast du ein Talent.

Du entscheidest dich spontan für etwas und beginnst sofort mit der Umsetzung. Du genießt das Abenteuer, etwas Neues, anderes auszuprobieren. Für gewöhnlich macht es dir nichts aus, wenn die Dinge nicht so laufen, wie du es dir vorstellst – du paßt dich den Gegebenheiten einfach an und machst das beste daraus. Du willst dich nicht in Details verstricken. Du reagierst spontan aus dem „Bauch" heraus und folgst deiner inneren Stimme. Das macht dich zu einem Menschen, mit dem jeder gerne zusammen ist.

Damit verbundene Schwächen: impulsiv, mangelnde Dringlichkeit, wenig organisiert.

Lobenswerte Eigenschaften des hohen S

Akzeptanz

Du hilfst anderen Menschen, sich in ihrer eigenen Haut wohl zu fühlen. Sie wissen, daß sie sich in deiner Nähe entspannen können und sich nicht zu verstellen brauchen – sie brauchen nicht so zu tun, als seien sie jemand, der sie in Wirklichkeit nicht sind.

Indem du es den anderen ermöglichst, ganz sie selbst zu sein, gibst du ihnen auch die Freiheit, Fehler zu machen. Wenn die Menschen die Freiheit besitzen, Fehler zu machen, dann wagen sie es auch eher einmal, ein Risiko einzugehen. Erst dadurch gewinnen sie die Möglichkeit, großartige Dinge zu erreichen.

Indem du andere akzeptierst, hilfst du ihnen, in ihrem Inneren eine Basis aufzubauen, aufgrund derer sie Erfolg und Erfüllung finden können.

Damit verbundene Schwächen: mangelnde Überzeugung, zu nachsichtig.

Zufriedenheit

Die meisten Menschen versuchen, Zufriedenheit in dem zu finden, was sie tun – aber nicht jeder erreicht dieses Ziel. Manche Menschen setzen sich so hohe Ziele, daß sie durch das, was sie tun, nie ein Gefühl der Zufriedenheit und Erfüllung erreichen.

Zufriedenheit bedeutet, daß du die Fähigkeit besitzt, auch wenn Probleme auftauchen, die Dinge positiver zu sehen, als es die meisten Menschen tun würden, und auch in diesen Problemen einen Gewinn zu sehen. Das gibt den Menschen um dich herum die Möglichkeit, entspannter zu sein. Deine Lebensauffassung ermöglicht es dir jeden Tag erneut, das Leben von seiner schönsten Seite zu sehen.

Damit verbundene Schwächen: faul, unmotiviert, mangelnde Initiative.

Hilfsbereitschaft

Es passiert heutzutage sehr schnell, daß wir so sehr in unsere Aufgaben versunken sind, daß wir es oftmals gar nicht bemerken, wenn jemand unsere Hilfe braucht – doch du bemerkst es, und du bist jederzeit bereit zu helfen, auch wenn das bedeutet, alles nur erdenklich Mögliche zu tun. Du hilfst nicht, um deine eigene Person in den Vordergrund zu stellen, sondern einfach deshalb, weil du weißt, daß da ein Mensch ist, der Hilfe braucht. Du willst für diesen Menschen dein Bestes tun, auch wenn du nicht sehr viel Dankbarkeit dafür erntest.

Die meisten Menschen sagen, daß sie diejenigen Menschen am meisten bewundern, die die Bereitschaft besitzen, anderen zu helfen.

Die Menschen in deinem Umfeld wissen, daß du für sie da bist und daß du mit ihnen gemeinsam versuchen wirst, Wege zu finden, um ihre Probleme zu lösen. Deine Anteilnahme ist für deine Mitmenschen ganz ohne Zweifel eine sehr große Ermutigung. Unsere Welt bräuchte sehr viel mehr hilfreiche Menschen von deiner Sorte.

Damit verbundene Schwächen: zu entgegenkommend, Retter für die ganze Welt.

Teamfähigkeit

Teamfähig zu sein bedeutet, mit anderen auf angenehme Weise zusammenarbeiten zu können. Du fühlst dich von Beiträgen anderer nicht in deiner Position bedroht und versuchst auch nicht, anderen deine Vorstellungen und Ideen aufzudrängen, obwohl du oft gute Vorschläge und Ideen hast. Du glaubst daran, daß auch andere Menschen sie haben, und du bist dazu bereit, persönliche Opfer zu bringen, um die besten Ergebnisse zu erzielen, wenn du weißt, wie du etwas tun sollst.

Du bist ein Teammensch, und du weißt, daß zwei Menschen für gewöhnlich gemeinsam mehr erreichen können als einer allein. Deine guten Fähigkeiten bei der Zusammenarbeit, verbunden mit deiner Bereitschaft, deine Ideen und Vorstellungen einzubringen, wird immer ein Plus sein und dir dabei helfen, die bestmöglichen Resultate zu erzielen.

Damit verbundene Schwächen: unauffällig, zu entgegenkommend, mangelnde Bestimmtheit, gibt zu schnell nach.

Mitgefühl, Weichherzigkeit

Du leidest mit, wenn andere leiden, und du bist glücklich, wenn andere glücklich sind. Du lebst dein eigenes Leben, aber du hast die Fähigkeit, mit anderen mitzufühlen und das zu durchleben, was sie durchleben. Die Menschen fühlen sich in deiner Nähe wohl, weil jeder von uns gerne mit Menschen zusammen ist, die sich Mühe geben, uns zu verstehen.

Es ist nicht so, daß dir jemand einfach nur leid tut, sondern du tust alles, um diesem Menschen zu helfen, sich besser zu fühlen. Du kannst Menschen, die ein großes Leid durchleben, eine große Hilfe und ein guter Tröster sein, manchmal einfach dadurch, daß du für sie da bist.

Damit verbundene Schwächen: leichtes Opfer, leicht zu beeinflussen, zu sehr mit den Problemen anderer belastet, versinkt ganz in den Problemen anderer.

Gehorsam

Alle Menschen brauchen diese Stärke: diejenigen, die andere führen wollen, und diejenigen, die geführt werden. Gehorsam sein bedeutet, in den Grenzen zu leben, die einem von einer übergeordneten Autorität gesetzt werden (z.B. den Eltern, Lehrern, Chefs).

Du bist zwar nicht immer mit allem einverstanden, was diese Autoritäten entscheiden, aber du tust dein Bestes, um die dir übertragenen Verantwortungen und Aufgaben zu erfüllen. In einer Gesellschaft, die „Individualismus" oftmals zu hoch lobt, ohne zu berücksichtigen, welche negativen Auswirkungen dieser auf Mitmenschen haben kann, bist du ein leuchtendes Beispiel dafür, wie das Leben glatter verlaufen kann, wenn man Autoritäten respektiert.

Damit verbundene Schwächen: leichtes Opfer, schwacher Wille, bereit, sein persönliches Verantwortungsgefühl zu vernachlässigen.

Zuhören

Du neigst dazu, lieber zuzuhören, als selbst zu reden. Du achtest genauestens darauf, was andere sagen, und du denkst darüber nach, was du sagen willst, bevor du redest. So paßt das, was du sagst, zu dem, was dein Gegenüber gerade gesagt hat.

Was für eine großartige Stärke das ist, wenn man die Fähigkeit besitzt, mit anderen Menschen gute Beziehungen aufzubauen! Manche Menschen sind so sehr mit dem beschäftigt, was sie selbst sagen, daß sie ihrem Gegenüber kaum Beachtung schenken, und nur darauf warten, daß sie selbst wieder zu Wort kommen. Deine Begabung, anderen zuhören zu können, verbunden mit der Fähigkeit, Antworten zu geben, schenkt anderen Menschen ein Gefühl der Anerkennung und der Wertschätzung.

Damit verbundene Schwächen: teilt sich nicht gerne mit.

Stetigkeit

Du fühlst dich sehr wohl, wenn du Dinge nach dir wohlbekannten, zur Routine gewordenen Abläufen erledigen kannst. Du wirst unruhig, wenn sich die Dinge zu schnell verändern und bevorzugst es, die Dinge beim alten zu belassen.

In einer Welt, die sich jeden Tag zu verändern scheint, ist es nicht immer möglich, daß die Dinge beim alten bleiben. Dein stetiger Charakter, verbunden mit der nötigen Flexibilität in manchen Situationen, wird dir helfen, mit Veränderungen effektiver umgehen zu können. Durch deinen stetigen Charakter bist du für andere in unruhigen Zeiten wie ein Anker auf stürmischer See.

Damit verbundene Schwächen: wehrt sich gegen Veränderungen oder neue Ideen, unflexibel, stur.

Bescheidenheit

Bescheidenheit bedeutet, sich nicht selbst immer wieder in den Mittelpunkt zu stellen für Dinge, die man erreicht oder gesagt hat. Mit anderen Worten: Du strengst dich nicht besonders an, um die Aufmerksamkeit auf deine Person zu lenken.

Du sprichst lieber darüber, was andere erreicht haben, als darüber, was du selbst erreicht hast. Auch du wünschst dir Anerkennung, suchst sie aber nicht in der Öffentlichkeit. Bescheidene Menschen sind in einer Welt wie der unseren, in der jeder nur versucht, die Aufmerksamkeit der anderen zu gewinnen, wie eine frische Brise.

Damit verbundene Schwächen: wehrt sich gegen Komplimente, akzeptiert Lob mit einem Schulterzucken, spielt seine eigenen Fähigkeiten herunter.

Zuverlässigkeit

Man kann sich darauf verlassen, daß du genau das tust, was du sagst, daß du tun wirst – und du setzt deine ganzen Kräfte dafür ein, auch wenn es für dich ein riesiger Aufwand ist. Die Menschen verlassen sich auf dich, denn sie wissen, daß du deine Pflichten auf verantwortungsbewußte Weise erledigen wirst und daß du auch zu Ende bringst, von dem du sagst, daß du es erledigen wirst.

Wenn irgendwelche unvorhergesehenen Umstände es dir unmöglich machen, deine Verpflichtung einzuhalten, so versuchst du, die Betroffenen rechtzeitig zu informieren.

Du setzt dich immer wieder von neuem mit deinen ganzen Kräften ein, auch wenn das, was du tust, Routinearbeiten sind und du dieselbe Sache immer und immer wieder tun mußt.

Du setzt dich für einen Menschen oder eine Sache mit unerschütterlicher Treue ein, auch wenn dies bedeutet, daß du ein großes persönliches Opfer bringen mußt. Dein starker, bedingungsloser Einsatz für eine Sache ist für diejenigen, mit denen du zusammenarbeitest, immer wieder eine Inspiration. Wenn du etwas sagst, dann tust du es auch. Aus diesem Grund vertrauen dir die Menschen. Und sie haben auch allen Grund dazu!

Damit verbundene Schwächen: zu entgegenkommend, wird leicht ausgenutzt.

Lobenswerte Eigenschaften des hohen G

Analytisches Denken

Es ist eine wunderbare Stärke, Menschen oder Situationen zu betrachten und deren Stärken oder Schwächen sofort einschätzen zu können. Du nimmst an Personen oder Situationen augenblicklich Dinge wahr, für die andere eine viel längere Zeit brauchen würden, um sie zu bemerken.

Wenn du diese Stärke, analytisch zu beobachten, richtig einsetzt, zusammen mit einem feinen Gespür dafür, wann der richtige Zeitpunkt ist, um auf eine Schwäche hinzuweisen, und wann es besser ist, es zu lassen, gewinnst du die Möglichkeit, gute Dinge sogar noch besser zu machen. Jedes Planungskomitee braucht mindestens einen Analytiker, der die positiven und negativen Seiten einer Sache sofort abschätzen kann. Wir brauchen solche analytischen Menschen wie dich, damit sie in uns hineinschauen und uns sagen, welche unsere Stärken sind.

Damit verbundene Schwächen: zu kritisch, zynisch, zu analytisch.

Wissensdurst

Du hinterfragst alle Dinge. Du gibst dich nicht damit zufrieden, wenn du siehst, daß eine Sache funktioniert – du willst wissen, wie und warum sie funktioniert.

Deine Art, alle Dinge zu hinterfragen, führt dich dazu, neue Wege und andere Antworten zu suchen, anstatt dich mit dem zufriedenzugeben, was bereits bekannt ist. Dank solch neugieriger Leute wie dir hat die Menschheit große Fortschritte gemacht in der Wissenschaft, der Medizin und der Technik. Wissensdurst, verbunden mit einem Gespür für die Bedürfnisse anderer, kann eine sehr große Stärke sein, wenn du sie dafür einsetzt, neue Wege zu finden, um anderen Menschen Gutes zu tun.

Damit verbundene Schwächen: sehr neugierig, stellt zu viele Fragen, „verhört" andere.

Vorsicht

Du bevorzugst es, Dinge in deinem Tempo und auf deine Weise zu erledigen, anstatt dich auf neue und unbekannte Dinge unüberlegt einzulassen. Du denkst Dinge vollständig durch und erwägst die verschiedenen Möglichkeiten und Konsequenzen, bevor du handelst. Deine Vorsichtigkeit verhindert so manche vorschnelle und unkluge Entscheidung.

Diese Vorsichtigkeit verhindert auch, daß du von anderen dazu gedrängt wirst, etwas zu tun, das du gar nicht tun willst oder wozu du noch nicht bereit bist. Das kann dir in deiner Zukunft eine Menge Kummer ersparen.

Damit verbundene Schwächen: nicht gesellig, mangelnder Mut, skeptisch, mißtrauisch.

Gewissenhaftigkeit

Du arbeitest hart und strebst nach hervorragenden Ergebnissen in allem, was du tust. Du konzentrierst dich ganz besonders auf die Details und hast Freude daran, Aufgaben präzise und genau auszuführen. Du sorgst dafür, daß die Dinge richtig gemacht werden, und du bist bereit, an einer Aufgabe dranzubleiben, bis jeder einzelne Punkt erledigt ist.

Aufgrund dieser Stärke bist du ein wertvoller Teil eines jeden Planungsteams. Du bestehst darauf, daß die Pläne zuerst vollständig erstellt werden, bevor mit dem Handeln begonnen wird. Manche Menschen mögen dir gegenüber etwas ungeduldig werden, weil sie wollen, daß die Dinge endlich ins Rollen kommen – aber letztendlich werden auch sie erkennen müssen, daß dein Ansatz richtig und vernünftig ist.

Damit verbundene Schwächen: macht sich zu viele Sorgen/Gedanken, Perfektionist.

Objektivität

Du besitzt die Fähigkeit, ein Problem oder eine Entscheidung aus allen Perspektiven betrachten zu können. Du kannst Fakten, Gefühle und Meinungen unterscheiden und verstehst die Gefühle, Ansichten und Hintergründe derer, die anderer Meinung sind als du.

Diese Stärke ermöglicht es dir, alle wichtigen Aspekte eines Problems genau abzuwägen, ohne daß diese verfälscht würden. Dies stellt einen unschätzbar großen Wert für ein Team dar.

Damit verbundene Schwächen: gefühllos, ungerührt, mangelnde emotionale Reaktionen.

Hohe Ansprüche, Kritikfähigkeit

Du besitzt die Fähigkeit, Menschen und Situationen gut zu verstehen und einzuschätzen. In einer Welt wie der unseren, in der so viel Betonung auf das oberflächliche Aussehen einer Sache gelegt wird, bräuchten wir eine viel größere Zahl solcher Menschen wie du, die nicht auf eine Person oder Sache hereinfallen, nur weil sie gut aussieht oder vernünftig klingt.

Du besitzt die Fähigkeit, die Realität zu erkennen, die unter der Oberfläche liegt. In vielen Fällen ermöglicht es dir deine Intuition nicht nur, die Wahrheit zu verstehen, sondern sie zeigt dir auch oft, was zu tun ist. Dein gutes Urteilsvermögen kann dir dann die größte Hilfe sein, wenn du es nach den Prinzipien der Bibel ausrichtest. Wie du siehst, kannst du mit dieser Stärke einen großen Beitrag leisten zu einer guten Zusammenarbeit. Mach also weiter so und denke weiterhin so genau nach, um herauszufinden, welches Handeln bei den Menschen, mit denen du zu tun hast, und den Situationen, mit denen du konfrontiert wirst, das richtige ist. Du kannst diese Stärke einsetzen, um anderen Menschen, die nicht miteinander auskommen, zu helfen, ein besseres Verständnis füreinander zu gewinnen. Deshalb bist du für jede Gruppe eine sehr wertvolle Bereicherung.

Damit verbundene Schwächen: manchmal schwer nachzuvollziehende Logik oder Denkweise.

Ernsthaftigkeit

Du nimmst deine Verantwortungen und deine Arbeit sehr ernst und gibst dein Bestes für das, was du beschlossen hast zu tun. Weil außerordentlich gute Resultate aber nur sehr selten durch Zufall erreicht werden, weißt du genau, daß harte Arbeit auch eine gute Vorbereitung braucht. Du besitzt die Fähigkeit, vorauszudenken und vorauszuplanen, wieviel Talent, Zeit und Anstrengung eine Aufgabe erfordert. Das gibt deinen Mitmenschen Vertrauen in das, was du tust, weil sie wissen, daß hinter deinem Handeln zahlreiche Überlegungen stecken. Damit verbundene Schwächen: Perfektionist, braucht zu viel Zeit, um eine Aufgabe zu erfüllen.

Selbstbeherrschung

Selbstbeherrschung bedeutet, daß du die Fähigkeit besitzt, deine Gefühle und Handlungen unter Kontrolle zu halten und in Situationen, in denen andere explodieren würden, einen kühlen Kopf zu bewahren. Du hast deine Wünsche sehr gut im Griff und kannst auch nein sagen, wenn dir etwas schaden würde.

Selbstbeherrschung ermöglicht es dir, deine Energien in diejenige Richtung zu lenken, in die du gehen willst. Jeder erfolgreiche Mensch muß diese Fähigkeit besitzen, um das zu erreichen, was er sich als Ziel gesetzt hat.

Damit verbundene Schwächen: gefühllos.

Fleiß

Fleißig sein bedeutet, daß du hart arbeitest an den Dingen, die du tust. Bei manchen Menschen sieht es so aus, als würden sie mehr daran arbeiten, eine Aufgabe loszuwerden als sie zu erledigen – du nicht! Du suchst nicht nach einem einfachen Ausweg. Du weißt, daß sich harte Arbeit letzten Endes bezahlt machen wird. Deshalb kann man sich immer darauf verlassen, daß du eine Aufgabe so gut wie möglich erledigen wirst.

Deine Stärke, Fleiß zu zeigen, wird es dir immer ermöglichen, erfolgreich zu sein, weil du niemals aufhören wirst, bevor du eine Aufgabe ganz erledigt hast. Deshalb bist du genau die richtige Person für Aufgaben, an denen man „dranbleiben" muß.

Damit verbundene Schwächen: zu anspruchsvoll und peinlich genau, sowohl mit sich selbst als auch mit anderen (eher versteckt, als klar ausgesprochen).

Hoher Standard

Du setzt dir hohe Standards und hältst dich daran. Du bist nicht eher zufrieden, als bis du das Beste erreicht hast. Du verabscheust Fehler. Die Dinge „richtig" zu machen, ist für dich sehr wichtig. Mit Hilfe dieser Stärke und der nötigen Toleranz und der Möglichkeit, daß du selbst oder ein anderer gelegentlich Fehler macht, wirst du für die Pläne und Menschen in deinem Leben einen großen Beitrag leisten können. Dein Drang, die Dinge richtig zu tun, wird deinen Mitmenschen ein gutes Beispiel geben.

Damit verbundene Schwächen: streng, strikt, verurteilt andere, pingelig.

Zusammenfassung des DISG-Persönlichkeitsmodells

	D	I	S	G
Grundtendenz:	schnelles Tempo	schnelles Tempo	langsames Tempo	langsames Tempo
	Aufgabenorientiert	Menschenorientiert	Menschenorientiert	Aufgabenorientiert
Größte Stärken:	entschlossen	liebt Spaß	geduldig	akkurat
	übernimmt	Umgang mit anderen	gelassen,	analytisch,
	Verantwortung,	begeistert,	Teamorientiert	konzentriert sich
	erzielt Ergebnisse	emotional	beruhigend	auf Details,
	selbstbewußt,	optimistisch,	stetig,	hohe Qualität
	unabhängig	kann sich gut mit-	bringt Dinge zu	gute Intuition,
	risikobereit	teilen	Ende	kontrolliert
Natürliche	ungeduldig,	unorganisiert,	unentschlossen,	zu kritisch,
Begrenzungen:	stur,	nicht detail-	zu entgegenkommend	Perfektionist,
	schroff und	orientiert,	zu passiv,	zu sarkastisch
	unverblümt	unrealistisch	empfindlich,	
Kommunikation:	einseitig,	positiv,	beidseitig,	diplomatisch,
	direkt	inspirierend	bester Zuhörer,	genauer
Ergebnisse		überzeugend	mitfühlend,	Beobachter
			gibt Feedback	liefert Details
Ängste:	ausgenutzt zu	Verlust der gesell-	Verlust der	unüberlegtes
	werden	schaftlichen	Stabilität	Handeln, Kritik an
		Anerkennung		ihrer Arbeit
Ausdruck von	Bewunderung	Akzeptanz und	Anerkennung	Bestätigung
Liebe:		Zustimmung		
Unter Druck:	autoritär,	emotionaler Angriff	gibt nach,	weicht aus,
	aggressiv,	(vermeidet öffentliche	tolerant,	zieht sich zurück
	fordern	Konfrontationen)	willigt ein	plant Strategie
Sieht Geld als Mittel:	zu Macht	zur Freiheit	um Liebe zu zeigen	für Sicherheit
Entscheidungs-	schnell:	impulsiv:	beziehungs-	widerwillig:
findung:	ergebnisorientiert,	aus dem „Bauch"	bezogen:	braucht viele
	wenige Fakten		vertraut anderen	Informationen
Größte	Herausforderungen,	Spaß,	Status Quo/Stabilität	Zeit um
Befürfnisse:	Veränderungen,	soziale	Zeit, um sich an Verän-	Qualitätsarbeit zu
	Wahlmöglichkeiten,	Anerkennung,	derungen zu gewöhnen,	leisten, Fakten, Zeit
	direkte Antworten	Befreiung von Details	ehrliche Anerkennung	um zu analysieren
Erholt sich:	körperliche Betätigung	Zeit mit anderen	„Nichtstun"	Zeit für sich selbst